JN083220

ビジュアル版

焚き火のすべて

文・写真
阪口克
SAKAGUCHI KATSUMI

草思社

はじめに

初めての焚き火の思い出は、祖母が焚く落葉焚《おちばだき》だろうか。

祖母は庭先で一斗缶《いっとかん》を使い、よく落ち葉や枯れ草、紙くずなどを焼いていた。そのころ花卉《かき》農家（観賞用草花を栽培する農家）で大きな納屋のある母の実家の風呂は、薪で沸かす大きな五右衛門風呂だった。

僕がものごころついた昭和50年代。すでにプロパンガスは普及していたが、まだまだ生活のあちらこちらに焚き火があった。この時代の焚き火は「楽しい」とか「癒される」なんてものではなく、毎日の暮らしの延長にある「仕事」の一つだったと思う。

それから数十年。アウトドアカメラマンとして国内外を旅し、様々な地域の暮らしを撮影する日々のなか、まだまだ生活に欠かせないたくさんの焚き火を見てきた。

それら暮らしの火は、僕にとって、楽しく、美しく、癒される存在だった。暖かい火で体を癒し、美味《うま》い飯を作る。腹が満たされれば、自然と酒に手が伸びる。揺れるオレンジの炎を眺め、その日の出来事を振り返る。

思えば、色々な場所で、色々な人たちと、焚き火を囲んだものだ。

一人の焚き火も、仲間との焚き火も、旅先で出会った焚き火にまつわる思い出は、どれも印象深い。

若いころオーストラリア大陸を自転車で一人旅したことがある。デビューしたてのアウトドアカメラマンとして、成果が必要だと焦っていたころだ。たまたま行き合った僕に、焚き火で焼いた分厚いステーキを振る舞ってくれたのは、キャンピングカーで旅する現地の老夫婦だった。

モンゴルの移動式住居ゲルの引っ越しを取材したこともある。モンゴルの広い草原に樹木は見当たらない。この地で薪の木は貴重品だ。ゲルを解体し、家具をトラックに積み込み、残った雑貨を荷車に放り込む。薪置き場の薪もあらかた片付いた地面に座り込み、お婆さんは10㎝にも満たない長さの板切れを、大事そうに拾い集め、手で土をぬぐっていた。

南国ソロモン・ガダルカナル島の焚き火も忘れ難い。太平洋戦争時の遺骨を収集する一団に雑誌記者として同行取材をし、夜はメンバーとともにジャングルにキャンプを張った。満天の星空に、海から吹く心地よい風。ここが激戦の地であったことを忘れそうになる。感傷的な気持ちで仲間たちと焚き火を囲み、かき込んだカレーライスは心に沁《し》みた。

筏《いかだ》の上の焚き火に感動したカンボジアの水上集落。

枯れ枝を焚いた火で美味い焼酎を蒸留するネパールのお母さん。

ラクダのウンコに燈《とも》る火で焼いた砂混じりのパンを齧《かじ》ったサハラ砂漠。

どれもこれも懐かしい。

初めて自分で火を起こした時のことをよく覚えている。何も知らなかった僕は、巨大な薪を相手に百円ライターで奮闘した。今ならあっという間につけられるであろう、よく乾燥したその薪に、やっと火が熾ったのは数十分の苦闘の末だった。

あの日、燃え上がった火を眺め、とても熱い気持ちになった。自分の手で火を熾すことの満足感。赤い炎が、原初の記憶を呼び覚ますのだろうか。

便利な調理器具や暖房設備は、普段の暮らしだけでなく、キャンプ・アウトドアの現場にまで広く普及している。もう今の日本で、苦労して焚き木に火をつける必要などないのかもしれない。それでも多くの人がキャンプサイトで薪に火をつけ、調理に活用し、炎の揺らめきを楽しんでいる。

焚き火の炎には「便利」だけでない、何か強い魅力があるのだろう。

ここ数年来、日本に久しぶりのキャンプブームが再来している。雑誌やテレビだけでなく、YouTubeをはじめとするインターネットの世界でも、キャンプ、そして焚き火に関する特集が大人気となり、焚き火可能なキャンプサイトは予約で満杯なのだとか。

僕がキャンプを始めた数十年前には想像もしなかったような、スタイリッシュな焚き火アイテムも多く考案され、アウトドアショップの棚を見てまわるだけでも楽しいし、実際いくつも購入し楽しんでいる。

やっぱり僕は焚き火が大好きだ。自分で焚き木を集め、自分の知恵と経験で、焚き木に火を熾す。その素晴らしさをさらに多くの人に知ってほしい。

本書では、人類と火の出会いの歴史から、薪の燃焼の仕組み、薪・柴・炭の使い分け、樹種や火口《ほくち》・焚き付け材の知識、火床《ひどこ》の作り方、薪の組み方、焚き火台の使い方、着火方法、焚き火料理レシピ、ダッチオーブンの極意、安全で正しい焚き火の終わり方、薪ストーブの楽しみ方まで、焚き火を実践するための情報を盛りだくさんに詰め込んだ。また、焚き火にすでに慣れ親しんだ方々が、焚き火に関して新しい発見ができ、より楽しくなる話も多く交えたつもりだ。

この本がきっかけで、あなたが誰かと焚き火を囲み、美しい炎を眺め、炙《あぶ》った肉を齧り、その熱で体を癒してくれたなら。そしてその体験で、ほんの少しでもあなたの暮らしに新たな刺激が生まれ、人生に広がりを持っていただければ、こんなに嬉しいことはない。

ビジュアル版

焚き火のすべて

目次

第3章 焚き火の実践【道具と薪の組み方編】

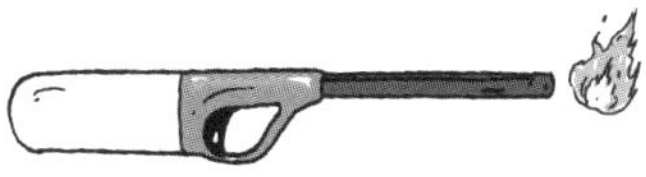

第4章 焚き火の実践【着火編】 73

第5章 焚き火の実践【安定燃焼編】 95

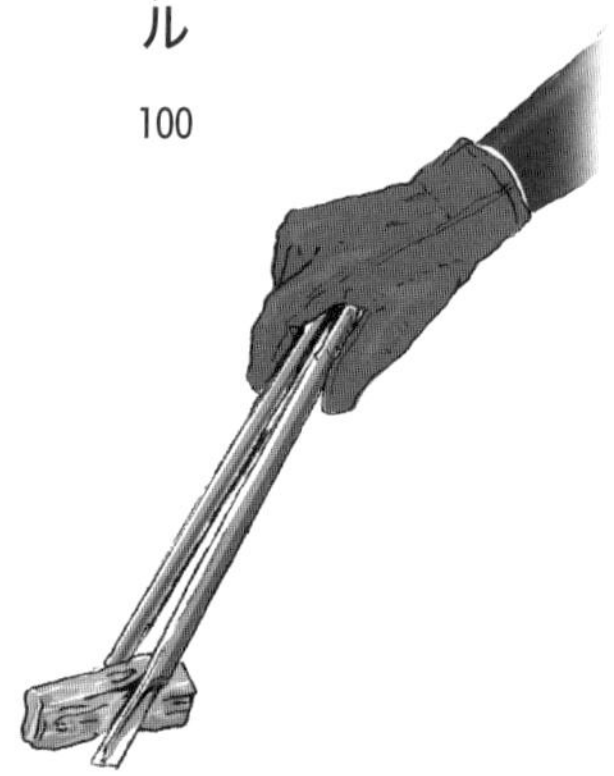

第6章 焚き火料理の基本と絶品レシピ 113

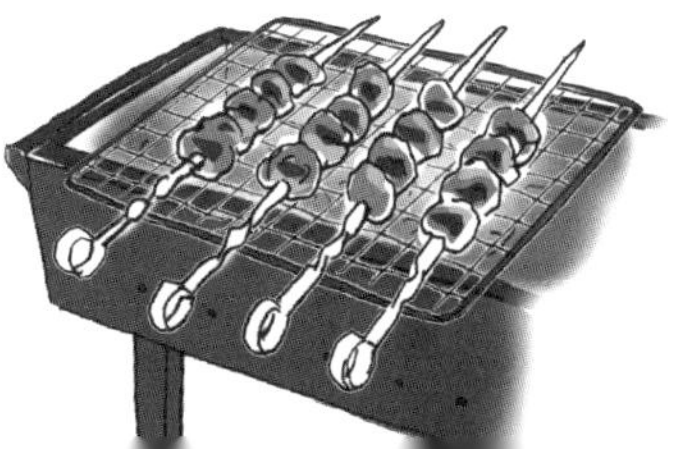

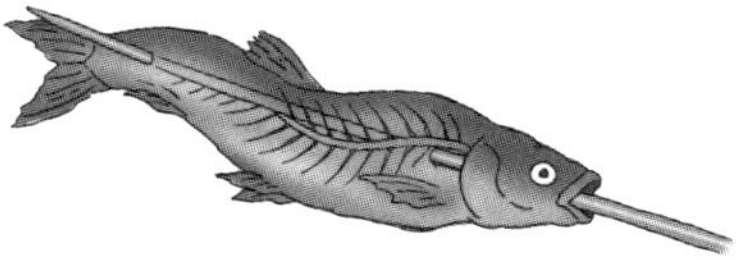

第8章 焚き火の正しい終わり方と安全　213

第9章 もっと焚き火を楽しむためのアレコレ 231

第1章 焚き火とは？

―火は生命により生まれたものだ―

『図説 火と人間の歴史』（スティーヴン・J・パイン著、生島緑訳）より

火と人類の歴史――火を見つけたのは誰か――

火と人類の歴史は長い。おそらくは旧石器時代*が始まる以前から、ヒトは火と付き合っていたと考えられている。しかしその痕跡《こんせき》を見つけ、正しく考証することは難しい。

間違いなく言えることは、火と人類の最初の出会いは「自然に発火した火」だったということだ。落雷で燃えた枯れ木か、噴火により広がった野火か、あるいは炎天下の枯草や泥炭《でいたん》層の自然発火か。

地球上では日々、様々な原因で火災は起こっている。そして原初の人類はそれを目撃していた。好奇心の旺盛な何人かは、それを触ったことだろう。当然、熱い。火傷《やけど》をする。死んだ者もいたかもしれない。しかし、火の発する熱と光が、体を温め、暗闇を照らすことを経験的に学んだ。山火事で焼け死んだ動物の肉が、美味く、腹に優しく、日持ちがすることに気づいた。そのような体験が世界各地で、散発的に、時を超え何世代にもわたり繰り返されていたと考えられている。

そしてある日、ある時、誰かが見つけたのだ。自然に発生した火を持ち帰り、継続して使えるよう「火を保存する方法」を。続いて誰かがまた気づいたのだ。何らかの器具を用いて発火という現象を起こし、いつでもどこでも「火を創出する方法」を。

その日から人類の歴史は変わった。

人類が「火を使用」した痕跡らしきもので、今見つかっている最も古いケースがケニア・チェ

*旧石器時代＝約200万年前から約1万5000年前

ソワンジャ遺跡だ。およそ１４２万年前のものと推定されている。同じくアフリカ大陸のエチオピア・ガデブや南アフリカ・スワートクランズでも同時期に火を使っていた跡が見つかっている。しかしながら、これら「火の使用」の痕跡を遺した人々が「火の創出」に成功していた証は残念ながら発見されていない。

現在確認されている最古の「火の創出」の痕跡は、２００４年に発見されたイスラエル北部ヨルダン川沿いのゲシャー・ベノット・ヤーコブ遺跡だ。この79万年前の遺跡からは、焼けた大麦やオリーブの種、薪とともに火打ち石が見つかった。

しかしその後、再び長い空白の時代が続く。もちろん、それ以降も世界各地で多くの人類が火を扱っていたのは間違いない。有名なのは中国・周口店で見つかった北京原人の遺跡やジャワ島のジャワ原人の遺跡だが、これら遺跡に残る灰や焼けた骨が、火の継続的使用を意味するのかは未だ確定されていない。

そして時代は下り、40万年前ごろの遺跡の多くで「火の使用」の痕跡が確実に発見されるようになり、５万年前ごろの遺跡で「火の創出」に使ったであろう道具が各地で見つかり出す。この40万年前から5万年前の期間のどこかで、人類は「火の使用」が習慣化し「火を自由に使えるようになった」と言えるだろう。人類はついに火を手に入れたのだ。

人類に火をもたらした最大の功労者「火の保存」と「火の創出」を成し遂げたのは誰か。おそらくそれは一人ではない。ヨルダン川の川辺で打ち合わすと火花を飛ばす石を誰かが発見した79万年前から、世界中の人々が火を自由に使い出した5万年前に至るまでの、気の遠くなるほど長い長い時間の中で、火に関する発見をした「誰か」が世界中に数多《あまた》いたのだ。

ギリシア神話では、ティタン神族の一人プロメテウスが、天界にある火と鍛冶《かじ》の神へパイストスの炉の火を大茴香《おおういきょう》の幹に入れ、それを地上に持ち降りて人類に「火」をもたらしたとある。しかし、そのことに怒った主神ゼウスにより、プロメテウスはひどい刑罰を受けたと伝えられている。

また日本の神話では、イザナギノミコトと結婚した女神イザナミノミコトは、日本の国土と神々を産み続け、最後に火の神カグツチを産み落とした。しかしその時の火の神の炎で女陰に火傷を負い、その傷がもとで女神は死んでしまったという。

世界中の多くの神話で、どこか似たような話が伝えられている。解釈は色々とあるだろうが、ギリシアの神話では「火をもたらす神＝山火事など自然の力で燃えた炎」から火を採集した様子が、日本の神話では「男神と女神の性行＝火鑽杵《ひきりぎね》と火鑽臼《ひきりうす》による摩擦式発火法」によって火を生む道具の発明の様子が、それぞれ暗示されているのではないだろうか。またどちらの神話も、火の力を得たのちに悲劇的な結末を迎えることで、火の持つ危険な力について人類に警告を与えているのかもしれない。

火は人類に大いなる恵みをもたらした。火の発する熱と光で、安全に消化のよい食事が得られ、冬の寒さに凍え死ぬこともなく、暗闇の中でも活動ができるようになった。

そして現代。化石燃料の発見と、その利用技術の発展によって、人々の暮らしは大きく変わった。スイッチ一つでガスの火が点き湯が沸騰する時代を経て、火力発電によって生み出された電気の力で、人々の暮らしの周囲から火そのものが消えつつもある。そのような時代に、再び「焚き火」に注目が集まるのはなぜだろう。

人類の歴史は火とともにあった。その長い月日の流れに、ゆらゆらと揺れる焚き火の炎を眺めながら想いをはせるのもよいかもしれない。

焚き火とは――「薪が燃える」とはどういう現象か？――

「燃える＝燃焼＝火と炎」とはいったい何なのだろうか？

様々な書物を読めば、そこには「燃焼＝可燃物が熱と光をともない急激に酸化する反応」と化学的に説明されている。鉄が時間をかけ酸化すると錆《さび》が生まれる。可燃物が短時間に激しく酸化すると火が生まれる。

では「薪が燃える」とはどういうことか？

薪が急速に酸化するということなのだろうか？

いや違う。どれほどよく乾燥された薪でも、常温下の空気中で自然に発火し燃え始めることはない。可燃物の燃焼がスタートするためには、何らかの起因が必要であり、多くの場合それは、火花や摩擦熱などの自然的・人為的な熱エネルギーの投入である。

しかし読者は疑問に思うであろう。「薪にライターの火を近づけても容易に燃えたりしないぞ」と。そうなのだ、薪は簡単には燃えない。なぜなら樹木が燃える時、実際に光や熱を発し激しく燃焼＝酸化反応を起こしているのは、樹木そのものではなく、そこから発生した可燃性のガスなのだから。

樹木にはセルロース等の炭化水素化合物が多く含まれている。これら炭素と水素の化合物が熱によって分解され気化すると可燃性ガスとなる。このガスが酸素と結びつくことで燃焼現象が起こるのだ。

樹木をはじめとする植物は、太陽の光エネルギーと水を使い、空気中の二酸化炭素を分解し、炭素と水素の化合物を生成して自らの体を形作る。それはすなわち炭素と水素を手で触れる物体として、この地上に固定していると いうことだ。そして「燃焼」とは「熱」エネルギーを使い、その両者の固定を解きほぐし、炭素と大気中の酸素を結びつけることである。

我々人類は、植物と太陽光の働き＝光合成によって固定された炭素を、再び酸素と結合させ大気中に解放することによって、その副産物としての「光」と「熱」という大きな恩恵を手に入れたのだ。

燃焼の仕組みと3つの条件

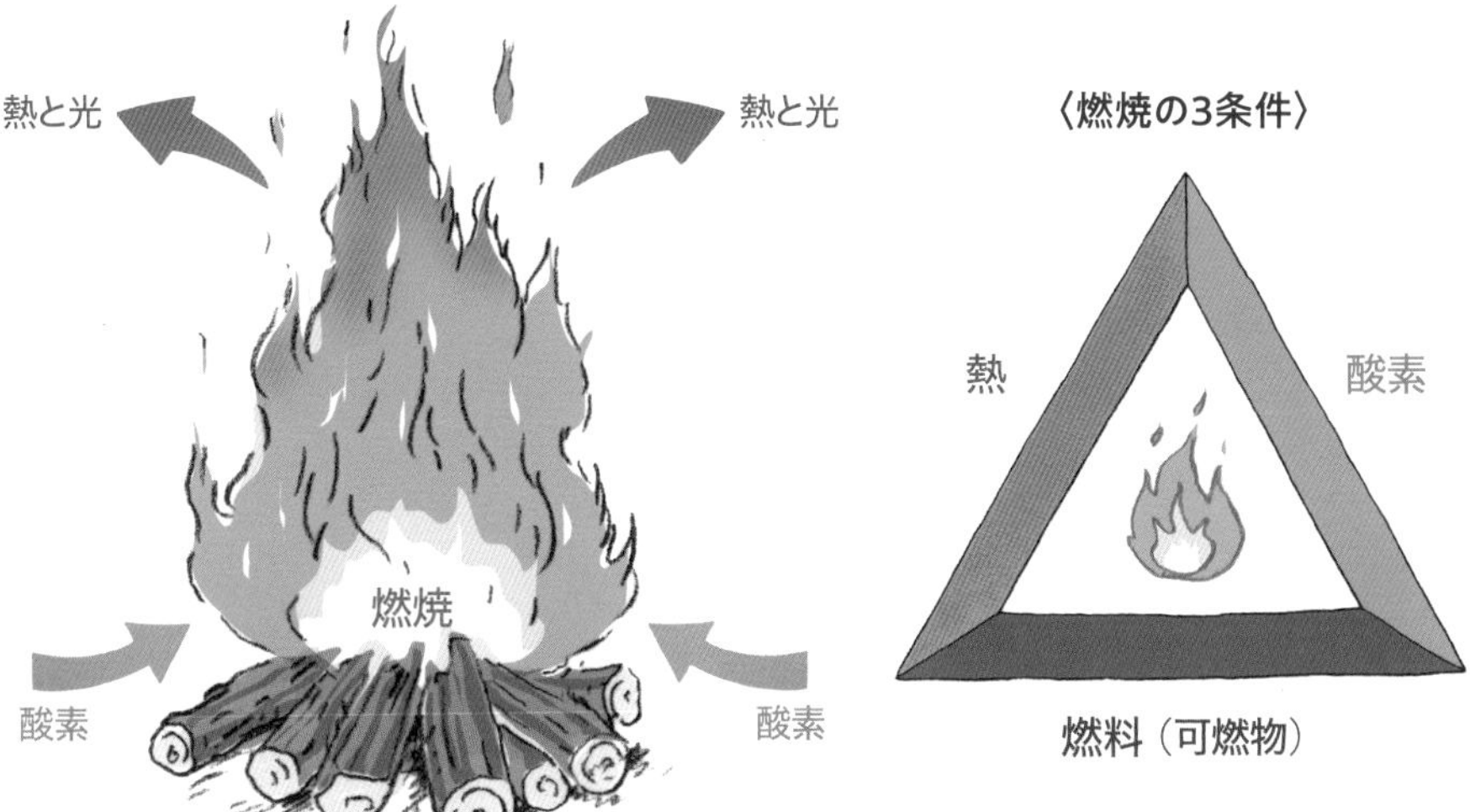

燃焼とは物体が高速で酸素と結合し、熱と光を発する現象のこと。燃焼するためには燃料、酸素、熱の３つが必要で、どれか一つが欠けても燃焼は起こらない。

焚き火の基本的な流れ

ダイヤル一つで着火から火力調整、消火までコントロールできるガスコンロと違い、焚き火の炎を利用するためには、様々な手間が必要となる。ここでは一例として、焚き火台上で差し掛け型（第3章で詳述）に薪を組み、着火剤を使って焚き火を行ってみる。

平らな地面に、不燃シートと焚き火台をセットする。

太い薪のほか、細い薪や焚き付け用の枝などを用意する。

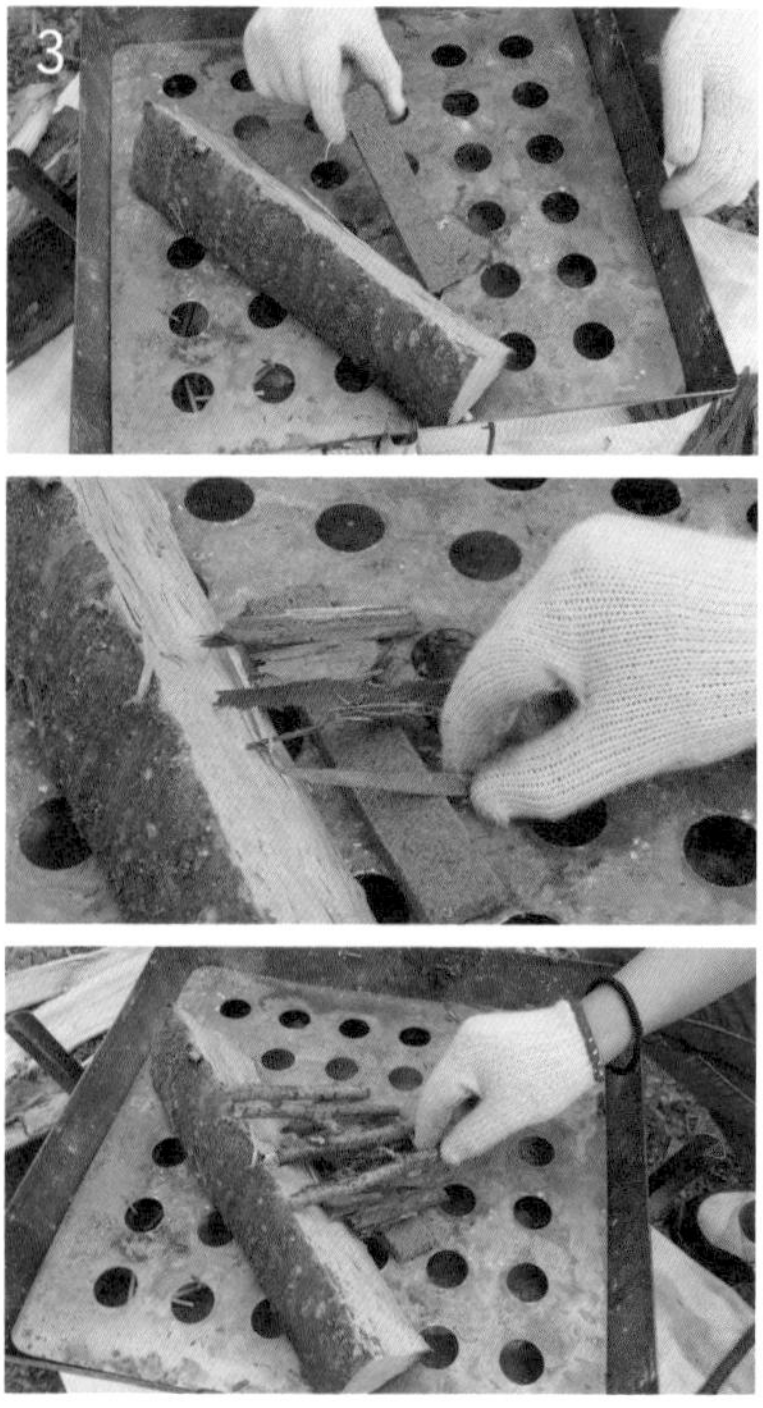

焚き火台に薪と着火剤、焚き付けとなる樹皮や細い枝をセットする。

3の上に細めの薪を組み、差し掛け型を完成させる。

着火剤にライターを使い点火する。

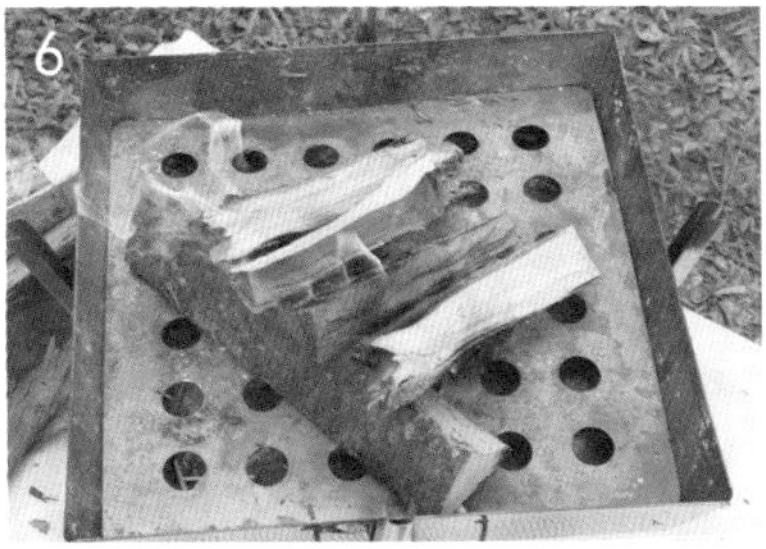

細い薪から太い薪へ火が燃え移ったら焚き火の完成。順次薪を足していく。

完全に灰になるまで燃やし尽くす。

燃やし尽くせず残った薪は火消し壺へ入れ焚き火を終える。

焚き火をする上での注意点

楽しく魅力的な焚き火だが、火を扱う以上、危険であると同時に他者や自然環境への影響も大きい。法律上の禁止事項などは後述（第8章）するが、焚き火をする上で守りたい基本的な注意点を紹介しておく。これからも多くの愛好家が焚き火を楽しめるよう、ルール違反はせず節度を持って焚き火を楽しみたい。

焚き火を楽しむための6つの約束

1 「気象情報」確認（強風の中での焚き火は厳禁）
2 焚き火は「許可された場所」で「ルール」を厳守
3 「消火用具」を必携（火消し壺、水バケツ等）
4 「確実な消火」と「あと片付け」
5 「火傷」「衣服への着火」に注意！
6 焚き火の「周囲」にも目配りを（事故を未然に防止）

1

風が強い時は、焚き火は行わない。災害時などの緊急避難で火が必要な場合は極力注意する。

2

焚き火は許可された場所で行い、直火禁止の場所では焚き火台を使用する。

4

最後にしっかりと消火を確認し、責任を持って焚き火を終え、来た時よりも綺麗に片付ける。

3

消火用の水バケツや消火スプレーを用意し、緊急時にすぐに消火できるように。

6

焚き火の周囲に燃えやすい物は置かない。

5

火傷と着衣への着火に注意！　燃えやすい服で焚き火はしない。

コラム　その1
焚き火遺跡の歩き方

焚き火の歴史に興味を持ったなら、国内外の「人類と火の痕跡」が残る遺跡へ足を向けてみるのはいかがだろうか。

まず国内でぜひ見てみたいのが、石川県能登町にある「真脇《まわき》遺跡」。ここから国内最古級、縄文時代の発火具である「火鑽臼」が出土したのだ。真脇遺跡は縄文時代前期から晩期にかけて繁栄した集落跡。集落として人々が住み続けた期間は4000年と非常に珍しい超長期定住型の集落遺跡である。遺跡一帯は公園として整備されており、当時の暮らしを夢想しながら散策するのが楽しい。併設の真脇遺跡縄文館で様々な出土品を見学できるが火鑽臼の展示は不定期なので問い合わせをしてほしい。

もう一つ、北海道釧路市「北斗《ほくと》遺跡」もよい。釧路湿原に臨む丘の上に広がる、旧石器時代から縄文・続縄文時代を経て擦文《さつもん》時代（13世紀）にかけての集落遺跡で、遺跡内では多様な時代の土器や石器、数百に及ぶ住居跡のほか、旧石器時代のものとして貴重な「火を焚いた跡」が発見されている。炉が住居の中に作られ始めた縄文中期より前の「火の痕跡」は国内では貴重。遺跡一帯は、ふるさと歴史の広場として整備され、史跡北斗遺跡展示館で多くの遺物を見学できる。

国外に目を移すと、有名なのは次の二つだろう。

まずはイスラエルの「ゲシャー・ベノット・ヤーコブ遺跡」。そう、世界最古の「人類が火の創出に成功」した痕跡だ！　イスラエル北部フラ湖の岸辺で発見された、75～79万年ほど前の狩猟採集民の野営地跡で、現生人類であるホモ・サピエンスより前のホモ・エレクトスによって作られたと考えられている。この遺跡では、斧やハンマー、ナイフなどの工作物や動物の骨、果実の種などと一緒に、焼けた跡のある種子と薪、そして火打ち石が発見された。フラ湖一帯はイスラエルで初めての自然保護区となっており、観光地として整備されているのだが、残念ながら僕は訪れたことがない。ぜひ行ってみたいものだ！

最後に最も有名な「人類と火の痕跡」がこちらだろう。中国の周口店、約20～50万年前に生きていたホモ・エレクトスの仲間「北京原人」の遺跡だ。ここは北京市中心部から南西に約50㎞とアクセスしやすい。遺跡からは完璧な形で発掘された頭蓋骨のほか、多くの打製石器や動物の骨、そして彼らが火を使用した痕跡が確認された。これら遺物から、彼らは集団で生活を営み、様々な道具を使って狩猟・採集した食物を火で調理していたことがわかっている。周口店では周口店遺跡博物館で多くの発掘品を見学できるほか、北京原人が生活していたとされる洞窟「猿人洞《えんじんどう》」を見ることも可能で興味が尽きない。

第2章 焚き火の実践【薪の知識編】

「薪」とは何か

薪と柴と炭

焚火に欠かせない燃料が「薪」である。薪は単に樹木を切り、適当な太さに割っただけのものではない。原油を精製しガソリンや灯油が作られるように、人が手間と時間をかけ「燃料」として作り上げたものが「薪」である。薪は太い木を切り出し割って乾燥させた燃料で、昔はむやみに自宅で燃やしたりはしない大切な換金作物であった。

一口に薪といっても、色々な種類がある。「着火が簡単」「料理のための強い火力」「長く燃え続けてほしい」その目的によって樹種や太さを変える必要がある。

まずは着火。その際には「火口《ほくち》」と「焚き付け材」を用意しよう。火口は火打ち石などが発した小さな火花を受けて最初に火を燈《とも》すきっかけとなる。そしてその小さな火を育て薪へと移す橋となるのが焚き付けだ。これらには枯れ葉や樹皮、小枝などが使える。

左から枯れ枝を集めた柴、しっかり乾燥された広葉樹の薪、市販されている木炭。形は違えど、どれも樹木から作られた大切な燃料たちだ。

また普段の暮らしの中で、少量の湯沸かしや短時間の暖房に、貴重な薪を使うのはもったいないこともある。そんな時には昔から「柴」が使われる。柴は山野に生える小さな雑木、自然に落ち乾燥した枝などのこと。「お爺さんは山へ柴刈りに」の柴だ。小さな雑木から手折《たお》った枝で、昔は煮炊きをし暖をとった。僕もカップラーメンを作る時などに、よく拾い集める。

反対にじっくりと焼き物やダッチオーブン料理を楽しむなら柴では火力不足。こんな時は「炭」がよい。伐採した木を炭焼きしたものが木炭で、専門の職人が樹木にさらなる手間と時間をかけて作った、究極の燃料だ。昔は貴族階級が使う品であったという。

よい薪の特徴

よい薪とは、最適な太さと長さに揃えられ、適度に乾燥されたものである。太く長すぎる薪は、扱いづらく乾燥も不足しがちになる。逆に細く短すぎるとすぐに燃え尽きてしまう。長さは１尺から１尺３寸（30〜40㎝）、太さは４寸前後（10〜15㎝）くらいが、必要に応じてより小さく割ることもでき使いやすい。

薪の乾燥は通常２年が最適とされる。伐採直後の丸太には多くの水分が含まれている。樹種や薪置き場の環境、天候などにも左右されるが、伐採から１〜３年の乾燥で薪としてベストな

薪ストーブの燃料にすべく筆者が集めた丸太。このままでは燃料とは言えない。ここから玉切り、薪割り、乾燥の工程を経て薪という名の燃料となる。

含水率（15〜20％）となる。乾燥期間は長ければよいものではない。水分が抜けすぎた含水率10％以下の薪は、燃焼に酸素の供給が追いつかず不完全燃焼を起こすことが多いので気をつけたい。

薪に使用する樹種は多様で、火持ちのよい広葉樹にこだわる人も多いが、針葉樹にはまた別のよさもある。互いにメリットとデメリットがあるので、使用目的に応じ使い分けよう。

薪割り

自らの手で薪を作り出す「薪割り」は最高の贅沢だ。キレイに割れた時の手応えはとても気持ちがいい。体力的にきつく危険をともなう作業だが、ぜひチャレンジしてみてほしい。

薪棚

手製の薪棚に整然と並んだ薪を見ると心が休まる。自分の力でここまで揃えたんだという達成感と、この冬はこれで大丈夫だという安心感。古代から続く本能が薪を求めているのだろうか。

（薪割りや薪棚などの薪作りについては40ページ以降、さらに深掘りした薪作りの方法については２４０ページ以降で解説しています）

筆者の自宅庭にある薪棚で乾燥中の薪

STIHL

薪に使われる代表的な樹種

古来、人々は目的に応じて様々な樹を使い分けてきた。今でこそ燃え尽きの早さを言われる杉や檜《ひのき》だが、本来は貴重な建築材で薪に使われるのは最近になってから。すべての樹種にその樹独特の利点があり欠点もある。その特徴を知った上で自然の恵みに感謝し活用してほしい。

楢《なら》

火力 ……………………★★★★☆
火持ち ………………★★★★☆
着火性 ………………★★☆☆☆
薪割簡易度 ………★★★☆☆

ブナ科の落葉高木。どんぐりが実る代表的樹木。沖縄を除く日本全土に生育し、特に本州の里山周辺でよく見られる。火持ちがよく火力も強いため、昔から薪や炭に活用される。広葉樹の薪の中では流通量が多く値段も手頃でコストパフォーマンスが高い。比重*は約0.67。

櫟《くぬぎ》

火力 ……………………★★★★★
火持ち ………………★★★★★
着火性 ………………★☆☆☆☆
薪割簡易度 ………★★☆☆☆

ブナ科の落葉高木。東北以南に分布。成長が比較的早いため、古くから建材や薪として使われてきたほか、椎茸《しいたけ》栽培の榾木《ほたぎ》（種菌をつける原木）としても利用される。この木の樹液にはカブトムシやクワガタが集まることでも有名。比重は樫と互角で、火持ち・火力に優れ薪として人気が高い。比重は約0.85。

樫《かし》

火力 ……………………★★★★★
火持ち ………………★★★★★
着火性 ………………★☆☆☆☆
薪割簡易度 ………★☆☆☆☆

ブナ科の常緑高木。東北以南に分布。木偏に堅いと書く通り大変硬い材質で高級建材や船の材料として重用される。比重が大きくて硬いという特徴から、薪割りが難しく着火性も悪いのだが、火持ち・火力に非常に優れており薪の王様とも呼ばれる。比重は約0.87。

＊「比重」とは、1㎤の水に対する同体積の物質の質量の比のこと。樹木の比重は一般的に乾燥させた後の気乾《きかん》比重をいい、乾燥度合によって比重の数値は変わる。薪として見た場合、比重が大きいほど火持ちがよく、小さいほど着火性がよい。

栗

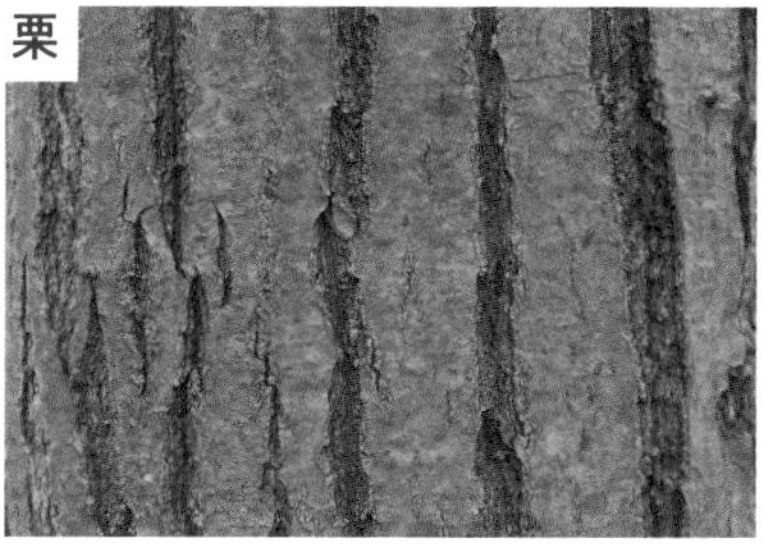

火力 ……………………★★☆☆☆
火持ち ………………★★☆☆☆
着火性 ………………★★★★☆
薪割簡易度 ………★★★★☆

ブナ科の落葉高木。日本全土に分布。古代から実は食用として重用され、家屋や道具の材料としても多用されてきた。薪としては火中で爆《は》ぜやすく火持ちも悪いため人気が低いが、割りやすく乾燥が早いので、薪の自家製用として使いやすい。栽培農家も多いため比較的入手は簡単。比重は約0.60。

欅《けやき》

火力 ……………………★★★★☆
火持ち ………………★★★★★
着火性 ………………★☆☆☆☆
薪割簡易度 ………★☆☆☆☆

ニレ科の落葉高木。東北以南に分布。木目が美しく耐久性が高いため、建築木材の王様と呼ばれる高級材。寺社建築や高級住宅の他、家具や食器、楽器など様々な分野の職人に愛用される。材質は粘りがあり薪割りは難しいが、火持ちは大変よく薪として優れている。比重は約0.68。

楠《くすのき》

火力 ……………………★★★☆☆
火持ち ………………★★☆☆☆
着火性 ………………★★★☆☆
薪割簡易度 ………★☆☆☆☆

クスノキ科の常緑高木。関東以南に分布。樹木全体に独特の芳香があり、古くから虫除けの樟脳《しょうのう》の原料として珍重されてきた。材は虫に食われにくいため、飛鳥時代より仏像作りに多用される。神社に植えられることが多く、地域の古木・大木の代表とも言える。薪割りが難しい樹だが、公園の植木などに多いため都市部でも入手しやすい。比重は約0.52。

桜

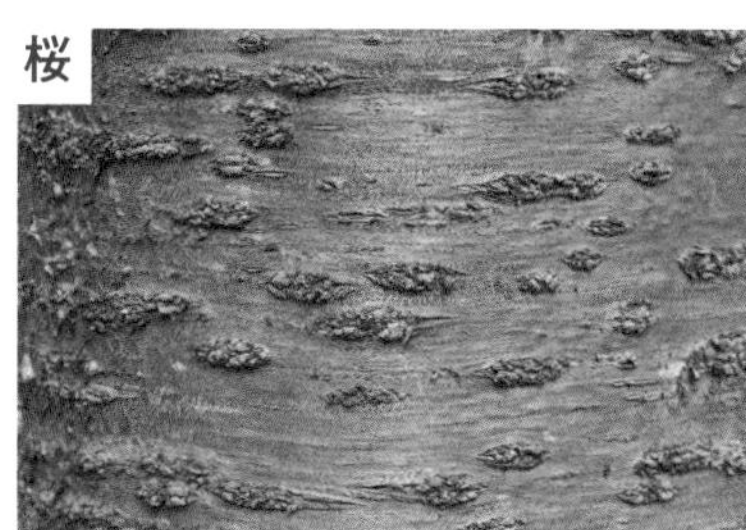

火力 ……………………★★★☆☆
火持ち ………………★★★★★
着火性 ………………★★☆☆☆
薪割簡易度 ………★★★☆☆

バラ科サクラ属の落葉広葉樹の総称。日本全土に様々な種類が分布。古来愛される桜は観葉のほか食用や建材としても使われてきた。薪としての性能もよく、山桜の間伐のほか街路樹や庭木の伐採もあり入手機会は多い。燃やすとよい香りがし、スモーク用チップとしても人気が高い。比重は約0.66。

松

火力 ……………………★★★★☆
火持ち ………………★☆☆☆☆
着火性 ………………★★★★★
薪割簡易度 ………★★★☆☆

マツ科の針葉樹の総称。国内ではアカマツ、クロマツ、カラマツなどが各地に分布。古くから建材のほか、庭木や防風林としても使われ馴染み深い。他の木材に比べ可燃性樹脂を多く含み、着火性がよく火力が高い。一気に高火力になり、煤《すす》も多く出るので薪ストーブでの使用には注意が必要。比重はカラマツで約0.50。

檜《ひのき》

火力 ……………………★★★☆☆
火持ち ………………★★☆☆☆
着火性 ………………★★★★★
薪割簡易度 ………★★★★★

ヒノキ科の常緑針葉樹。主に関東以南に分布。耐久性がよく美しい木肌を持つことから、建材として人気が高く、広く植林されている。杉と同様に火つきは抜群で火力も高いうえ、杉よりもわずかだが燃焼時間が長い。檜には独特の芳香があり、燃やすとよい香りが漂う。比重は約0.41。

銀杏《いちょう》

火力 ……………………★★★☆☆
火持ち ………………★★☆☆☆
着火性 ………………★★★☆☆
薪割簡易度 ………★★★☆☆

イチョウ科の落葉高木。中国原産で日本でも馴染み深い。秋には美しく黄葉する。広い形の葉をつけるが広葉樹ではなく、裸子植物で種としては針葉樹に近い。街路樹や公園樹として都市部でも広く植えられ、枝打ちや間伐の機会に入手しやすい。ただし、火持ちが悪く燃え尽きるのが早いため、薪としての実力は低い。比重は約0.55。

杉

火力 ……………………★★★☆☆
火持ち ………………★☆☆☆☆
着火性 ………………★★★★★
薪割簡易度 ………★★★★★

ヒノキ科の常緑針葉樹。日本の固有種で自生の北限は本州北端だが、全土で造林されている。建築用木材として広く使用される。着火性がよく、火力も高いので焚き火のスタートに使いやすいが、燃焼時間は短い。低価格で広く流通し、玉切り・薪割りも容易なので、自分で薪作りをする初心者に勧めたい。比重は約0.38。

焚き火の際に用意する「火口」「焚き付け」「薪」

焚き火前に用意するものは薪だけではない。なぜならマッチやライターの火力では、薪から可燃性ガスを発生させるまで熱することは不可能だからだ。薪を燃やすためには、まずはより容易に着火するものに小さな火をつけ、そこから徐々に火を大きくしていく必要がある。

そのために用意するのが、最初に着火させる「火口」と、そこから最初に火を移す「焚き付け」、そして細いものから太いものまで揃えた数種類の太さの薪である。

火口

「火口」は火打ち石の飛ばすかすかな火花でも、すぐに燃え上がるものでなければならない。裂いた新聞紙やほぐした麻縄などがよく使われるが、着火しやすい物であれば何でもよい。杉の葉や皮、崩した松ぼっくりなど色々試してみよう。僕のお勧めはわら縄をほぐしたものだが、何を使うにしても大事なのは、決して水に濡らさないこと。慣れないうちは無理せずに市販の着火剤を使うのもよい。

焚き付け

火口に燈った小さな火は、あっという間に燃え尽きてしまう。その火を薪へと受け継ぐ架け橋となるのが「焚き付け」だ。よく例に出されるのは「割り箸の太さに割った薪」だが、薪は市販の割り箸ほど乾燥していないので、薪を使う場合はもう少し細く割った方がよい。その他に、山で拾った枯れ枝や大きめの樹皮、ナイフで削り出したフェザースティックなどアイデア次第。火つけは周囲の環境にも左右されるので、複数を用意してほしい。

色々な火口と焚き付け。右から時計回りに、新聞紙と樹皮、松ぼっくり、杉の葉、広葉樹の落ち葉、ほぐした麻縄。どれも火口にも焚き付けにも応用可能。

薪は3種の太さを用意

薪は3種の太さ（幅10〜12㎝、幅7〜8㎝、幅4〜5㎝）を用意する。この3種類があれば、着火ののち火力調整など自在に操ることができる。薪の必要量は樹種や季節、焚き方によって変わるが、一家族がキャンプで夕方から就寝時まで焚いた場合2〜4束が標準だろう。

アウトドアショップやホームセンターで入手しやすい炭

木材を高温の窯《かま》で空気を絞り蒸し焼きにすると、炭化し木炭となる。良質な木炭は燃焼時に煙や炎が出ず、高い熱を一定状態で発し続けてくれるため調理の火に最適。木炭は製法によっていくつかの種類に分かれ、その特徴や個性も様々なので、色々と使い分けてみよう。

備長炭

火力……………… ★★★★★
火持ち…………… ★★★★★
着火性…………… ★☆☆☆☆
価格お手軽度… ★☆☆☆☆

窯内温度1000度以上の高温で焼き上げたのち窯外消火によって作られる「白炭」の中で、材料にウバメガシを使った高級品。一般的な「黒炭」に比べ硬質で叩くと金属音がし、火持ちが非常によいが、着火性が悪くBBQ等で使用するには慣れが必要。紀州産が有名だが、流通量が多いのは土佐産。

成形炭

火力……………… ★★★★★
火持ち…………… ★★★★☆
着火性…………… ★★☆☆☆
価格お手軽度… ★★★★☆

製材場で発生するおがくずを加熱圧縮して作った固形燃料を炭化させたもの。細長く中心に穴が開いた竹輪のような形が特徴的。その製法から白炭に似た特徴を持ち、低価格ながら高温を長時間維持できるため、焼肉店などでも多用される。簡単なイメージに比べ着火性が悪いのが難点。

ナラ切炭

火力……………… ★★★★☆
火持ち…………… ★★★☆☆
着火性…………… ★★★☆☆
価格お手軽度… ★★★★☆

窯内温度400〜700度で焼き上げ窯内で消火して作られた炭が「黒炭」。白炭に比べ流通量も多く価格も低いのでコストパフォーマンスが高い。黒炭には様々な樹種が使われるが、ナラを原木とした「ナラ炭」が代表格。薪に比べればコツがいるが、白炭よりも着火は簡単なのでBBQで多用したい。

ブリケット

火力 ……………… ★★★☆☆
火持ち …………… ★★★★★
着火性 …………… ★★★★☆
価格お手軽度 … ★★★★☆

ＢＢＱの本場アメリカで人気の炭。広葉樹のおがくずを炭化させ固めたもの。小さな石ころのような形状で、着火性がよく、煙も出ずに長く安定した火力を保ってくれるのでＢＢＱで使いやすい。日本の豆炭も同じ仲間だが、原料に石炭を使用したものはにおいが強いので網焼きなど直火料理には向かない。

マングローブ炭

火力 ……………… ★★★☆☆
火持ち …………… ★★☆☆☆
着火性 …………… ★★★★☆
価格お手軽度 … ★★★★★

ホームセンターや行楽地のスーパー等でＢＢＱ用炭として、簡単に低価格で入手できる。〝マングローブ〟は樹の名称ではなく、主に熱帯・亜熱帯地域の汽水域《きすいいき》に生える樹木の総称。このためマングローブ炭も樹種はバラバラ。箱の中には大小様々なサイズの炭が入っている。着火性はよいが火持ちは悪く、煙も多い。

薪ではなく炭を使う目的

木を切り出し乾燥させたものが「薪」で、その木を時間と手間をかけ蒸し焼きにし炭化させたものが「炭」である。両者に優劣はなく、昔から目的によって使い分けられてきた。薪の方が着火性はよく、エネルギー源としての効率ははるかによい。炭はその製作過程で多くの熱エネルギーを消費すると同時に、多大な労働力を必要とする。そのためかつては一部の貴族しか使えない貴重品であった。ではなぜ炭が作られ使われるかというと、調理に使う場合に都合がよいからだ。炭火は薪のように炎が上がらず、煙も少なく、安定した火力を長時間保つことができる。そのため料理を作る時に大変使いやすいのだ。キャンプなどでは、燃え上がる炎を楽しみ、暖をとる時は薪の焚き火を使い、調理には炭火を使うという使い分けをするとよいだろう。

炭起こし器で燃え上がるナラ切炭。着火が難しいイメージのある炭だが、正しく道具を使えば簡単に火起こし可能だ。

薪の入手方法その1

買う・拾う

買う

現代のキャンパーや薪ストーブ愛好家が薪を入手するための最も簡単な方法が「薪の購入」である。購入といって最初に思いつくのはキャンプ場の売店だろう。主にそのキャンプ場周辺の間伐材が使われ、樹種はミックスのことが多い。価格は決まっておらず様々だ。

次に購入しやすいのがホームセンター。地域によって樹種は色々だが、気の利いた店なら針葉樹と広葉樹の2種類を揃えてあるところもある。価格的には一番お手頃かもしれない。

これらよりよい薪にこだわるなら、初心者にはハードルが高く感じられるかもしれないが、アウトドアショップや薪ストーブ専門店に訪れるのが一番だ。樹種は複数用意され管理も行き届いている。もちろん高額だが、薪にこだわりたいならぜひ一度訪ねてみよう。最近はネット通販を行っている店も多い。

ホームセンターの薪

価格……低　薪の品質……中
入手お手軽度……高

地域によって樹種は異なるが、針葉樹と広葉樹の両方を置く店も多い。長さや太さ、乾燥具合の管理が行き届いているので初心者でも使いやすい。

キャンプ場の薪

価格……低〜高　薪の品質……低〜高
入手お手軽度……高

樹種は売店によって様々。1束に数種類が混在していることも多い。長さや太さ、乾燥などの管理も店によって違う。

拾う

「燃やしてしまう薪にお金をかけたくない」「自然の中で自分で採集したい」と考える人も多いだろう。その場合はキャンプサイト周辺で薪を拾うこととなる。ただし一般人の目には〝雑然とした森〟に見えるかもしれないが、すべての森や山には所有者がいて、素人が簡単に立ち入れるような〝森〟は「労働力をかけて管理されている場なのだ」ということを知っておかねばならない。管理者の許可なく立木を切ったり、枝を折ったりするのはＮＧである。たとえそれが枯れ木に見えたとしてもだ。地面に落ちている枝などはまず大丈夫だが、倒木の場合は許可を取った方がよい。

地面から拾った枝などは、湿気が多く煙が大量に出ることもある。何らかの理由でサバイバル的な焚き火をする場合は別だが、通常の〝楽しむための焚き火〟をするなら、ある程度の数の薪を事前に用意した上で、〝薪拾い〟を楽しんだ方がよいだろう。

杉林の中では、たくさんの落ちた枝や枯れた葉を拾うことが可能。よく乾燥しているものを選ぼう。

薪ストーブ店の薪

価格……中　薪の品質……高
入手お手軽度……低

基本薪ストーブオーナー向けなので、少量販売はしてくれない。最低でも数十kg単位となるが、その分アウトドアショップより低価格。品質は当然よい。

アウトドアショップの薪

価格……高　薪の品質……高
入手お手軽度……低

焚き火グッズを中心に取り扱う、こだわりのお店が多い。様々な樹種が揃えられていて、ブランド薪などもある。品質は非常に高いが価格も当然高い。

薪の入手方法その2

自分で作る

年間で複数回キャンプに行く人や、自宅に薪ストーブがある人なら、薪を自分で作るのも選択肢の一つだろう。実際、自前で薪作りを行う愛好家は数多い。この場合、ある程度の作業と保管のスペースと、時間・労力がかかるが、格安で多量の薪を手に入れることができ、同時に多くの達成感も得られる。

薪を自分で作る場合、薪の材料となる「原木」をどこかから入手しなければならない。入手先として多いのは、森林組合、地域の土木建築会社、自治体などである。森林組合からは購入という形になるが、土木建築会社や自治体などは、住宅地や公園等の木を伐採した物や管理する山の間伐材など、廃棄する木材を格安か無料で出してくれることも多い。地元の様々なところにアンテナを張っていると、お得な情報が入ってくるので、色々な方面に問い合わせてみるとよい。

原木が手に入ったら、いよいよ薪作りとなる。詳しい作業手順は第9章で後述するので、ここでは大まかな流れだけ紹介したい。

1 チェンソーで原木を玉切り

チェンソーを使い原木を切断する。この際、切断する〝玉〟の長さを一定にすることが重要である。この長さが薪の長さになるので、マチマチだと乾燥・保管の時に不都合だし、焚き火時に組むことも難しくなる。長さは好みだが35〜40㎝が一般的だ。

2 薪割り

薪割り台に玉を置き、斧で割る。斧は薪割り専用の物を使おう。薪割り斧には和斧と西洋斧の2種類があり、好みで選ぶとよいが、初心者には西洋斧をお勧めする。薪割り台上に玉を置いたら、脚を大きく開き、斧を振り下ろす。事故も多いので気をつけて作業してほしい。パカッと割れた時の爽快感は何にも代えがたい。

3 薪棚で乾燥

風通しのよい棚に薪を積み乾燥させる。少々の雨は問題ないが、薪同士の隙間に水が溜まると腐るので、簡単な屋根は付けておきたい。乾燥期間は最低でも1年。杉などの針葉樹は1年で十分だが、樹脂の多い松や密度の高い広葉樹の薪は、可能であれば2年間乾燥させるとよい薪となる。

4 薪の含水率チェック

薪ストーブショップなどで入手できる「含水率計」を使い乾燥度をチェックしてみよう。15〜20%くらいが最適とされている。これより低くなると、薪の熱分解が速すぎて酸素供給が追いつかず不完全燃焼を起こす。乾燥しすぎにも注意しよう。

1

2

3

4
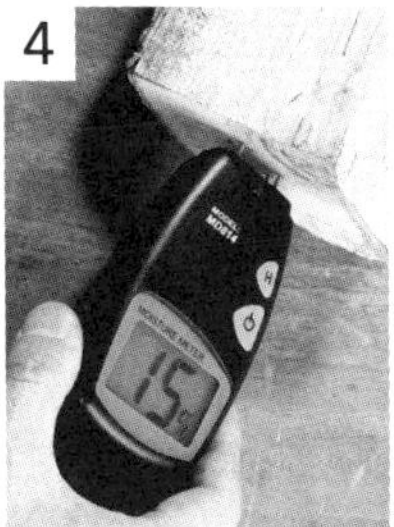

薪割りに必要な道具

1 エンジンチェンソー

小型の枝打ち用から大径木の伐倒用まで多種販売されているが、薪作りには排気量30～35cc程度のサイズが使いやすい。価格も様々だが、ガソリンエンジンを使う農機具はメンテナンスが重要になるので、少し高価だが地元の農機具店で購入した方が安心だ。燃料には自動車用ガソリンに専用オイルを混ぜて作る「混合燃料」が使われる。非常に危険な道具なので専用の安全具をともに使用し、十分な対策と訓練の上で使用してほしい。

2 電動チェンソー

ここ最近エンジンタイプに引けを取らないパワーを持った電動チェンソーが各社から出揃った。電源コードタイプとバッテリータイプがあるが、取り回しのよさからバッテリータイプをお勧めする。個人が使用する薪作りなら、パワー不足を感じることはない。エンジンに比べメンテナンスは容易なうえ、はるかに静かなので住宅地での使用も可能だ。ただし危険性は変わらない。手軽に使用できるが、安全への注意は怠らないように。

3 薪割り斧

薪作りの象徴的道具と言えば斧だろう。非常に危険で扱うのに体力のいる道具だが、使いこなせた時の喜びは大きい。薪割り斧は通常の斧よりも刃が厚くなっている。この厚い刃のふくらみが、丸太に食い込んだ時に、押し広げる力を発揮し丸太を割いていくのだ。

4 手鋸《てのこ》

無料や格安で手に入れた原木には太い枝などが残ったままのことが多いし、チェンソーで切るまでもない太さの小木も混じっている。そういった時、手鋸があると便利だ。薪の長さを揃えたりにも使えるので、一つ用意しておくとよいだろう。

5 手斧《ちょうな》・鉈《なた》

大型の薪割り斧では割りづらい小径木を割ったり、キャンプサイトで焚き付けを作ったりする時に必ず出番がある。割ることに関しては手斧の方が使いやすいが、枝打ちをしたり、木の表面を削ったりなど、切れ味の鋭い鉈の方が使いやすい場面も多い。可能であれば手斧と鉈の両方を用意しておくとよいだろう。現場での作業効率が断然高くなる。

1

2

3

4

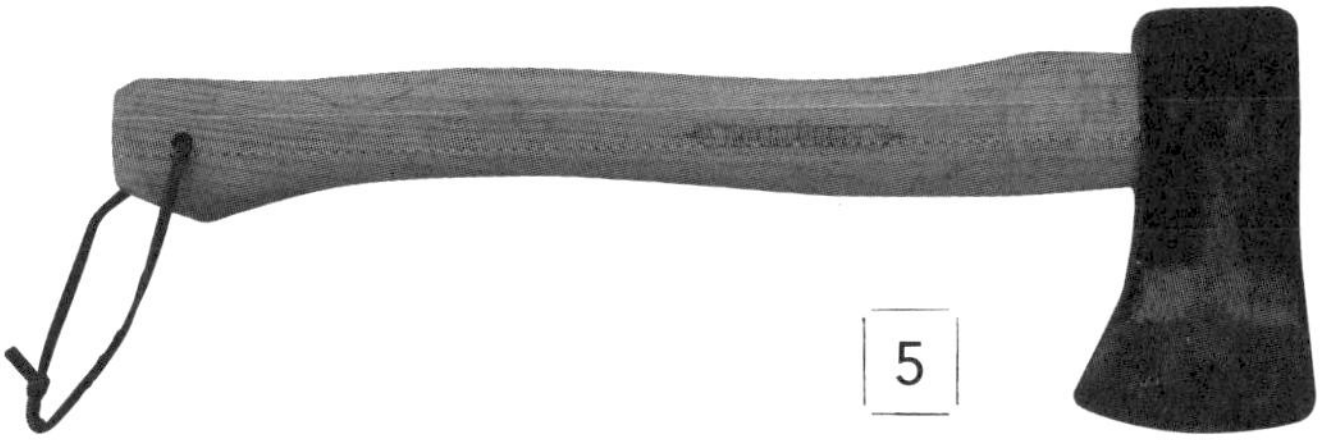

5

コラム　その2　原木丸太の樹種の見分け方

キャンプ場やホームセンターの薪売り場のポップには「広葉樹薪」としか書かれていないことが多い。また、自分で薪を作るために原木の丸太をもらっても、その木の名前を言い当てることは難しい。植物に詳しい人でも、葉や花そして実などがなく、丸太の樹皮と木目だけの情報では種名を間違うこともあるそうだ。

そこで原木丸太から樹種を見分ける手がかりを列挙してみた。ただし、樹表面や木口（切断面）の姿は、その木が生育した地域や環境、樹齢によって大きく変化する。32〜34ページの写真を参考に自分なりの樹種の見分け方を見つけてほしい。

コナラ　ブナ科の落葉高木

樹皮は灰褐色《はいかっしょく》で、縦方向に不規則に浅い割れ目が並ぶ。樹皮は厚め。芯材と辺材の境が比較的に明瞭。

カシ　ブナ科の常緑高木。カシはコナラ属のうち常緑性の樹の総称

・シラカシ

樹皮は濃い灰色で細かい縞《しま》模様。木口は白く滑らか。

・アカガシ

樹皮は灰黒色で細かい剝離《はくり》がある。木口は淡く赤みがかる。

クヌギ　ブナ科の落葉高木

樹皮は濃い茶色で、コナラに比べゴツゴツと深く割れ目が入り、割れ目の中が褐色に見える。芯材と辺材の境がコナラと同じく明瞭。

ケヤキ　ニレ科の落葉高木

樹皮は薄い灰色で、薄くうろこ状にはがれ落ち、まだら状の模様を作ることが多い。木口は赤みが強い。

クリ　ブナ科の落葉高木

樹皮は灰褐色で、縦方向に爪で引っかいたような裂け目が入り、特徴的な模様を作る。木口の色は中心に向かうほど濃くなる。芯材は黒茶色。

サクラ　バラ科サクラ属の落葉広葉樹の総称

・ヤマザクラ

樹皮は灰褐色でやや光沢があり、ツブツブを集めたような横筋模様が特徴的。木口は、辺材は白く、芯材は茶色が濃くなるが境は不明瞭。

クスノキ　クスノキ科の常緑高木

樹皮は濃い灰褐色で、縦に細かく割れ目が入り、短冊状の模様を作る。タンスの防虫剤である樟脳の香り。

第3章 焚き火の実践【道具と薪の組み方編】

焚き火の基本道具

現代人が焚き火をするためには、いくつかの道具が必要になる。ネットや情報誌では多彩なグッズが紹介されているが難しく考える必要はない。焚き火関連の道具は消耗品が多い。まずは安価なもので始め、次第に必要と気づいたものを買い替えていくとよいと思う。

ノコギリ

拾ったり買ったりした焚き木が、ちょうどよい長さとは限らない。そんな時はノコギリで切断だ。樹木は縦には割れるが、横方向に切るのはノコギリがないと難しい。ホームセンターに行けばたくさん売っているので、まずは1000円ぐらいのを一振り買ってみるとよいだろう。

手斧《ちょうな》・鉈《なた》

ノコギリが横に木を切るなら、手斧は縦方向に木を割る時に使う。これも他の道具では代替が難しい。太い薪を必要な太さに調整する時に使う。薪を割るなら手斧が一番だが、鉈でも可能。鉈があれば他にも、樹皮をむいたり、枝を払ったり、ちょっとした工作ができたりと便利。どちらを使うかは好みで選ぼう。たぶんそのうち、両方買うことになるだろうから。

グローブ

火は熱い。まあ当たり前である。焚き火サイドで何をするにしても、グローブは用意しておいた方がよいのだが、できれば数種類欲しくなる。まずは厚手の革手袋。薪割りや火床の石の設置、火ばさみで動かしづらい大きな薪の移動など色々使える。ただし厚手なので細かいことがしづらい。そこで薄手の革手袋があると色々と助かる。この他に安い軍手がたくさんあると何かと便利。ＤＩＹで活躍する化繊にゴムコートの手袋は熱に弱いので、ここでは活躍できない。

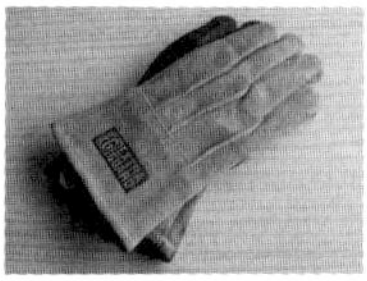

火ばさみ

冒頭でまずは安物からでよいと書いたが、これは本当に高いものを買ってほしい。カッコよい焚き火道具はたくさんあるが他はどうでもよい。焚き火中に一番使い、一番値段の差が出るのが火ばさみだと僕は確信している。間違ってもホームセンターの一番安いやつはやめておこう。薪をつかみ損ねてストレスが半端ないのだ。今僕が使っているのは、とある金物屋さんで見つけた職人さん手作

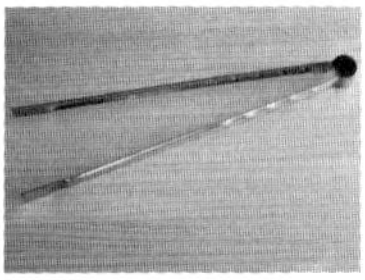

りの逸品。バネ部分の腰と、先端の合わせの精度が全然違い、重い薪でも不自由なくつかめる。

マッチ・ライター

個人的にマッチ派。シュッと擦《す》ってぽっと燈《とも》るあの小さな火は男のロマンなのだ。まあ過去に幾度もライターの油切れを経験しているので、箱の中身を確認しやすいマッチが好きというのが本音だが。ライターも、しっかりと中を見ればよい。そんなマッチの弱点は湿気に弱いこと。雨の日に箱ごと濡らしたら絶望的。サバイバル的な観点で言えば、着火の道具は、2種類は用意した方がよいのだから、どちらかと言わず、マッチとライター両方をカバンに忍ばせるのが正解。

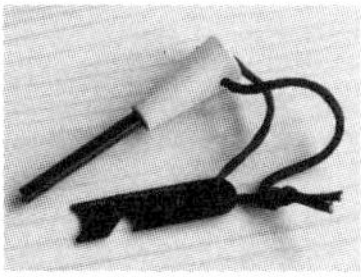

メタルマッチ

最近流行りのメタルマッチ。マッチ本体はフェロセリウム合金やマグネシウムでできた金属の棒で、これをナイフなどで激しく擦ると火花が飛ぶ。現代版の火打ち石と言うべきアイテム。特徴は水濡れに強いことと、繰り返し利用できることで、そのサバイバルな雰囲気が受けているのだろう。初心者でも簡単に火花が出るが、そこから火を起こすのは少しコツがいる。軽くコンパクトなので1個持っていると雨の日でも安心だ。

メタルマッチとは逆に、そのケミカルな姿から最近あまりキャンプ場で

着火剤

お目にかからないBBQ定番グッズの着火剤。おが粉のブロックに油を染み込ませたものや、ジェル状のものなど各メーカーから多様な商品が販売されている。本来は薪ではなく炭でBBQをする時に使うものだが、薪への着火が初めての人にも使いやすい。特徴は簡単に火がつき、十分な熱量でそれなりに長時間燃え続けてくれること。慣れた人でも薪の状態やその日の天候で着火にてこずることもある。こちらも一つザックに入っているだけで助かることが多い。

焚き火台

植生や土中生物の保護のため、直火を禁止するキャンプサイトが増えた。それに対応するように、多くのメーカーから様々な形状の焚き火台が販売されている。焚き火台の始まりは1996年に発売されたスノーピーク社製「焚火台」。地面への火のダメージを避け、焚き火が一段高いところでできる焚き火台は環境意識の高まりもあり爆発的にヒットした。その後、多くのメーカーが追随しデザイン性の優れたものや、機能が充実したものなど多種多様な焚き火台がキャンプ用品店の売り場を賑わしている。

焚き床の話——「火床」と「かまど」と「焚き火台」

焚き床とは、焚き火を行う場所のことである（本書では、火床、かまど、焚き火台はすべて「焚き床」ととらえる）。直火禁止に指定されたキャンプ場をはじめ、現代では多くの場所で直火による焚き火はできないことが多い。しかし自由なキャンプと焚き火を楽しむため自分の山を購入する愛好家もいると聞く。災害時のサバイバル技術習得や、海外野宿旅行を考える人もいるだろう。そんな時、焚き火の基本となる姿は、平たい地面の上に組んだ薪を燃やした形となる。

焚き火に関する名著『焚き火大全』では、この形を「平地型」と名づけ、焚き床を紹介するページの筆頭に掲げている。しかしこの方法は手軽ではあるものの、風の影響が大きいため灰が舞い散り炎が安定しない。そこで昔の人が考えたのが「火床」と「かまど」である。

「火床」の基本は地面を円形のすり鉢状に掘り、その中で焚き火を行う方法だ。深さはそれほど深くなくてもよい。15〜20㎝も掘ればよいだろう。燃焼する場所が地面より一段低くなるので、風に影響を受けず炎が安定する。また、周囲の法面《のりめん》が反射板・蓄熱材の代わりとなって熱効率もよくなる。火床をまたぐように丸太を数本置けば鍋や網をかけて調理もできる。

この考えを一歩進めた火床もある。それが「キーホール型火床」だ（50ページ）。日本人には前方後円墳型と言った方がわかりやすいかもしれない。円形の火床の一端を四角く広げた形で、この部分に焚き火でできた「熾火《おきび》」を集めて調理に使う。炎を上げた燃焼ののちに高温で炭化し赤く熱を発する熾火は、火力も安定し調理には最適なのだ。

　焚き火料理に挑戦するとわかるのだが、盛大に炎が上がる焚き火では、中に熱が通る前に食材の表面は焦げ付き、鍋やフライパンは煤《すす》だらけになってと、調理には非常に使いづらい。しかし、キーホール型なら方形部分で調理すると同時に、円形の部分では通常の焚き火を続けることができ、暖をとりながら、炎を楽しみながらのクッキングが可能だ。

丸底型火床

最もスタンダードな丸底型の火床。15〜20㎝程度地面を掘るだけで安全に焚き火ができる。

平地型

地面で直接焚き火を行う平地型。延焼の危険や風の影響も大きいので周囲に石を組む。

キーホール型火床

通常の丸型の火床に方形の穴を連結させて作るキーホール型。見た目はまんま前方後円墳だ。
深さは15～20cmくらいでよい。方形部分は長細く作った方が調理では使いやすい。

前方後円墳型に作った火床は、丸太や網と組み合わせることで様々な使い方ができる。

火床の有用性は「耐風」と「調理」だけではない。一番重要なのは「安全」だ。枯れ葉や草、化繊のキャンプ用品などで覆われた地面から一段下に掘り下げた火床なら、何らかのトラブルで延焼してしまう危険度が大きく下がる。また、もし何かあっても、穴内に土や大量の水を放り込めば火を一気に弱められるのもよいところだ。

地面の下に作るのが「火床」なら、上に築くのが「かまど」だ。ガスコンロと給湯器が登場する以前、台所にはかまどがあった。かまどは不燃性の石やレンガなどを箱状に組み、その中で安全に熱効率よく火を焚き、主に鍋釜で煮炊きをするための設備のことである。囲われているため風の影響を受けず、空気の取り入れ口の大きさを変えることで火力が調整でき、すこぶる使い勝手がよい。

野営地のかまどは、そこまで立派には作れないが、大ぶりの石などを組んで焚き火を囲むと、それだけで空気の流れを制御できることがよくわかる。また、石は熱を反射すると同時に蓄熱もするので、調理の際のエネルギー効率もよい。

キャンプの入門書には、かまどを組む際の注意点として「焚き口（石の囲いの切れ目）を風が吹いてくる方角に向ける」とあるが、僕はあまり考慮しないでよいと思う。オーストラリアの大平原では、季節ごとの風向きは決まっていたが、日本では時間や天候であっという間に風向きは変わる。少々の風では消えない臨機応変な焚き火術を身につけるべきだと考えるし、焚き火に支障をきたすような強い風なら山火事の方が心配なのだから、さっさと火を消して寝てしまおう。

理想のファイアースペースとは

水バケツ
緊急の消火以外にも水が必要なことが多い。手洗いや火傷の初期治療にも使えるので、面倒でも水バケツは必ず用意しよう。

焚き火愛好家はキャンプサイトで当然焚き火を特等席に持ってきて、焚き火周りに置くと便利なものを一番に考えがちだが、まず本当に気を配るべきなのは「焚き火から遠くに置くべきものは何か?」である。

焚き火は楽しいと同時に危険なもの。まず、燃えやすい素材のテント、ガスやガソリンを使うキャンプ用コンロは焚き火から遠くに置く筆頭である。次に、温まると困るクーラーボックスも離しておきたい。

そして意外と忘れがちなのが自動車だ。サイトまで車で入れるフィールドは多い。煤や煙、爆《は》ぜた火などは車へのダメージも大きい。また、キャンプ場で意外に多いのが、自分の車で自分のサイトを壊すという事故。地面に物を置くこ

テントとタープ
テントやタープは火の粉で穴がすぐ開く。張り綱を足に引っかけ火の方向に転倒すると危険なので、この点にも注意。
風の吹く方向
クーラーボックス
焚き火の脇に置いておくと飲み物をとる時に便利だが、中身がすぐに温まってしまう。焚き火脇用に小型のものをもう一つ用意してもよいかもしれない。
キャンプ用コンロ
調理の都合でBBQグリルと並べて置きたいところだが、ガスやガソリンのタンクが炭火で熱せられると大変危険だ。

とが多いキャンプでは、車を動かす時のトラブルが多いのだ。鍋や椅子を壊したぐらいなら笑い話だが、焚き火に乗り上げたり、高温のBBQグリルを倒したりしたら大変危険だ。車はなるべく焚き火から離して置くことにしよう。

逆に、焚き火の近くに置きたいのが、備蓄の薪と緊急用の水バケツだ。その他、椅子やテーブルはその時のシチュエーションによって大きく変わる。臨機応変に対応しよう。

また、風向きは「燃えてはいけないものは風上、焚き火は風下」がベストだが、国内では風向きは時刻によって変わることが多いのでそこまで気にしすぎることもない。もし風向きが変わりテントが危険なほどの強風となったら、すぐに消火する決断も重要だ。

薪の組み方

第1章の燃焼の仕組みで解説した通り、「火が燃える」ためには、「燃料」と「熱」と「酸素」が必要だ。

これら3要素のうち「燃料」の薪は目の前にある。着火剤にライターで火をつけたので「熱」もある。薪に火が移り順調に燃え始めた矢先に、黒煙がもうもうと立ち上り、炎が消えてしまったという経験を持つ方も多いだろう。

この原因としては二つが考えられる。一つが「熱」量の不足。着火剤と周囲の焚き付け用の細い枝は盛大に燃え上がり、太い薪のヤニを含んだ樹皮にまでは火がついた。しかしそこで小枝が燃え尽きる。太い薪の本体を熱分解するほどの熱が足りなかったのだ。

もう一つの理由が「酸素」の不足。同じように小枝から樹皮に火が移り、薪本体までを燃やすためには多くの酸素が必要となる。しかし、薪が密集し空気の軌道が確保できなかったり、薪表面が隣の薪と密着して空気と触れていなかったりすると、燃焼するための酸素が供給されずに立ち消えてしまうのだ。

この二つの失敗を解消するために必要なのが「正しい薪の組み方」を行うこと。

・薪と火口、焚き付けの距離は適切か

薪を組むことで空気が流れる

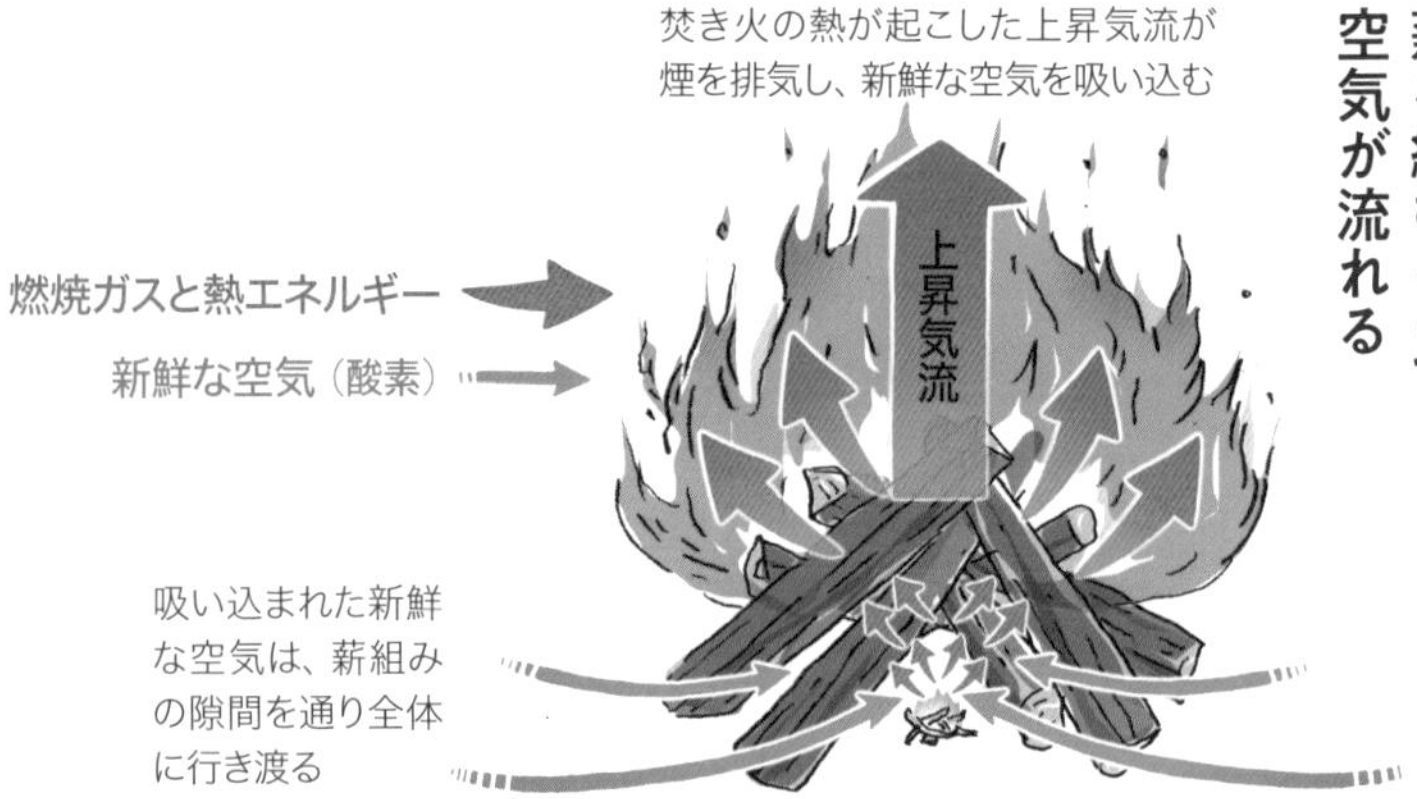
焚き火の熱が起こした上昇気流が煙を排気し、新鮮な空気を吸い込む
上昇気流
燃焼ガスと熱エネルギー
新鮮な空気（酸素）
吸い込まれた新鮮な空気は、薪組みの隙間を通り全体に行き渡る

・焚き付けの炎は効率よく薪を熱する位置か
・薪と薪の間に空気の軌道を確保できているか
・空気の軌道は焚き付けが生んだ熱による上昇気流を有効に使えているか

これらを考慮し、適切な薪の組み方をすることが確実な着火への第一歩である。

また薪の組み方は、その焚き火で何を行いたいかによっても変わってくる。大きな炎を燃え上がらせたいのか、チロチロと燃える火を眺めたいのか、少しでも早く湯を沸かしたいのか、目的によって組み方を変える。いくつかの組み方を覚えたら、焚き火の途中でも、薪の位置をコントロールして火加減が容易に調整でき、時間経過とともにシチュエーションに合わせて焚き火の形を変えていける。

差し掛け型

初心者にお勧めな形なのだが、あまりカッコよくないのが難点。太めの薪か丸太を横に置き、そこに片流れの屋根をかけるように薪を置く。屋根の下の焚き付けに着火すれば簡単に火起こしできる。

井桁型

キャンプファイアーでよく使われる定番の組み方。「井桁」の形に薪を組む。ログハウスの構造と同じなので「ログキャビン型」とも呼ばれる。着火後に炎が大きく燃え上がるので皆で囲む焚き火に最適。

ティピー型

薪を傘状に立てかけ、ティピーテントのような形に組む。崩さずに組むのが面倒な形だが、着火後の炎の安定感は抜群だ。燃え上がる炎の形も美しく、暖をとるにも最適。薪の追加もしやすい。

平行型

丸太か大きめの薪２本を平行に置き、その内側に細めの薪で焚き火を作る。丸太がかまどの壁のように熱を溜め込むため着火性と燃焼効率がよい。丸太を橋脚にして網を渡し調理もできる実用的な形だ。

薪の組み方1

差し掛け型

多くの技術書で、最も初心者向きと紹介されているのがこの形。組み方はいたって簡単なうえ、確実に火を起こせるので、必ず一度は使って身につけておきたい。

組み方はまず焚き床に、太く長めの薪を1本置く。この薪のすぐ横に着火剤や火口、焚き付けを置き、その上に屋根をかけるように細めの薪を立てかけてゆく。火口の火が焚き付けから細い薪に移ったら、より太い薪を順次継ぎ足していけば、気がつけば大きな炎となって燃え上がっている。

前に書いた通り、着火直後に火が静まる失敗の原因は、酸素と熱量の不足。しかし差し掛け型の薪組みならば、最初に置いた太い薪が壁となって空間を作ってくれているので、酸素の通り道が確保され、さらにその壁が熱を逃がさず保ってくれることで燃焼のサイクルが妨げられることはない。組み方が簡単で着火の失敗も少ないため、暗くなってから野営地に到着した場合や急いで熱源が欲しい時などにも使いやすい。

デメリットは最初に適度に太い薪の確保が必要なこと。この薪の用意がこの組み方での焚き火の成否を握る。また、焚き火に覆いかぶさる形で薪を置くため、どうしても炎の形が美しくならない。焚き火が成長し調理などが終わったら、炎が大きく高く燃え上がるティピー型や井桁型に組み替えるとよいだろう。

3
1
4
2
5

薪の組み方2

井桁型

林間学校で思い出深いキャンプファイアーでの定番の組み方。この組み方の特徴は焚き火の大型化が行いやすいことだ。ログキャビン型の別名からもわかるように、基本構造はログハウスと同じ。縦横2本ずつの薪組みをドンドン追加してゆけば、どこまでも高く大きく作ることができる。また、薪の壁でできた内側の空間は煙突効果を発揮し、炎は上方向に美しく育ってゆく。まさに大勢が囲むキャンプファイアーにうってつけの組み方なのだ。

その反面、着火には難しさがともなう。薪と薪の間隔が広いため、酸素供給には優れているが、初期は熱がとどまりにくく着火後に立ち消えの失敗が多い。

解決策として1段目は井桁型でなく薪を敷き詰めて床を作り、3段目にも細めの薪を敷き詰めて天井を作る。まさにログキャビンのように1階部分の部屋を作るのだ。この部屋の中で焚き付けに火をつければ、熱が逃げず天井役の薪が燃え始め、より太い薪へと燃焼の好循環が始まってくれる。一度大きく火が起これば、あとは中央の空間へと順次上から薪を追加するだけで、美しい炎を長く楽しむことができる。

大きな炎がとても綺麗で僕も好きな組み方だが、太めの薪の消費量が多いことと、調理には使いにくい焚き火の形で、熾火も取り出しにくいため、野営での実用性の面では難点が多い。

3
1
4
2
5

薪の組み方3

ティピー型

インターネットで焚き火のイラストを画像検索すればだいたいこの組み方で描かれている定番中の定番。北米インディアンのテントから名付けられた形で非常に火起こしがしやすい。ただし、斜めに立てかける薪は転倒しやすいので、ここでは僕がよく使うXフレーム方式で解説したい。

まず、焚き床に火口や焚き付けを設置したら、弾力のある細枝2本を地面に突き刺しX字型にフレームを組む。そしてその上をティピーテントで覆うように細めの薪から立てかけ、次第に太めの薪を重ねてゆく。構造上、薪の長さがまちまちでも使えるので、野営地の周りで薪拾いをした場合でもやりやすい。

円錐《えんすい》形に薪を組み終え内側の焚き付けに着火すれば、比較的簡単に安定燃焼のサイクルに入ってくれる。周囲の薪の隙間から酸素供給がなされ、円錐形で上部が閉まっているため熱も逃げず、井桁型よりも効率はよい。

また、内部の空間が広くて天井が高いために上昇気流が発生しやすく、炎が上方向に美しく大きく広がってくれる。井桁型と並び、皆で焚き火を囲むには非常によい薪の組み方だ。

ただし、井桁型と同じくこの組み方も全体に高さがあるので調理に使いにくい焚き火の形となってしまう。もっとも、井桁型よりはコンパクトに組めるので、焚き火台やかまどとの相性は悪くない。炎が大きく火力も高いので、大鍋で湯を沸かしたい時もすぐに沸騰させてくれる。

3
1
4
2
5

薪の組み方4

平行型

焚き火が娯楽になる以前、様々な野外作業に従事する人々の間で活用されていた薪の組み方が平行型だ。

この組み方は日常生活に必須の技術だっただけあり、とてもシンプル。まず、焚き床の両端に丸太を1本ずつ置き、それと平行になるように太めの薪を敷き詰めて床を作る。その床の上に焚き付けと細めの薪を多めに置き着火。燃焼が安定し次の薪をくべる時は、薪を丸太と平行に入れてゆく。ただし着火の時は、丸太の間に敷き詰めた薪の上にティピー型薪組みを作ると、火つけの失敗が少ない。この平行型にティピー型を組み合わせる方式は、1800年代後半のアメリカで活躍したスポーツライター〝ネスマック〟（ペンネーム）が著した『ウッドクラフト&キャンピング』にも登場する。また、丸太は風の通り道と平行になる形で置ければベストだ。両サイドの丸太によって熱が逃げず、一度安定燃焼のサイクルに入れば非常に長く安心して焚き火を続けられる。また、薪を組んだ上端が低く、フラットなため調理にも使いやすい。

上述の通り非常に実用的で薪の消費量も少なくてすむ素晴らしい組み方なのだが、難点は炎の形が美しくないこと。往時の人なら笑ってしまうかもしれないが、現代人から見ると重要なポイントではある。炎が大きく高く燃え上がるには、立体的な薪の組み方と適度な隙間が必要なのだが、この組み方にはそれがない。まさに焚き火と暮らしが直結していた人々のための組み方なのだ。

3
1
4
2
5

薪の組み方5

ハンター型

平行型の変形で、ぜひ覚えてほしい形。名前の由来はアメリカのハンターがよく使うからと、色々なところで見聞きするが本当だろうか。あちこち調べたが出所はわからなかった。しかし世界各地で見られる実用的な焚き火の定番なのは間違いないようだ。

組み方はいたって単純。丸太に近い太めの薪を2本用意してVの字に設置し、その接点の内側に焚き付けと小枝の薪をセットする。小枝が盛大に炎を上げ始めたら、差し掛け型と同じ要領で、炎の上に順次太めの薪を立てかけるようにくべてゆけばよい。

この組み方の特徴は、V字の丸太が炉壁として風除けと蓄熱を兼ねると同時に、調理用の五徳にもなっていることだ。接点付近の焚き火はV字の効果で非常に火力が強く湯沸かしもあっという間だ。そしてそこから熾火になった薪を広めの部分に移動し、両丸太に網でも鉄棒でもかければ鍋釜や食材を置くことができる。

それなら前項の平行型でもよいと思うかもしれないが、V字の利点は接点部分の高火力と同時に、火力調整が容易なことだ。丸太を動かしV字の角度を変えることで薪同士の密集具合と酸素の量を調整でき、火に強弱をつけられる。調理が終わるころには丸太にも火が移っているだろう。平行型に移行してチロチロ燃える火をゆっくり楽しむもよし、薪を交互に組み上げ井桁型を作って大きなキャンプファイアーに作り替えてもよい。

3
1
4
2
5

薪の組み方6

雨の日の焚き火の組み方

雨の中の焚き火にはつらい思い出しかない。なるべくなら勘弁願いたいところだが、その時になってできませんでしたでは命に関わる場合もある。もし野営旅を考えている人ならば、一度は挑戦しておこう。

まずは、なるべく湿気を取った十分な量の焚き付けを用意しよう。普段の倍、いや3倍は欲しい。雨で濡れた枝では熱が奪われて火がつかないので、ナイフで表皮を削り太めのものは細く割っておく。作った分はドンドンとカバンやポケットに入れて濡れないよう注意。ここで焦っては結局やり直しとなる。

また、着火に使う火口も濡らさないように。こんな時、カバンの中に大量の火口が用意してあったり、着火剤が一つ入っていたりすると、自分を褒めてあげたくなる。

焚き付けの準備が終わったら、ここからは時間との勝負。次は焚き床の確保。少しでも水はけのよい地面に大きめの薪を平行に並べて敷き詰める。薪に余裕があるなら、その下に2本の薪を上部の薪の向きと交差するように置き、一段高床にするとなおよい。

ここで通常なら焚き付けを設置するが、雨の日は先に周りの薪を組んでしまう。差し掛け型を使うことが多いが、初めてなら井桁型をお勧めする。いつもより中央の空間を小さくした形で井桁に薪を数段組んだら、一番上に薪を平行に敷き詰めて屋根をかけてしまう。小さなログハウスだ。新聞紙を持っているなら、さらに上にかぶせるとよい。これで中央空間に雨は入りづらくなる。

そうしたら素早く薪組みの中へ焚き付けと火口を濡らさないように入れ着火する。ここで最初の皮むき作業の丁寧さが問われる。

周りの空気も湿っており、煙ばかり出て簡単には火が立たないかもしれないが慌ててはいけない。無理に息などを吹きかけると、あっという間に消えてしまう。じっくりと待とう。そのうちにポッと火が燈る。この小さな火を、皮むきした枝をくべながら育ててゆく。次第に外側に組んだ薪も乾き始め、そちらに火が移れば一安心だ。

薪の組み方の応用1

薪のファイアーリフレクター

リフレクターとは熱反射板のことである。不燃性素材でできた幕が販売されているが、丸太や枝を組んで作ることもできる。焚き火を挟んで自分と反対側に壁を築くことで熱が反射されて暖かく、強い風の影響も受けにくい。

作り方は、リフレクターの壁を作りたい場所に長めのしっかりした小径木4本を土に突き刺して立て、それを支持材に丸太や枝を積んでいく。ある程度積んで不安定になってきたら、土に突き刺した両端2本の木の先端を紐《ひも》でくくりつけ締め付ける。

実に単純な設備だが、一度作るとその効果に驚くことだろう。明らかに焚き火の周囲に熱がこもることを実感できるはずだ。また、市販のものに比べ見た目もワイルドで、作った時の満足感が高い。

1 柵状に積み上げていく木は、あまり細い枝だと延焼してしまうので注意。高さは40～60㎝程度が目安。

2 L字型に丸太を組むとより蓄熱・熱反射の効果が高く、上部に横棒を渡して鍋を吊るすこともできる。見た目もワイルドで雰囲気抜群だ。気分は西部劇のヒーローか!?

薪の組み方の応用２

薪の自動供給装置

１８００年代後半のアメリカの人気アウトドア雑誌『フォレストアンドストリーム』でスポーツライターだったジョージ・W・シアーズ＝ペンネーム〝ネスマック〟が用いた組み方。彼の著書『ウッドクラフト&キャンピング』にその手法が載っている。「焚き火の後ろに２本の頑丈な杭を打ち込み、それに沿って丸太をしっかりと立てかける。杭は少し後ろに傾斜させ、前傾を防ぐため一番大きな丸太を下に一番小さな丸太を上にして積んでいく」

直径10インチのクルミの丸太を使うネスマックの組み方では大きすぎるので現実的に再現すれば、まず平行型に薪を組む。その組んだ薪の脇から長めの丸太２本を斜めに立ち上げる。この２本をレールのように使い、下から薪を積み上げてゆくと完成だ。こうして組み上げられた薪の壁はファイアーリフレクターとして風を除け、熱を反射し、煙を上方へ逃がしてくれる。

そしてここからが薪自動供給装置の出番。薪の壁の一番下が燃え尽きると、なんと次の薪がレールに沿って自然に落ちてくるのだ。レールの角度を調整し薪がうまく火床に滑り落ちるようにしよう。成功するとなかなか感動する。

焚き火台を使った時の薪組み

多種多様なデザインで販売されている焚き火台だが、大きく二つのタイプに分けられる。一つは不燃シートの火床に脚がついた、軽量で持ち運びに重点を置いたタイプ。そしてもう一つが、金属製の囲いに脚がついた重厚なタイプだ。機能により箱型や丸プレート型など多くのデザインがある。アウトドアショップで色々と見て好みのタイプを選ぶとよいだろう。

さて、この焚き火台を使った時の薪組みだが、不燃シートを使ったタイプや箱型のタイプは台の下や側面から空気が供給されるよう工夫されているため、火起こしが楽で大きく燃やすことも容易だ。しかし逆に火が大きくなりすぎる傾向がある。焚き火台の床面に薪を平行に敷き詰めて並べ、酸素の供給量を絞る感じにし、その上でティピー型に組んで火を起こすとよい。

最近人気の丸プレート型は、丸底型火床に似た形状からわかるように地面で直火を焚くのに近い感覚で使用できる。底部に丸みがあるので、酸素の通る隙間ができるが、そこまで大量に供給されて炎が高く上がるということもない。前に書いた直火の組み方と同じような形で組むとよいだろう。

焚き火台で薪を組む時に注意が必要なのは薪のサイズ。直火で組んだ時のように、不揃いに飛び出していたりでは、台の中に入らない。焚き火台を使う時は、必ずノコギリを一振り持参し、必要な長さに切断する用意をしておいた方がよい。

丸プレートタイプ

不燃シートタイプ

箱タイプ

長すぎる薪は焚き火台では使えない。

コラム　その3

焚き火愛好家が愛用するモーラナイフとは

北欧スウェーデンで100年以上の歴史を誇るモーラナイフは、ここ最近のアウトドアシーンでは定番ナイフとして評価が高い。そのわけは、実用的なサイズとデザイン、そして低価格によるものだろう。キャンプサイトでは、どのような道具もハードに扱うことが多い。もちろん道具を大切に使うことは大事だが、汚れや傷つくことを恐れていては、焚き付けを作ったり、火床の穴を掘ったりもできない。その点、安いモデルなら1本2000円程度で購入できるモーラナイフは、気兼ねなく扱える。

ただし、僕は刃物に関しては、汎用性は求めてはいない。料理するなら日本の包丁が素晴らしいし、薪を割るなら間違いなく斧がよい。木を切るならノコギリだ。全部持ち歩いても、さほどの重さではないのだから、やはり汎用ナイフの出番は少ない。

それでもアウトドアナイフが好きな人は多いだろう。僕もその一人で、自分で鋼材を削り出してオリジナルのナイフを作ったりもしている。これが1本あれば何でもできるというサバイバルツールなイメージが、冒険心をかき立ててくれるのだろうか。

そんなわけでモーラナイフであるが、実に使いやすい。カーボンブレードタイプの切れ味は惚れ惚れするし、ステンレスタイプの便利さも捨てがたい。あと、このプラスチッキーな色とデザインは、森の中でチェンソーや電動工具を使ったことがある人ならわかると思うが、実に目立ちどこにあるかすぐわかる。そんな「使える道具感」もワクワクする要因なのだろう。

数あるモーラナイフの中で僕のお気に入りは、ブレードが少し厚め（3.2㎜）のヘビーデューティー。スタンダードなコンパニオンより鋼材が厚く、木を削ったりする時に安心感が強いのだ。ただし最近の記事やネットでよく見る、モーラナイフを薪に当てブレードの背を棍棒で叩いて小割りにするバトニングはお勧めできない。この使い方は本来は鉈でやるべきだ。もちろん緊急時にナイフしかない時は仕方がないが、通常の楽しむためのキャンプでこれをやるのはナイフを雑に扱いすぎだと思う。せめてブレードの鋼材がハンドルの後部までしっかり入った、フルタングタイプのナイフで行ってほしい。コンパニオンやヘビーデューティーの鋼材はハンドル付け根で細くなるナロータング。バトニングでは根元で折れかねないので注意しよう。

第4章 焚き火の実践【着火編】

薪に着火するための基礎知識

「焚き火＝樹木が燃えている」と単純に考えがちだが、では「樹木が燃える」とは実際にはどのような現象なのだろうか。

　第1章で書いたように、「燃える」とは化学的には「熱と光をともなった酸化反応」と説明される。

　樹木が燃える場合、樹木を構成するセルロース等の炭化水素化合物が熱によって分解され可燃性ガスが発生する。これらガスが酸素と激しく結びつくことで、熱と光をともなった燃焼が起きる。燃焼で発生した熱はさらなる可燃性ガスの発生を起こし、連鎖反応によ

木材の燃焼プロセス

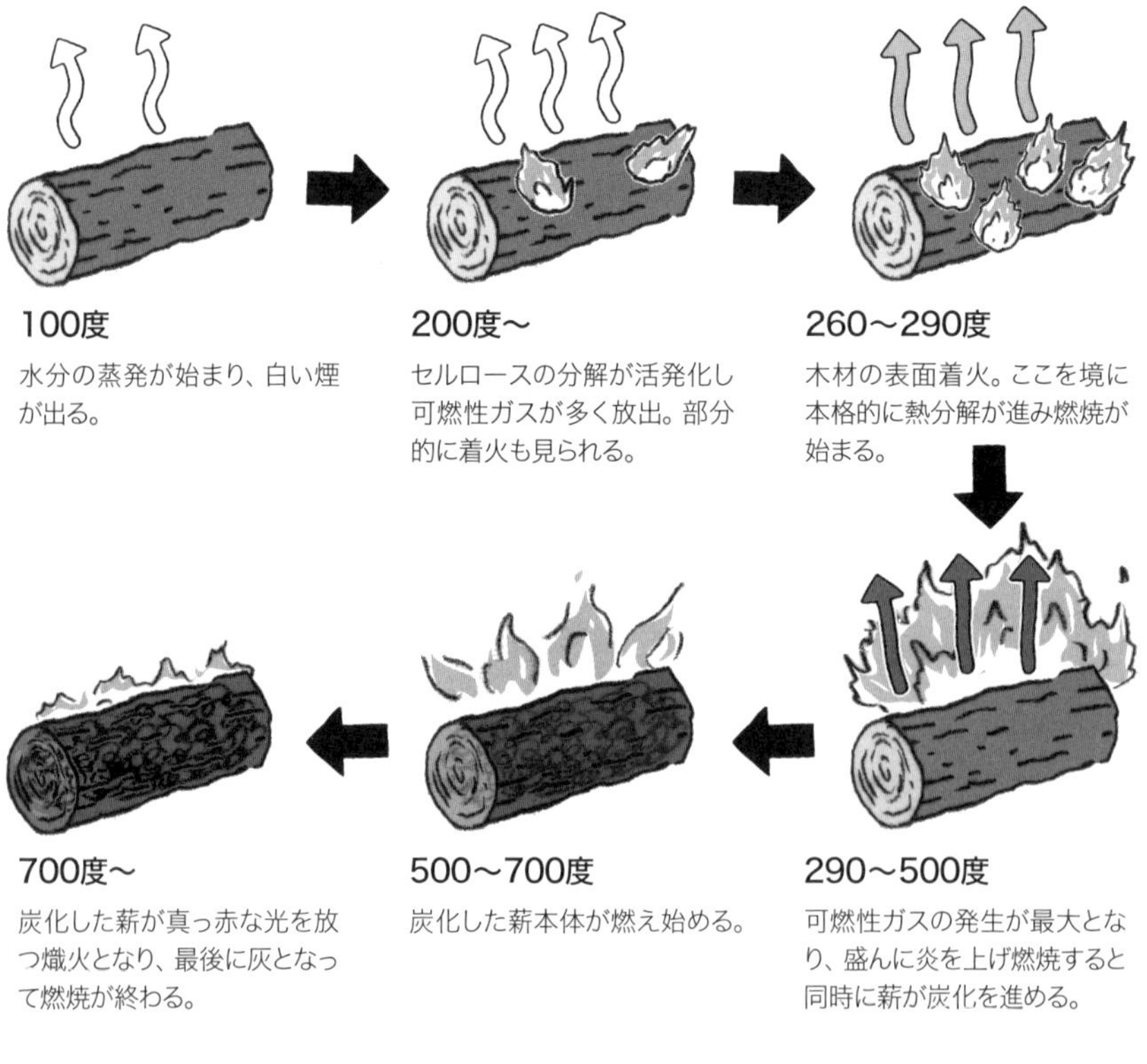
100度
水分の蒸発が始まり、白い煙が出る。
200度～
セルロースの分解が活発化し可燃性ガスが多く放出。部分的に着火も見られる。
260～290度
木材の表面着火。ここを境に本格的に熱分解が進み燃焼が始まる。
290～500度
可燃性ガスの発生が最大となり、盛んに炎を上げ燃焼すると同時に薪が炭化を進める。
500～700度
炭化した薪本体が燃え始める。
700度～
炭化した薪が真っ赤な光を放つ熾火となり、最後に灰となって燃焼が終わる。

り樹木の燃焼は継続し、発せられる「熱と光＝炎」は大きくなっていく。

焚き火の着火を考える場合、重要なのは「樹木から放出されたガスが燃える」ということだ。

薪にライターなどの火を直接近づけても、簡単に燃え始めることはない。これはライターの火程度の弱い熱では、薪を構成する物質を分解し可燃性ガスを発生させるには至らないということだ。その熱を補うため、火口や焚き付け、着火剤などが必要となる。

熱を加えられた薪はその温度により、状態が変化していく。着火剤などの火に接した薪は、１００度に達した時点で内包する水分の蒸発が始まる。そのままさらに熱を加え２００度を超えたあたりで構成成分の熱分解が始まり可燃性ガスが発生、２６０度付近で熱分解が加速しガスの発生が増大し引火する。

この仕組みを理解し、それぞれのタイミングで、その時に適した材を投入し環境を整えることで、焚き火に火をつけ、その炎をコントロールできるのだ。

薪着火のための3要素

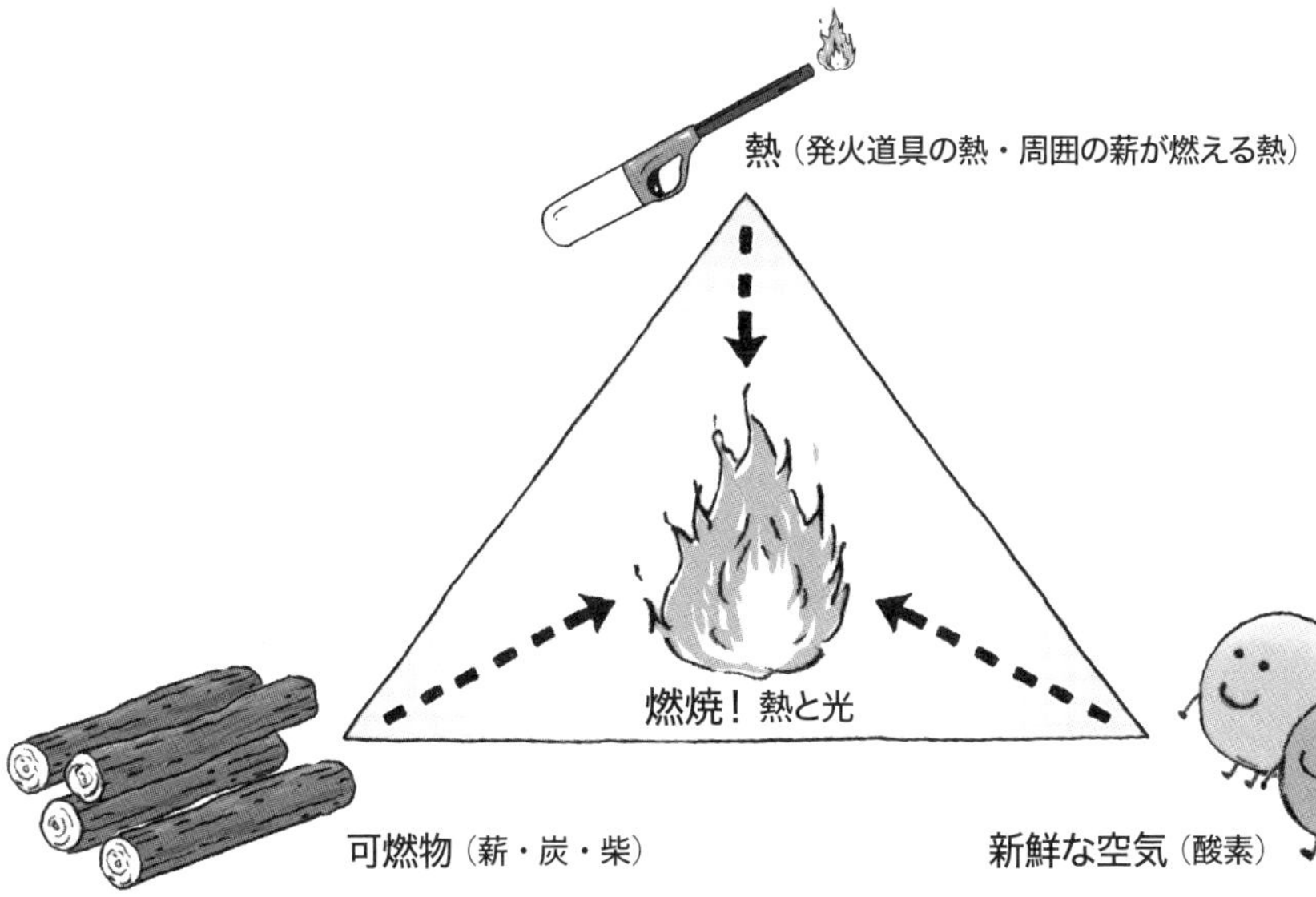

発火の道具を選ぶ

火の恩恵を受けるためには「可燃物」「酸素」「熱」を用意しなければならない。「可燃物」の薪は用意した。「酸素」は空気中に存在する。しかし難しいのが「熱」なのだ。古来、多くの人がこの最初に投入する「熱」をどう発生させるかで悩み、様々な方法、道具を考案してくれた。

着火のための「熱」を発生させる道具＝発火具で、多くの人がすぐに思いつくのがマッチとライターであろう。また古代人が木の板に木の棒を擦り付けている映像を思い浮かべる人もいるかもしれない。現在、様々な道具が手に入る。その中でベストな道具を選び、使っていこう。

マッチ

細く短い軸の先端に付けた燃焼性の頭薬を、小箱側面に塗布したリンなどに擦り付け発火させる道具。1827年にイギリスのウォーカーが原型を発明し、その後、小箱の側面にマッチを擦り付けて発火するタイプが1855年にスウェーデンで発明され世界に普及した。頭薬には塩素酸カリウムなどが使われる。安価で簡単に着火できるためライターが普及する以前は、世界中で多く使われていた。

非常にシンプルな仕組みゆえ多くの環境で確実に着火できるが、湿気と水濡れは大敵。特に頭薬部分が水に濡れると、主成分の塩素酸カリウムが溶け出してしまうため、再度乾かしたとしても使用不可能となるので注意しよう。

ライター

着火用の小型装置のこと。通常、液体または気体の燃料が入るタンク部と火花を発生させる発火部で構成される。燃料を再注入できるタイプと使い切りタイプがある。燃料にはブタンを主成分とした液化石油ガスや、ナフサ系燃料が使われる。

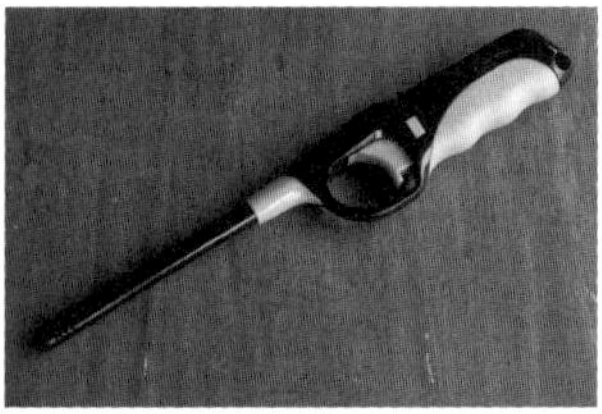

原型が発明されたのはマッチよりも古く1700年ごろと言われている。その後1903年にオーストリアのヴェルスバッハが強い火花を出すフェロセリウム合金を発明し近代的なライターの開発が一気に進んだ。

手軽に着火でき便利な道具だが、噴出口の詰まりや気圧・気温が低いなどの理由で着火できないこともあるので注意しよう。また、意外に多いミスが燃料切れ。使用前に残量をチェックする習慣が必要だ。内燃式のターボライターという機種もあり、こちらは風に非常に強いという特徴がある。

メタルマッチ

ライターの発火部にも使われるフェロセリウム合金や、マグネシウムでできた金属の棒をストライカーと呼ばれる金属片やナイフの背などで強くこすることで火花を発生させる道具。着火にはコツが必要だが、水濡れに強く、数千回の使用に耐えられることから、アウトドア愛好家の間で人気が高い。

ただし、メタルマッチはあくまで火花を発生させるだけなので、着火性が高い火口を多めに用意する必要がある。また、メタルマッチ自体は水濡れを問題としないが、湿気った火口に火をつけるほどの火力はないので、この点も注意しよう。

色々なデザインで販売されるメタルマッチだが、初めて使う場合はメタルマッチ本体が長く太いタイプを選ぶと、着火の成功率が上がる。

メタルマッチの使い方

1　マッチ本体の発火部分をストライカーで削り、フェロセリウムやマグネシウムの粉を少量、火口となる枯れ葉や紙などの上に落とす。

2　ストライカーやナイフの背でマッチ本体の発火部を勢いよく摩擦し、削り落としたフェロセリウムやマグネシウムの粉に向けて火花を飛ばす。

3　発火部の全長を使い、長いストロークで擦ること。勢いを出そうと先端部分だけをチャッと擦っても大きな火花は出ない。ストライカーを固定し、マッチ本体を手前に引くように擦るのがよい。

1

2

3

火口と焚き付け材の使い分け

火口と焚き付け材に関して、様々なキャンプやサバイバルの入門書で解説されているが、この二つの用語に関しての解釈にバラツキは多い。

基本的には、最初の発火の熱を受けて小さな火が燈り焚き火のスタートとなる材が「火口」であり、その小さな火を大きく育て薪へと受け渡す燃えやすい材が「焚き付け」と考えてよいだろう。

用語の解釈がバラつくのは、現在の着火に使う道具のライターやマッチが「発火具」と「火口」を兼用しているからだと僕は考える。

火打ち石とマッチの違いを見るとわかりやすい。時代劇にもよく登場する火打ち石は火花を飛ばすだけで、石そのものに火が燈ることはない。対してマッチは頭薬が発火すると同時に頭薬に含まれる可燃物と、さらにはマッチ本体の軸木に火が燈り、短時間だが燃え続ける。つまりマッチは「発火具」と「火口」を兼ねていると言えるのだ。発火装置と燃料タンクを持ち、持続的に火を出すことが可能なライターにも同じことは言える。

これら便利な道具があるため「火口」を省略し「焚き付け」だけで焚き火をスタートさせることが最近では多く、入門書では火口と焚き付けの混

同が起きているのではないだろうか。

もっとも、マッチやライターに燈る火の熱量では、焚き付けに使用するような太さの枝等を燃焼させることは難しい。まずはより確実な火起こしのために火口を用意し、焚き付けと明確に分けて考えると、着火の失敗は大幅に減る。

火口に適したものは、火花程度の小さな熱でも確実に火が燈ること。その上で、ある程度の時間、その火を保てるものがよい。よく使われるのが「薄くはいだ樹皮」「おがくず」「稲わら」「枯れ草」などだ。

また他にも、炭化させた木綿「チャークロス」や、松などから得られる樹脂「ファットウッド」、枝をナイフで削って作る「フェザースティック」、指でもみほぐした「麻紐」などがあり、身近なものでは、古新聞やティッシュ、コットンなども使われる。

これら「火口」に燈った火を大きく育て、「薪」の燃焼へ受け渡す架け橋となるのが「焚き付け」だ。焚き付けも火口と同じく、小さな熱で燃え上がる材でなくてはならない。こちらでよく使われるのは「割り箸程度の細さの薪」や「枯れ枝」「大きめの樹皮」「針葉樹の枯れ葉」「松ぼっくり」などで、他にもギュッと絞った古新聞もお勧めだ。

火口と焚き付けで注意が必要なのは、どちらも水濡れに弱いこと。現地調達する場合は夕立や夜露に注意し、採れる時に確実に採取した方がよい。出発前にあらかじめ、少量でもよいので数種類の火口と焚き付けをタッパーなどに入れたオリジナルのスターターキットを作っておくと、急な天候の変化にも対応でき安心だ。

火口と焚き付け材カタログ

●火口

1 麻紐・わら縄

麻紐は百円ショップ等でも購入可能。適度な長さに切り、よくほぐしてから使う。着火性はよく、すぐに燃え上がるが消えるのも早い。当然、紐としても使えるのでキャンプ用品のバッグの中に1束入れておくと大変重宝する。現代生活ではあまり見ないわら縄も火口として優秀。家庭菜園などをやっているなら1束購入しておくと損はない。

2 樹皮

世界中で古くから使われる代表的な火口。使用される樹種は地方によって様々だが、国内なら杉と白樺《しらかば》の皮が最も使いやすい。薄くはいでもみほぐすとフワッとしてくる。これをいくつかまとめボール状にすると面白いように火が燈る。

3 枯れ草・枯れ葉

山の地面は想像以上に湿気があり、上からは乾いているように見える枯れ草や枯れ葉も中の方はじっとりと濡れていることが多い。使いやすいのは、枯れ草だとエノコログサやススキなどのイネ科植物や、セイタカアワダチソウなどの花穂部分。枯れ葉は杉などの針葉樹の枯れ葉は火つきがよい。ただし、よく燃えるが消えるのは非常に早い。

4 ファットウッド

松などの木から樹脂（ヤニ）を多量に含んだ部分を切り出したもの。アウトドア店などで購入できるが、自分で採取することも可能。松の倒木を見つけたら根元あたりを削ってみる。赤く飴色に固まった砂糖菓子のような部分があれば、そこがファットウッド。切り出し薄く削って使うとよく燃える。ただし、山の管理者の許可はもちろん必要だ。

5 古新聞・ティッシュ

近現代の暮らしの中の焚き火では定番の火口が古新聞だろう。意外とそのままでは燃えづらいので、細長く割いたものを何本か作りフワッと丸めるとよい。新聞紙は、キャンプ中は他にも使い道が多いので、道具箱に常備しておきたい。ティッシュも同じくよく燃えるがコスト的にももったいない。

6 コットン

救急用品に使われるコットンも、ほぐせば非常によい火口となる。もちろんコスト的に釣り合わないのだが、悪天候で着火が難しい時、このコットンに油を染み込ませることで強力な着火剤となるので、救急用品と兼用でいくつか持っていくと何かと安心。

●焚き付け材

1 枯れ枝

いわゆる昔話のお爺さんが拾っていた柴。箸1本分の太さから、親指くらいの太さまで数種類用意するとよい。ただし、生の枝は水分が多く燃えづらいので焚き付けには使えない。両手でパキッと簡単に折れる、よく乾いた枝を探そう。

2 細い薪

焚き火用の薪を手斧《ちょうな》でさらに細く割って作る。太さは枯れ枝と同じく、箸1本分から親指くらいまで。広葉樹の硬く火持ちのよい薪では細く割るのは難しいので、杉など針葉樹の薪から作るとよい。DIYをやる人は端材《はざい》の板から作ると楽チンでよく燃える。

3 松ぼっくり・枯れた針葉樹の葉

脂分が多いため、どちらも驚くほど火つきがよい。火口としても使用可能で、非常に優秀な焚き付けと言える。キャンプ地で見つけたらぜひ収集しておこう。

4 ギュッと絞った古新聞

割いて使う火口とは逆に、見開き1枚分の新聞紙を雑巾絞りの要領で固く絞ったものは焚き付けとして使える。簡単に燃え尽きてしまうイメージがあるが意外に長く燃え続けてくれる。これを使えば新聞紙だけで薪への着火も可能。

簡単に火がつく オリジナル「チャークロス」をDIY

綿布を炭化させたものがチャークロス。わずかな火花でも着火可能にもかかわらず、燃焼速度は遅くゆっくり燃え続けるため火口として非常に使いやすい。アウトドア店等で販売されているが、DIYも可能なのでぜひ作ってみてほしい。

作り方

1

用意するもの：蓋のできる金属製の空き缶
綿100%の布（厚手のTシャツやハンカチなど）

2

空き缶の中に綿布を詰め込み蓋をする。隙間のないよう、たくさん詰めること。

3

蓋にナイフなどで空気抜き穴を開ける。蓋裏にパッキン等があったら外す。

缶ごと焚き火の中に投入し熱する。熱せられた缶の中へ空気が入らず不完全燃焼となり綿布が炭化する。

缶内部が十分に熱せられると、空気抜き穴からガスが噴き出してくる。このガスは可燃性なので、焚き火が引火しないように。ガスに引火すると缶の中の布も燃えてしまうので注意しよう。

ガスが出なくなったら火からおろし缶を冷ます。熱いうちに蓋を開けると酸素が供給され一気に燃えるので注意。缶から取り出したら、適度な大きさに切って使用する。

わずかな火でも簡単に着火し、小さいながら長い時間燃え続けるので、その間に他の焚き付けへ火を移すように使う。密閉容器に入れ湿気に気をつければ長期間保存可能。自宅キッチンのコンロでチャークロスを作る方法を紹介するサイトもあるが、出てくるガスは引火性がありにおいもキツイのでお勧めはできない。

「フェザースティック」を作ってみる

木の枝をナイフで鉛筆削りを途中で止める要領で薄く削り、毛羽立たせたものがフェザースティック。火口にも焚き付けにも使用可能だが、メタルマッチの火花程度の火力で着火するには、かなり薄く削らねばならず相当の技術が必要。本来は雨などで乾いた火口を見つけられない時のための特殊テクニックだったが、美しい見た目と、工作の楽しさからブッシュクラフト愛好家の間で広まり、人気が高まった。新しく手に入れたナイフの試運転やナイフテクニックの練習にも最適。

用意するもの

親指くらいの太さの薪（針葉樹がよい。薪の長さは自由）

よく切れるナイフ

厚手の革手袋

フェザースティック

作り方

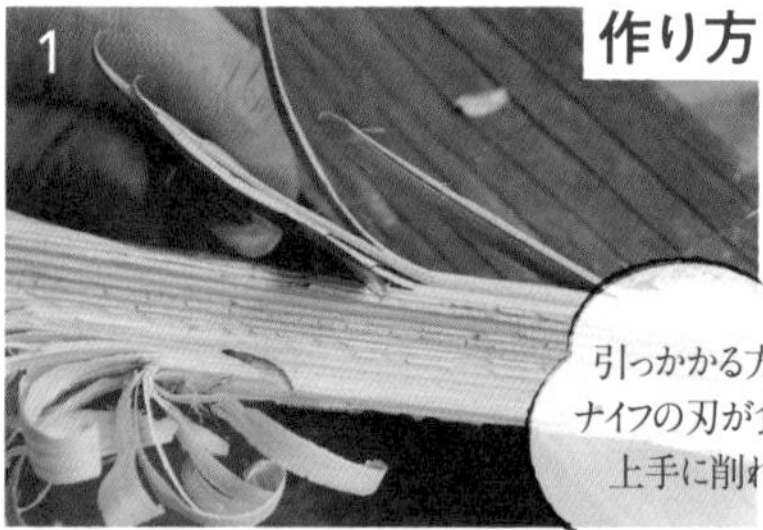
引っかかる方向だとナイフの刃が食い込み上手に削れない。

薪の表面をナイフで削り、木の向きを見る。引っかかる方向と滑らかにゆく方向があるので、滑らかにゆく方向で作業を行う。

革手袋を薪を持つ方の手にはめ作業本番開始（ナイフ側の手の手袋は好みで）。片手で薪を保持し、ナイフの刃を薪に当て、薪の表面を鉛筆を削る要領で、親指でナイフを軽く押すようにして薄く削り、はがれる直前で止める。

ストロークは少々短くてもよいので、少しでも多く、繰り返し削り出し美しい毛羽立ちを作ってゆこう。

慣れるとフェザーの長さや薄さを上手にコントロールできるようになる。本来の使い方は雨で濡れた枝の中にある乾いた部分を出すためと、湿った表面を薄く削ることで乾きやすくするため。色々な太さの薪で練習しておくと、いざという時に役立つ。

薄く削られた羽には簡単に火がつく。ただし燃え尽きるのも早いので、上手に火を育てていこう。

市販の着火剤を試す

アウトドア用品店やホームセンターで気軽に購入できる着火剤。ストイックにアウトドアを楽しむ愛好家には避けられがちだが、いざという時に道具バッグに1個あるだけで非常に助かることも確か。薪や焚き付けが濡れてしまった時や、急な天候の悪化ですぐに火が欲しい時、工業製品のありがたさは身に沁みる。

そんな便利な着火剤だが、各メーカーが様々なアイデアを出し多種多様な製品が販売されている。その中から代表的なものを選び使い勝手を試してみた。

各メーカーで考え方やデザインは様々だが、燃焼する素材は大きく分ければ「木質繊維」「灯油やメタノールなどの液体燃料」「パラフィンワックス」の3種類。それぞれ利点と欠点があるので、自分の焚き火スタイルに合わせて選んでほしい。

1本あたり
約40円

スウェディッシュマッチ ファイヤーライターズ

スウェーデン製の着火剤。マッチと着火剤が一体化されているのが特徴。1箱に20本入っていて、必要な分だけ折り頭の部分を箱側面に擦り付けて使用する。

着火性……★★★★★
火力……★★★★☆
燃焼時間……★★★★☆
価格お手軽度……★★☆☆☆
においの無さ……★★★☆☆

感想 マッチ一体型なので、着火剤そのものへの着火は驚くほど簡単。十分な火力で7〜8分ほど燃え続けるので、これ1本あれば着火に失敗することはないだろう。1本あたりの価格が高いのが難点。

1個あたり
約35円

ロゴス
防水ファイアーライター

ロウソクをブロックにしたような見た目。水や湿気に強く保存性も抜群。火力が強いので着火剤としてだけでなく、少量の湯沸かしなどにも使える。

着火性………………★★★☆☆
火力…………………★★★★★
燃焼時間…………★★★★★
価格お手軽度……★★★☆☆
においの無さ……★★☆☆☆

感想　最初の着火性が思っていたより悪かった。とはいえマッチ１本で十分着火可能。火力、燃焼時間とも優秀で使いやすい。ただし薬品臭が強いのが気になる。耐水性は宣伝ほどではないが、他の着火剤に比べれば文句はない。

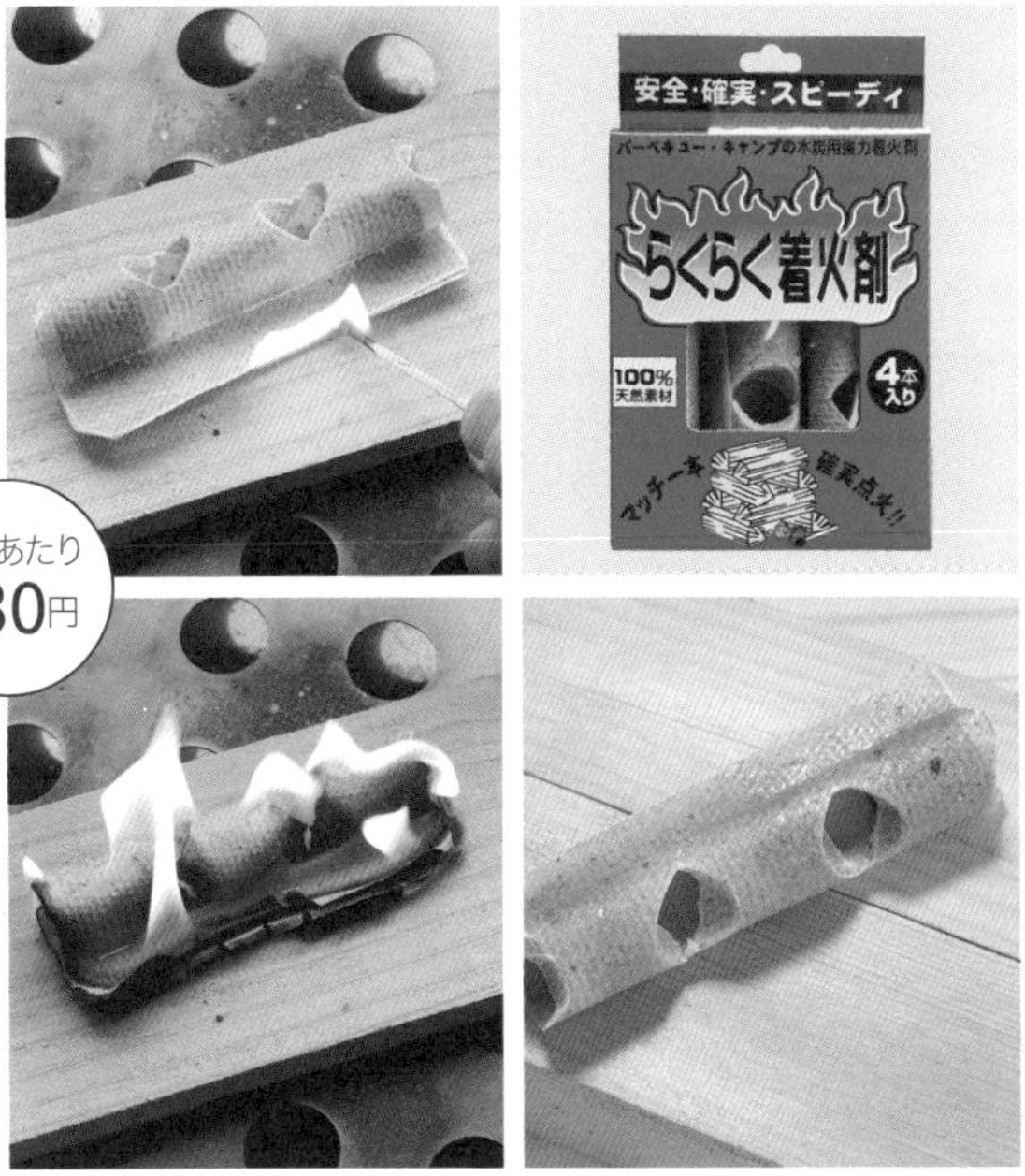

1本あたり
約30円

コメリ
らくらく着火剤

おがくず製の燃焼剤を竹パルプの着火剤で春巻きのように巻いた形が特徴的。ホームセンターコメリのオリジナル商品。

着火性………………★★★★☆
火力…………………★★★★★
燃焼時間…………★★★★★
価格お手軽度……★★★☆☆
においの無さ……★★★★☆

感想　我が家の愛用着火剤。火力、燃焼時間、においなど、どれをとっても文句なくコストパフォーマンスが高い。さすが「農家のコンビニ」コメリオリジナル。ただしコメリでないと売っていないのが難点か。

1本あたり
約8円

マルミ富士屋商店
文化たきつけ

木質繊維でできた本体に灯油成分を染み込ませてある。焚き火がレジャーとなるより前から日本中で愛されている定番の着火剤だ。

着火性……………★★★★★
火力……………★★★★★
燃焼時間…………★★☆☆☆
価格お手軽度……★★★★★
においの無さ……★☆☆☆☆

感想　灯油がメインなので着火性は非常によい。マッチの火で簡単に燃え上がり大きな炎となった。今回使った中では最高火力だろう。燃焼時間はやや短いが着火に失敗することはない。価格も安く気楽に使える。ただし、においがきつい。

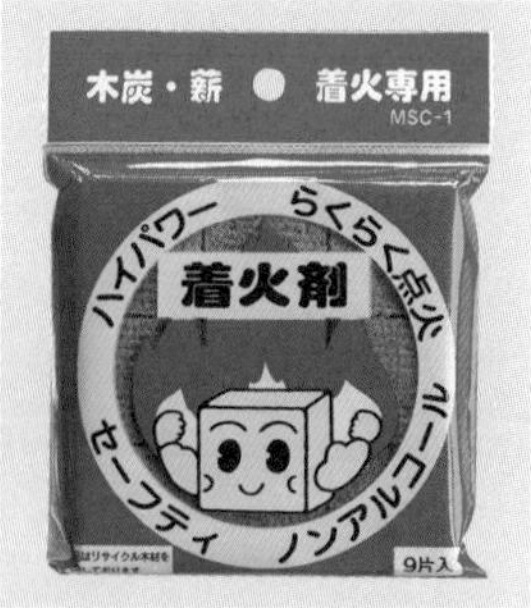

1個あたり
約10円

三和金属
ハイパワー着火剤

木質繊維のみでできた着火剤。揮発性油やアルコールを使っていないので、手がベタついたり、嫌なにおいを発したりせずBBQにも使いやすい。

着火性……………★★★★☆
火力……………★★★☆☆
燃焼時間…………★★★☆☆
価格お手軽度……★★★★★
においの無さ……★★★★★

感想　見た目は文化たきつけと似ているが、木質繊維製の本体に油分は染み込んでいない。そのため火力は非常に落ちるが、逆に嫌なにおいは全くしない。火力は弱いが価格が安いのでドンドン継ぎ足して使用すれば実用上は問題なさそう。

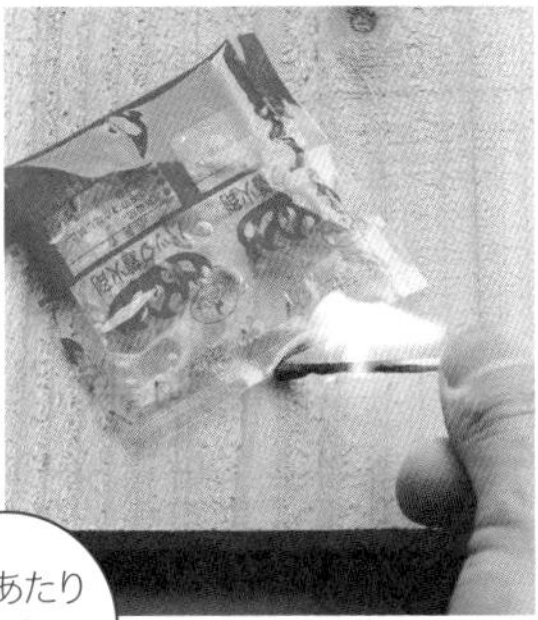

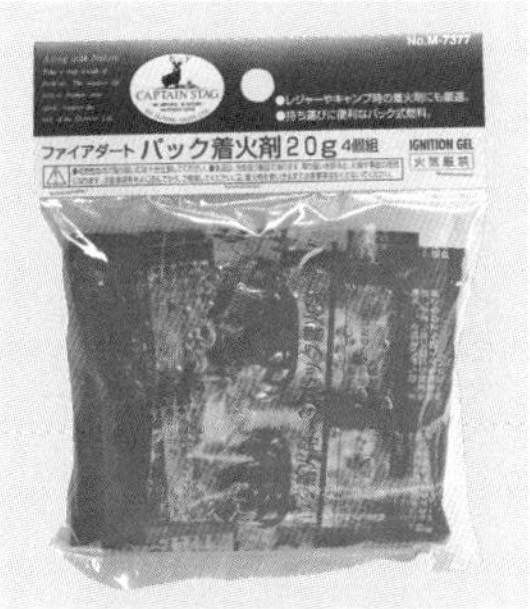

1個あたり
約50円

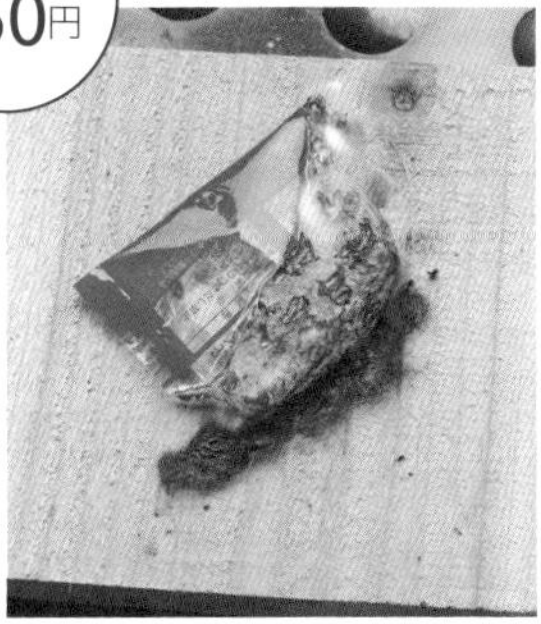

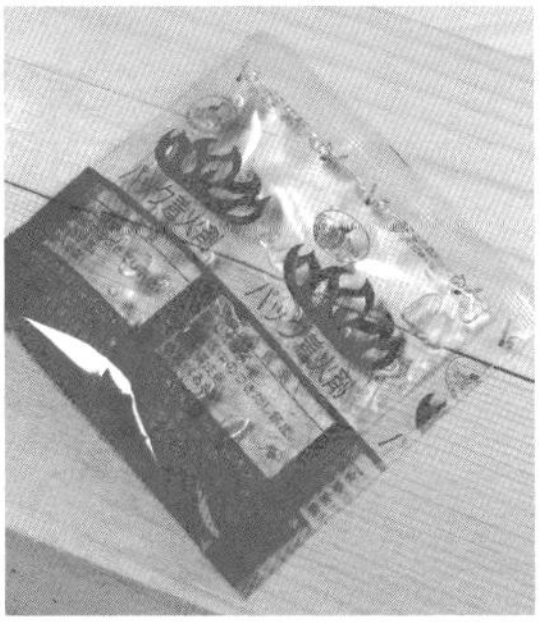

キャプテンスタッグ ファイアダートパック 着火剤

メチルアルコール主体の燃料が必要なだけビニールパックに入った着火剤。構造上湿気や揮発に強く保存性がよい。手も汚れず簡単に使用できる。

着火性……………★★☆☆☆
火力………………★★★★☆
燃焼時間…………★★★★☆
価格お手軽度……★★☆☆☆
においの無さ……★★★★☆

感想　ピンクの液体とビニールのパックの見た目を許せるなら、火力と燃焼時間が安定した使いやすい着火剤。火で外側のビニールを溶かす必要があり、着火に少し手間取るかもしれない。においは少ない。

20gあたり
約20円

ダイソー ジェルタイプ着火剤

こちらもメチルアルコール主体の着火剤。チューブタイプで薪に塗るようにして使う。揮発性が高いので開封後は早めの使用を。

着火性……………★★★★★
火力………………★★★★☆
燃焼時間…………★★☆☆☆
価格お手軽度……★★★★☆
においの無さ……★★★★☆

感想　チューブを絞るとピンクのジェルがヌルッと出てくる。メタノールメインなのでマッチ１本で簡単に着火。ただし少量では火力はそれほどでもない。安いのでケチらず薪にたくさん塗るのがよい。引火の危険があるので継ぎ足しは厳禁。

実際の焚き火の着火

サンプルとして地面に直接、平行型に薪を組み、着火剤を使わず、火口と焚き付けを使って火を起こす流れを見ていきたい。薪の組み方が変わっても、やることに大きな違いはない。大切なのは、乾燥した火口と焚き付けを用意し、適切な形に薪を組み、火口に燈った小さな炎を、焚き付けへ、そして細い薪、太い薪へと順々に移していくこと。

決して慌ててはいけない。

「細いものから太いものへ」
「炎とその熱は上へ向かう」
「小さな炎に強い風を当てない」
「弱い火をつぶすような形で薪をくべない」
「薪同士の隙間は広すぎず狭すぎず」

これらの基本を守って、確実な火起こしを身につけたい。

焚き火の火起こし

ベースとなる大きめの薪を両サイドに1本ずつ置き、その間に細めの薪を敷き詰める。火口に燈る火は弱く小さい。地面に直接火口を置いたらすぐに熱を奪われてしまう。どのような薪組みでも、一番下にベースとなる薪を置くとよい。

細い薪の上に火口や焚き付けとなる材をなるべく密集するように置き、その上に少し太めの薪を火口をつぶさないように組んでいく。

マッチやライターを使い火口に火をつける。メタルマッチを使う場合は、いったん外で火口に火を熾し、その火を薪組みの中の焚き付けに移すとよい。

周囲の細い薪全体に火が移ったら、少しずつ太い薪を足していく。薪を足す時は、火を押しつぶさないように注意したい。今燃えている薪から上へと噴き出す燃焼ガスをイメージし、その通りを邪魔しないように次の薪を足していこう。

火床内のすべての薪に火が移ったら、着火は成功だ。ここまでくれば簡単に火が消えることはない。他の作業に移るもよし、ゆっくり火を眺めるもよし。もしここから焚き火調理に移るなら、さらに薪を足して火を強め、まずは多めの熾火を作ることが次の目標だ。

失敗しない着火のための独り言

1 常にプランBを用意

発火道具、火口、焚き付けは、それぞれ必ず2種類は用意するべし。それぞれの形状や燃え方に違いがあり、天候、シチュエーション、組み合わせの相性など特徴がある。

マッチは雨の日には使いづらい。そんな時はメタルマッチが有効だ。風の強い中、枯れ葉の火口は飛んでいってしまうので、重みのある松ぼっくりを使う方が安全かもしれない。

このように突発的なアクシデントに遭遇し、すぐに焚き火を起こせないと命に関わるシーンもあるかもしれない。市販の着火剤なども含め、必ずファイアースタータープランBを用意しておこう。

2 風向きを意識

風向きは絶えず変化すると思って間違いない。したがって焚き火をする時、風の吹く方向は意識するだけでよい。大きな自然現象だけでなく、焚き火の熱や、焚き火に集う人々の存在だけでも、その風向は微妙に変化する。だから風向きにこだわり、薪を組む方向などに執着する必要はない。

ただし、なんとなくどちらから吹いているかは意識しよう。マッチを擦る刹那《せつな》、火口の小さな火を守る手元、小さくなった火を再び大きく育てる時などに、その意識が必ず役立つ。

3 準備9割、着火後1割

キャンプ初心者を悩ませる焚き火の着火。それを成功させるコツは、多くの解説書やウェブサイトで紹介されている。様々な知識やテクニックがあるのは確かだが、経験上一番の秘訣は「下準備に手間をかける」こと。

乾燥し、よくほぐされた火口、丁寧に細かく用意された焚き付け、細いものから太いものまで選ばれたベストな状態の薪。それらを「酸素の通り道」と小さく起こった火種の「熱を逃さぬ空間」を考えて組み合わせ、ベストな状態で火を入れる。簡単で当たり前のようで、この手順を守るのは意外と難しい。

4 素手で焚き火という選択

正直、グローブが苦手だ。DIYでも、畑仕事でも、グローブをあまり使わない。カメラマンという仕事柄、指先の感覚は大切で、感覚が鈍るグローブは苦手なのだ。もっとも、本業を考えたらグローブをするべきだが……。

そこで焚き火なのだが、大抵素手でやっている。グローブをつけて火口に着火したり、焚き付けや薪をくべたりすると、いつも失敗する。火傷するかもしれない緊張感と、指先に感じる熱気や、細い焚き付けの微妙な位置関係……やはり素手がベストだな。

5 熱が伝わる方向を矢印で意識

炎の形とは、燃焼し光を発するガスの形でもある。熱い空気は上へ昇る。小学校の理科で習った知識だ。焚き付けや薪から噴き出た可燃性ガスも、着火し炎となりながら上へと昇り、絵に描いたような「炎」の形を作る。

しかし当たり前だが、火の熱は下へも伝わっている。この下へ向かう熱をどうすくい上げるかで着火の成功度が変わる。ついつい地面に直接置いてしまいがちな着火剤や焚き付け材を、平たい薪の上に置くだけで抜群に火つきがよくなるのだ。

頭の中で火の熱を方向づけてみよう。上へ放射線状に広がる熱と同時に、下方へも、少ないながらも出ていく。その熱を反射・蓄熱のイメージで大切に使うと、火つけに失敗する可能性は大きく減る。

熱が伝わる方向を矢印で意識

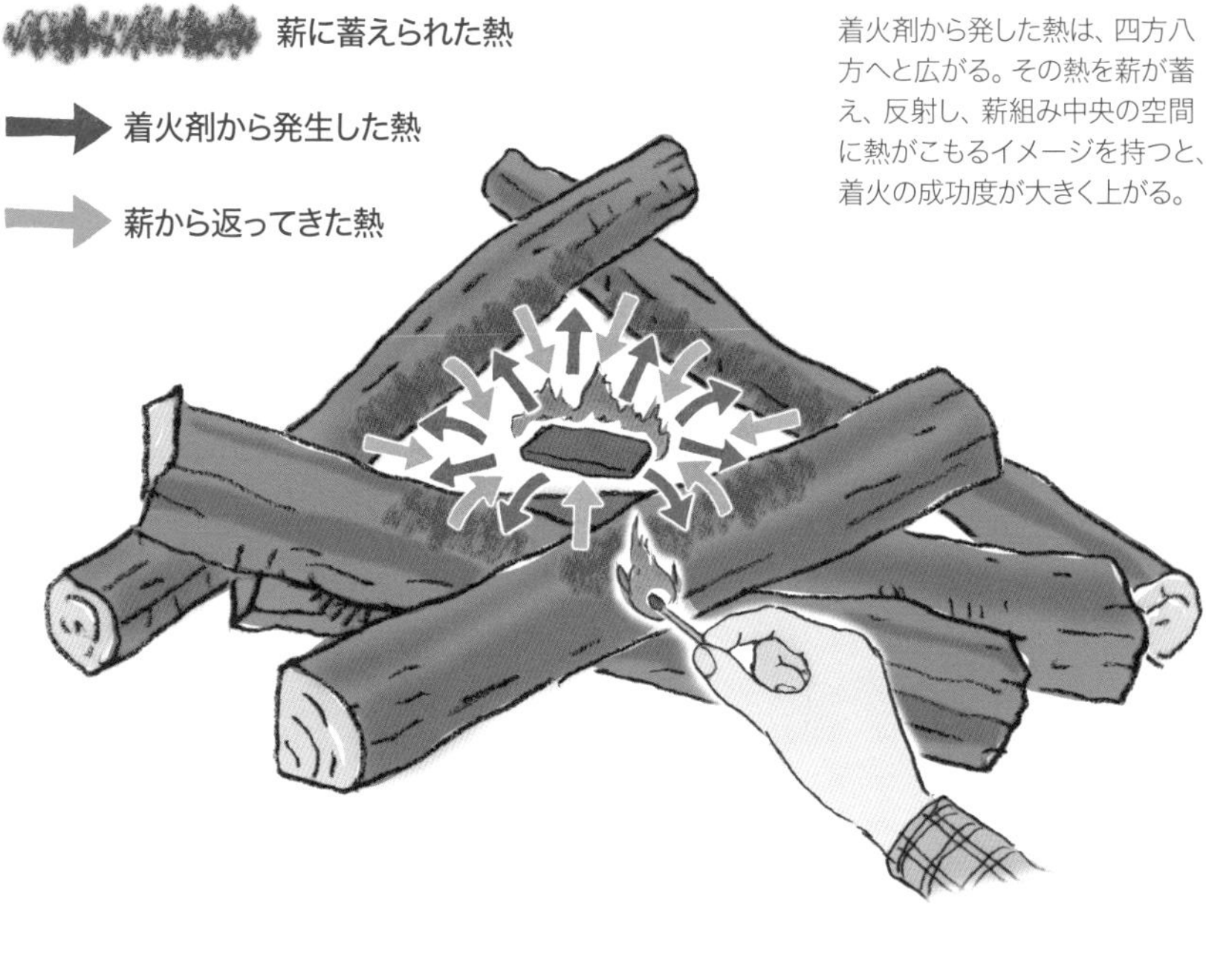

着火剤から発した熱は、四方八方へと広がる。その熱を薪が蓄え、反射し、薪組み中央の空間に熱がこもるイメージを持つと、着火の成功度が大きく上がる。

コラム　その4

紙の発火温度を利用したアイデア焚き火料理〈その1〉

紙は簡単に燃え上がると思われている。しかし実はその発火温度は250〜450度（新聞紙で290度）と意外に高く、高温度下でも簡単に燃え出したりはしない。また、厚みのない紙の容器の表面温度は、その内容物の温度にも大きく影響を受ける。こういった紙の特性を利用した、焚き火のアイデア調理を二つ紹介しよう。

「紙鍋の応用で焚き火ツッコミカップラーメン」

一つ目は焚き火ツッコミカップラーメンだ。旅館の夕食で、固形燃料の火にかけられた紙の鍋料理を体験した人も多いのではないだろうか。この薄い紙の鍋がなぜ燃え出さないのかと言えば、中に入った鍋のだし汁＝水の沸点が100度のため、だし汁が液体としてある限り、汁に触れている紙の部分の温度が100度を超えることがないためだ。

この原理を応用すると、焚き火の中でカップラーメンを調理することが可能となる。やり方は非常に簡単で豪快だ。まずカップラーメンに水を入れる。そして迷わずカップを焚き火に突っ込むのだ！

表面のパッケージ印刷が焦げたり、紙の蓋に火がついたりしても慌ててはいけない。この豪快なシチュエーションを楽しんでほしい。するとおよそ5分で熱々のラーメンが完成する。

プラ製のカップだと危険なので紙製カップのラーメンでやってみてほしい。ただし「水と焚き火とカップラーメンはあるけど、鍋やヤカンがない」という場面がどれだけあるかと言われると苦しいのだが……。

（続きは112ページのコラムその5へ）

第5章 焚き火の実践【安定燃焼編】

安定した燃焼とシーンに合った焚き火

火口から焚き付け、そして薪へと炎が移り少々の風では消えないほどの大きさに育てば一安心。ゆっくり焚き火を楽しもう。

昔と違い現代の焚き火は、その美しい炎自体が目的の一つとなっているが、それでも焚き火に期待するメリットは色々とあるだろう。またそのメリットも一つではなく、時間の経過とともに変わってゆくと思われる。それぞれのシーンに合った、火の焚き方を覚えてほしい。

シーン1　料理のための焚き火

煮炊きに使う焚き火は、火力の調整ができることが大切。料理も手順の最初の方は、湯沸かしやフライパンの加熱、炊飯のスタートなどで炎の上がる強

野営地に「焚き火は一つ」と考えがちだが、利便性を第一に柔軟に考えよう。調理では様々な火力の炎が必要になる。その都度、焚き火を分けたり、まとめたり、臨機応変に使い分けたい。

熾火で網焼き・串焼き

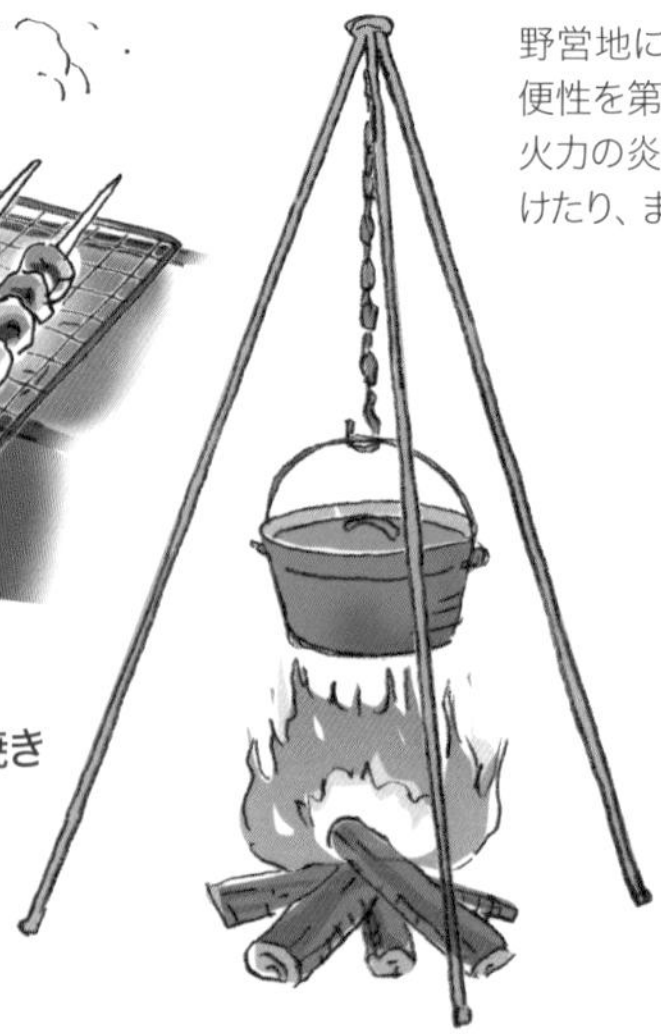

中火の焚き火で煮炊き

メインの大きな焚き火

煮炊きに便利な中火の炎と、網焼きに最適な熾火《おきび》。しかし忘れがちなのがメインの大きな焚き火。これがないと、調理エリアの火が急に弱まった時に対処できない。いつでも元気に燃える薪が供給できるよう、メインの大きな炎は途絶えさせないように。

い火力が求められる。しかしそこから調理が進むと、激しい炎のままではカレーは鍋底で焦げ付き、鉄板の上の肉や野菜は炭になってしまう。しかし火床全体の火力を下げてしまうと、急に大きな火が欲しくなっても対応は難しい。そのあたりのバランスを考え、火床の中を強火エリア、弱火エリアなどいくつかの区画に分けて焚き火をするとよい。

シーン2　BBQのための火

皆でグリルを囲んで行うBBQは楽しいものだ。いつも以上に食欲が湧く人も多いだろう。しかし直火の調理というものは、これがなかなか難しい。厚手の肉が生焼けなのに、海鮮や野菜は黒焦げで食べられたものではなかったという人も多いのではないだろうか。これもシーン1と同じように、BBQグリル内で強火エリアと弱火エリアに分けるのがよい。また、BBQでは炎が上がるような火ではなく熾火が基本だ。炭を使うのがベストだが、焚き火の

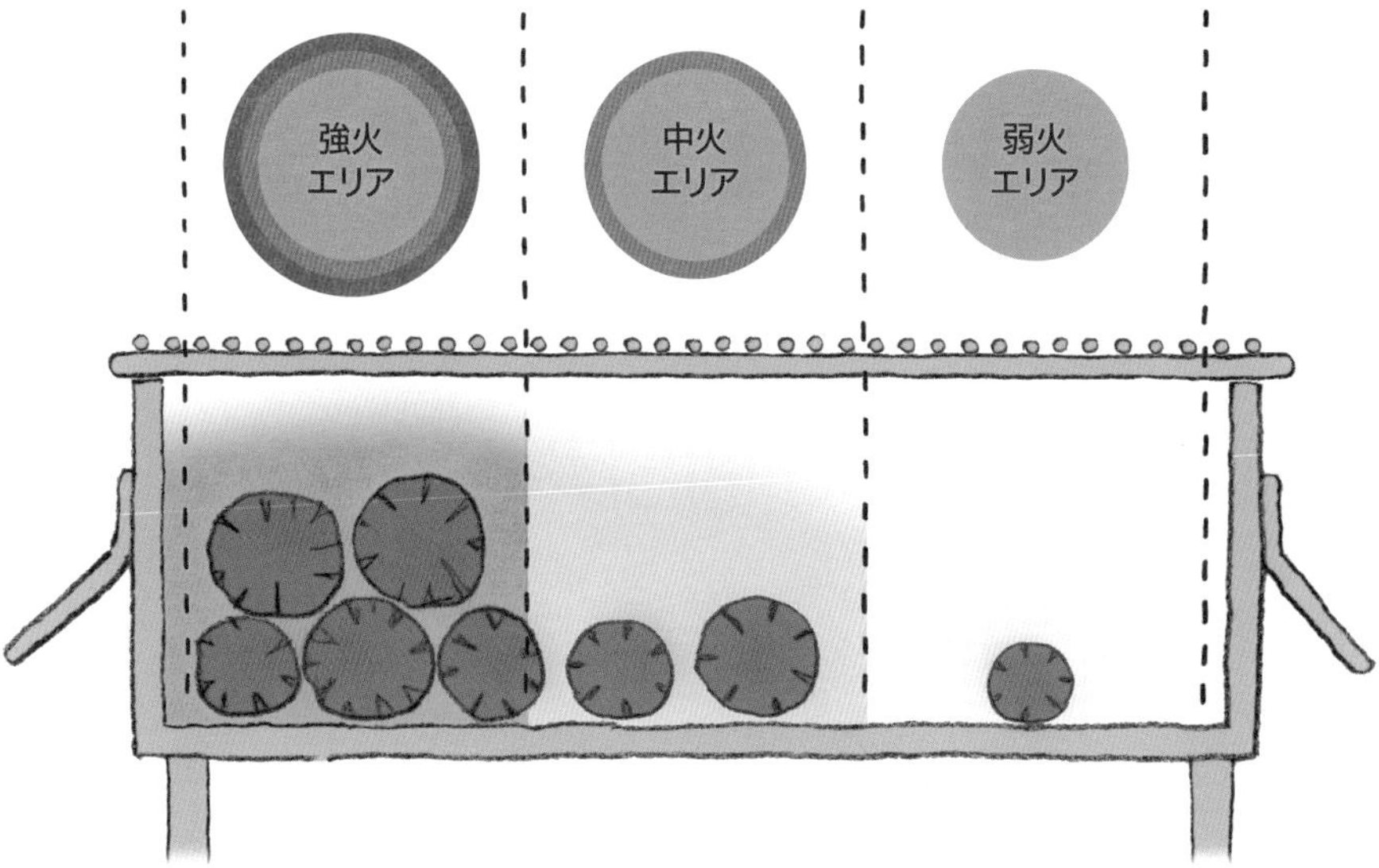

BBQグリルの中は、強火エリアと中火エリアに分けると調理がしやすい。肉に焦げ目をつけたり、スキレットを熱したりは強火エリア。野菜や海鮮類は中火エリアでじっくり加熱。グリルの面積に余裕があれば、焼き上がりを保温する弱火エリアがあるとさらに便利。

薪を育てて作った熾火でも大丈夫。ただしこの場合は、燃え尽きるのが早いので、グリルの外で大きめの焚き火を行い、追加の熾火を絶えず作るようにしよう。

シーン3　大勢で楽しむための焚き火

林間学校のキャンプファイアーの思い出を持つ人は多いだろう。皆で囲む大きな焚き火は非日常の高揚感を感じさせてくれる。大勢で焚き火を楽しむためには、薪の組み方を立体的にし炎が上へ立ち昇る形に組むとよい。煙突効果が期待できる井桁型に組むのがベストだが、崩れると再構築が難しいので、下段に組む薪は比重の大きい広葉樹の太い薪を使いたい。追加で足す薪は燃えやすい針葉樹を選び井桁の中へ投下するように入れるとよい。どんどん大きな炎を育てるのは楽しいものだが、火事の危険も大きいので気をつけよう。上手な火焚きは、火を大きくするだけでなく、素早く鎮火させることもできるものだ。

大きな焚き火は美しく楽しいものだが、当然危険でもある。緊急時にすぐに火を弱められる範囲で楽しむこと。また、炎を高く上げるような焚き方は薪の消費も激しい。しっかり計画し、皆のよい思い出になるよう炎をコントロールしてほしい。

シーン４　温まるための焚き火

冬の通学路で出会う落葉焚は暖かかった。今ではなかなか出会えない。温まるための焚き火は、楽しいキャンプなのかサバイバルな旅の途上なのかで真剣度も変わるが、何より重要なのは、簡単に消えない安定感である。

大きな炎の焚き火では薪の消費が早い。寒い夜に大切な薪がなくなってしまっては大変だ。かといってケチって小さい火では、強い風で消えてしまうかもしれない。手持ちの薪の残量と、焚き火が必要な時間を計りながら、適度な大きさの火を安定して燃やし続けるのは、なかなか難しい。

樹種によって変わるが、腕くらいの太さの薪2本でおおよそ30〜50分の間、炎を燃え上がらせることができる。この時間をベースに自分のよく使う薪で、どんな焚き方をすれば炎を何分くらい持続できるか、その感覚を試しておきたい。

焚き火の燃費で意外と重要なのが、くべる前の薪の温度。冷えてカチンコチンの薪をくべると、焚き火の温度が急激に下がり、火勢を復活させるまでに余分なエネルギーを使ってしまう。その夜に使う予定の薪は、焚き火の横で温めておくとよい。

焚き火のサイクル

起

どのようなシーンの焚き火でも、まずは最大火力まで上げる。火床の中に燃焼する太めの薪が数本あり、十分な量の熾火ができていれば、その焚き火はしっかりとした燃焼サイクルに入っている。この状態になるまで、空気の通り道を考えながら、適度に薪を足し火を大きくしていこう。

承

燃焼の連鎖反応がしっかり続く状態になれば、簡単に火が消えることはなくなる。薪の組み方を変えたり、熾火を取り出したりしても大丈夫だ。目的に従って焚き火の形を変えていこう。注意するのは薪を足す時に火を押しつぶして空気の通り道をなくすような形にならないこと。

転

焚き火を囲んだ、調理や賑やかな歓談が終われば、焚き火を少しずつ小さくしていこう。複数箇所に分けた火を一つにまとめ、継ぎ足す薪を次第に細いものに変えながら、火力を落としていく。ここで一気に火を小さくすると消えてしまうこともある。焦らずじっくりとやっていこう。一番楽しい時間でもある。

結

いよいよ焚き火を終える時間。キャンプ場などでは、火事にならぬよう完全に鎮火させること。この時点で燃え残しの薪がないことがベストだ。今の日本国内では難しいが、サバイバル的な野宿旅では完全に消さず、翌朝にすぐ使えるよう小さな火を残す方法もある。いずれにしても、山火事などにならぬよう細心の注意を払うこと。

「嫌な煙」への対処法と「消えそうな火」の復活法

嫌な煙はなぜ出るのか

焚き火に関するアンケートをとると、マイナスポイントの上位にくるのが煙。目がしみて、嫌なにおいが鼻に突き刺さるモクモクとした煙。

では、この煙はいったいなぜ出てくるのだろうか。その原因は複合的だが、多くの部分は「薪に含まれる水分」と「焚き火の温度の低下」そして「酸素の供給の停止」が関係している。

焚き付けが盛大に炎を上げ薪の温度が100度に達すると、薪内部に含まれる水分の蒸発が始まり白い煙が立つ。当然、薪の乾燥が甘く水分の含有量が多いほど、白い煙が多く、燻《くすぶ》り続けてなかなか火がつかない。よく乾燥した薪を使おう。ただし、この白い煙はそれほど目や鼻を刺激はしない。

薪の温度が順調に上がり260度あたりで炭化水素化合物の熱分解が活発になり、可燃性ガスが放出され発火する。ここから焚き火の温度は急激に上昇し、300度を超えたあたりから、ガスがしっ

薪から出る水蒸気の白い煙。

かり燃焼し始め、やがて煙の少ない美しい焚き火となる。

しかし、焚き火全体の熱が十分に上がる前や、燃えている薪が少ない時などに、新しい薪（特に太かったり、乾燥の甘いもの）を投入すると、焚き火の温度が急激に低下し、「可燃性ガスの燃焼」は止まってしまうのだが、「可燃性ガスの放出」は続くため、黒く目や鼻に刺激的な煙となってしまう。

高い温度で順調に燃え続ける焚き火に、太い薪や水分の多い薪を多量に投入しても同じことだ。焚き火全体の温度が低下すると同時に、焚き火内部への酸素の供給が太い薪によって途絶えてしまう。しかし薪の熱分解は容易には止まらず、ガスは燃焼できないまま放出され続け、黒い煙になってしまう。

前章でも述べたように「可燃性ガスの燃焼」のためには「熱」と「酸素」が欠かせない。このどちらかが欠けてしまった時「不完全燃焼」となり黒い煙が発生する。逆に言えば、この二つの要素を逃さなければ、嫌な煙は出ないとも言える。

嫌な煙を出さないコツ

1　水分の少ないよく乾燥した薪を使う

薪の水分含有量は伐採したてが一番高く、樹種や季節によっては

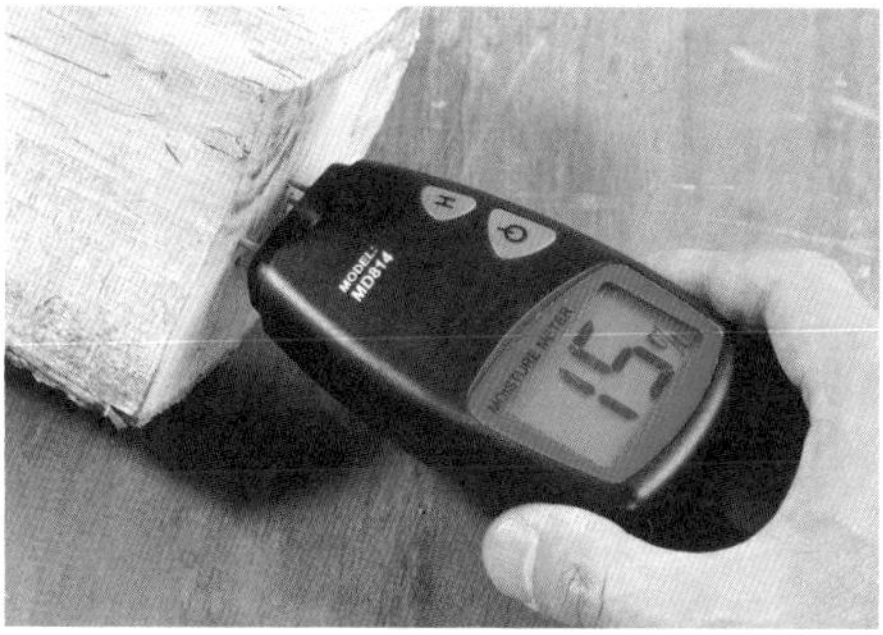

薪の含水率を測る。

50%を超えることもあるという。これを薪に加工し乾燥させると、水分量は年を追うごとに低下していく。理想的な薪の水分含有量は15〜20%、乾燥期間は1〜3年程度と言われている。これ以上の無理な乾燥は無意味であると同時に、薪の質の低下につながるので、やめておこう。

2 焚き火全体の温度を考えて薪の投入を行う

焚き火の着火に成功し安定燃焼に入ったら、薪の追加を適宜行う。この時、一度に大量の薪を投入すると、全体の温度が低下してしまう。薪はその都度1本ずつ入れるのがよい。また、太すぎる薪も考えものだ。薪は焚き火を燃やす燃料であると同時に、燃焼ガスが出るまでに相当の熱を焚き火から奪ってしまう。火勢を強めるための薪が、逆に弱める原因とならないよう注意しよう。

3 焚き火内部の空気の流れを考える

繰り返しになるが、燃焼には酸素が欠かせない。また同時に、薪から発生した可燃性ガスも重要だ。この二つの目に見えない気体が、複雑に組まれた薪の中をどのように移動するか想像し、最適な通り道を考えて薪の追加を行ってほしい。

薪の追加は、その時の火力に適切な太さのものを選び、1本ずつ投入する。

特に前記の2の項目だが、

- **焚き火の温度が低い状態で燃えづらい太い薪を入れない**
- **薪を入れ忘れ火が小さくなった時は細い薪を何回かに分けて入れる**

などの配慮をすることで、煙の失敗は大きく減る。

また、煙の原因がわかっていれば、発生した時の対策もしやすい。何らかの失敗で煙が出てしまった時、一番必要なのは「熱」。不完全燃焼で煙だけ出る太い薪を一度外し、細い薪を空気がよく通るように組んで投入すれば、すぐに燃え上がる。この火を大切に育て、焚き火全体の温度を十分に高めてから、煙の発生源である太い薪を再びくべれば、ガスに火がつき煙は瞬く間に消えてしまう。

消えそうな火には熱と酸素を供給

小さくなってしまった焚き火を再び大きく燃え上がらせたい時は多い。ガスや灯油、ガソリンなどを使う器具なら、ダイヤルを回して燃料の量を増やせば、小さな火はたちまち大きくなる。しかし、焚き火の場合は「燃料」の薪をむやみに足しても火は復活するどころか、それが原因で消えてしまうことも多い。

ではどうすればよいのか。そのヒントはここまでのページの煙への対処に書いてある。そう、薪と同時に「熱」と「酸素」を供給してあげるのだ。

火勢が弱まる理由と復活のコツ

その1

火勢が弱まる第一の原因は燃料不足。気づかぬうちに薪が燃え尽きているのはよくあること。そこでまずは「燃料」である薪を投入する。しかし、ここで焦って太い薪を使ってはいけない。焚き火全体の温度が下がっているため、太い薪ではまず間違いなく熱分解まで持っていけない。ここは焦らず細めの薪を数本入れ、次第に大きな火へと育て直していこう。

その2

これで再着火してくれればよいが、すでにその力が焚き火にない時もある。「熱」があまりに足りないのだ。ここで安易に団扇《うちわ》などで強い風を送り込むと、わずかに残る火種まで消し去ってしまう。まず一度、燃えていない大きな薪を取り去り、より細い薪や焚き付けなどを使って、火種の火力を復活させていく。

その3

火種に少しでも力強さを見ることができたら「酸素」を送ってやろう。団扇を使う人も多いが、ブワッと大きな風が出るだけで意外に効率が悪い。火種に向けてピンポイントで狙える火吹き竹やフイゴがあると便利だ。強く酸素を送れば送るほど、残った火種は最後の力を振り絞り、明るく輝き「熱」を発する。その熱を逃さずに新しい薪へ移すことができれば、ある瞬間にポッと火が燈る。そこで焦ってはいけない。その小さな火を次の細い薪へ受け渡し、ゆっくりと焚き火を大きくしてゆこう。

風を送ることで「酸素が供給され火が強くなる」こともあれば、逆に「強風で火が消える」こともある。特に火が弱まっている時の大きな風は注意が必要。全体に強い風を送る団扇でなく、一点を狙い強弱のコントロール可能な火吹き竹が使いやすい。

便利な焚き火アイテム

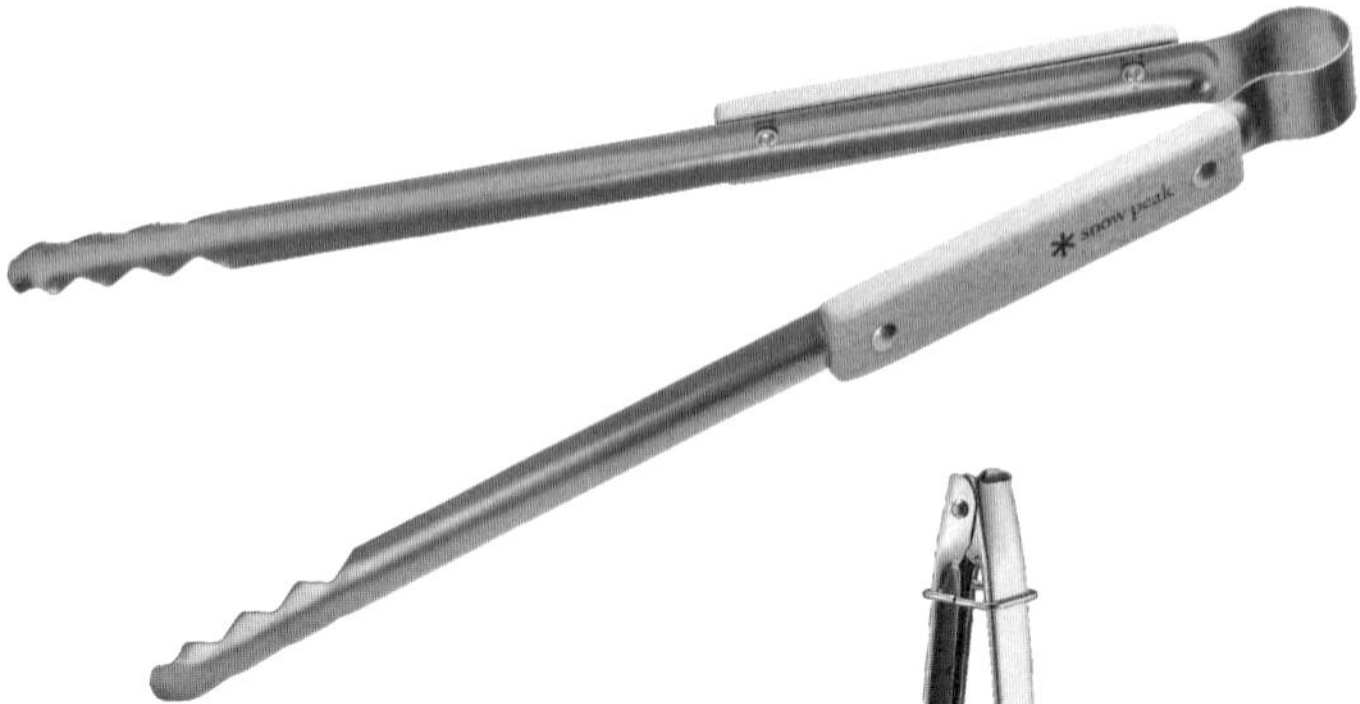

スノーピーク
火ばさみ

シンプルな形状ながらグリップにブナ材が取り付けられて、手によく馴染む。通常より厚手のステンレスが使われているため、頑丈でバネの力も強く使いやすい。

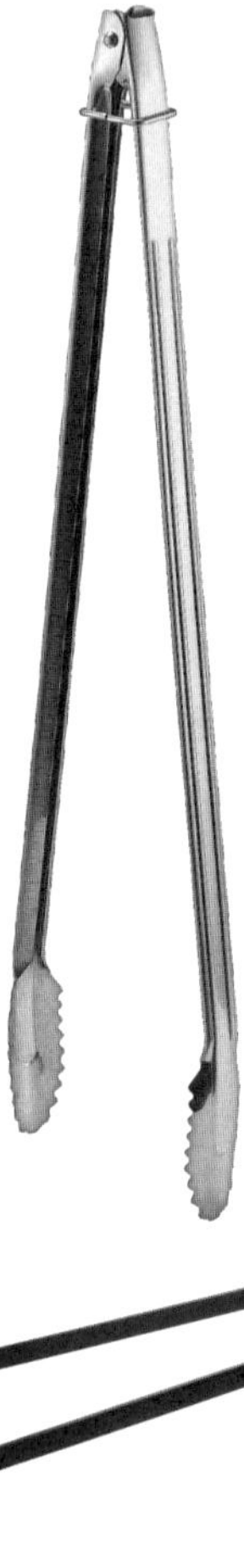

ユニフレーム
焚き火トング550

調理用のトングと似た形状だがサイズが大きく全長も55cmとかなり長い。通常の火ばさみより、炭や小さな薪をつかみやすいため、微妙な火加減調整に最適。

田中文金属
フォールディングトング
アングルマスター

小型火ばさみ。小さい炭や薪を繊細につかめるので、火力調整や焚き火が消えそうな時に非常に使いやすい。折りたたみ式なのでメインの火ばさみとは別にポケットに入れておくと便利。

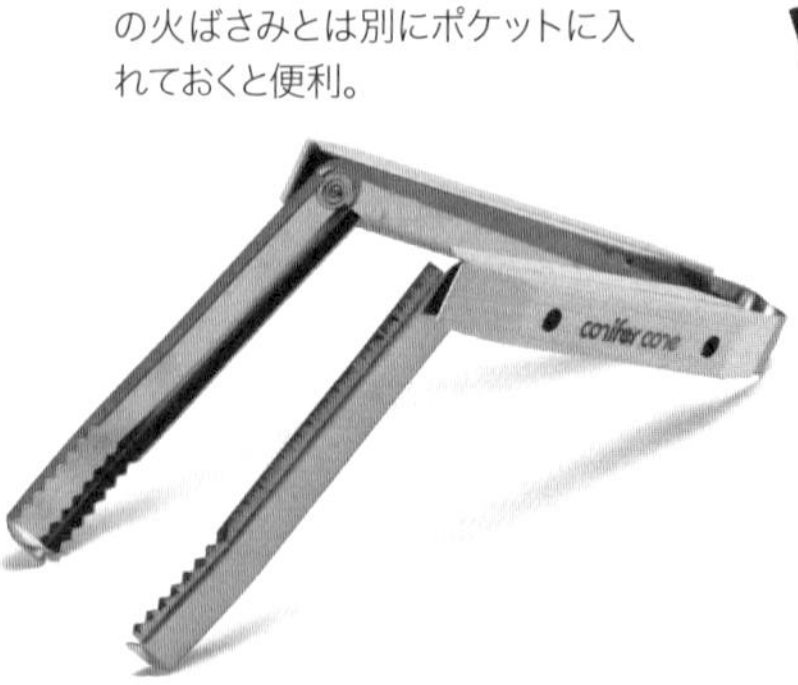

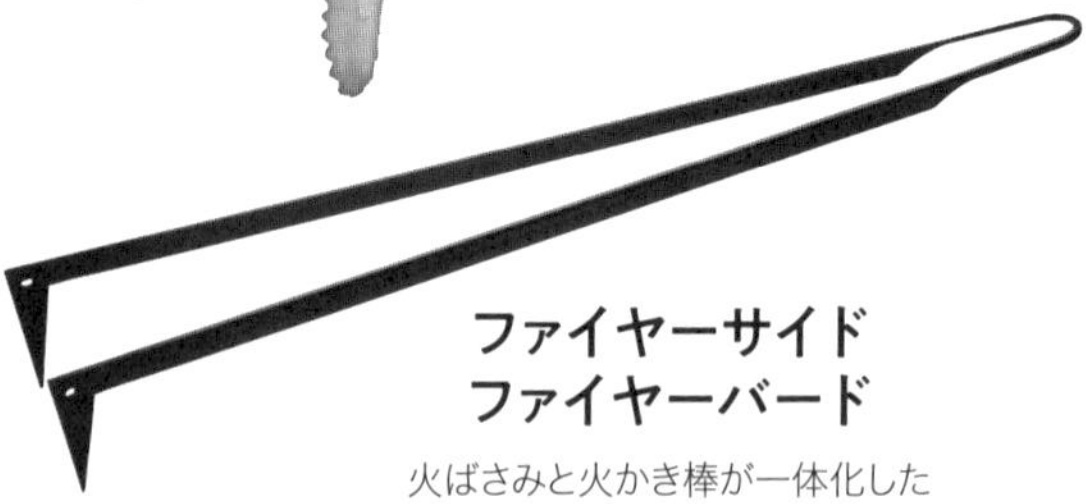

ファイヤーサイド
ファイヤーバード

火ばさみと火かき棒が一体化した特徴的なデザインが人気のファイヤーバード。黒染めの技法で作られたマットブラックの本体が美しい。燃焼中の薪や炭を、つかむ、返す、砕く、ならすの4つの動作が1本で行える実力派。

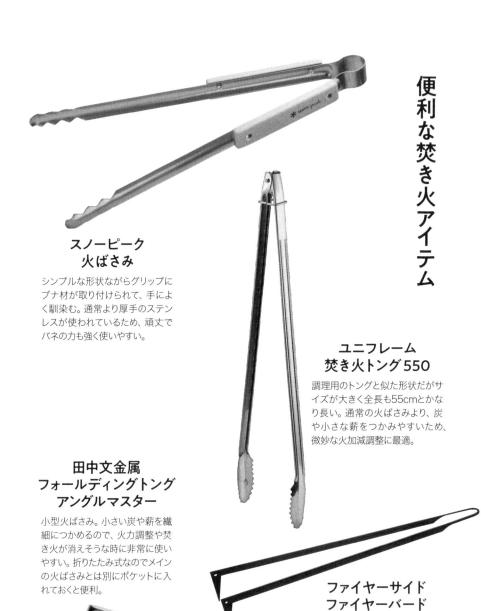

ファイヤーサイド シュッポ

古来、鍛冶《かじ》の現場などで使われるフイゴを、現代キャンプで使いやすくした定番品。オークと牛革で作られた伝統的デザインは高級感たっぷり。風力も非常に強い。

ファイヤーサイド ファイヤーブラスター 60/80

アルミ製の軽量な火吹き棒。持ち手と口元にはブナ材が使われている。全長は60cmと80cmの２種類あり、60cmは携帯性がよく、80cmは火の遠くから送風が可能。

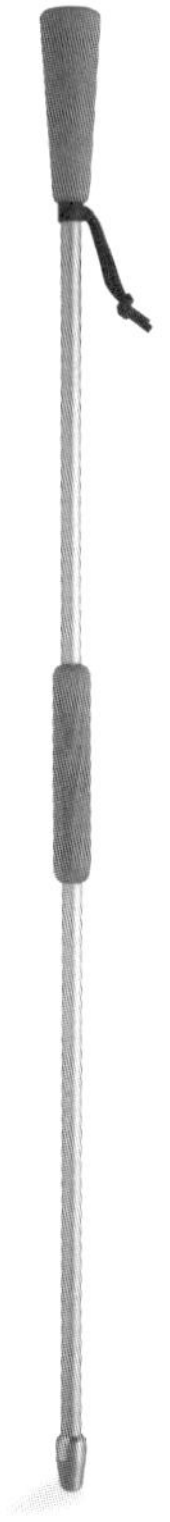

キャプテンスタッグ ポンピング送風機

竹の水鉄砲のようにピストンを前後して風を送る。風力はそれほどではないが、子供でも使いやすい。浮き輪等への空気入れにも使える。

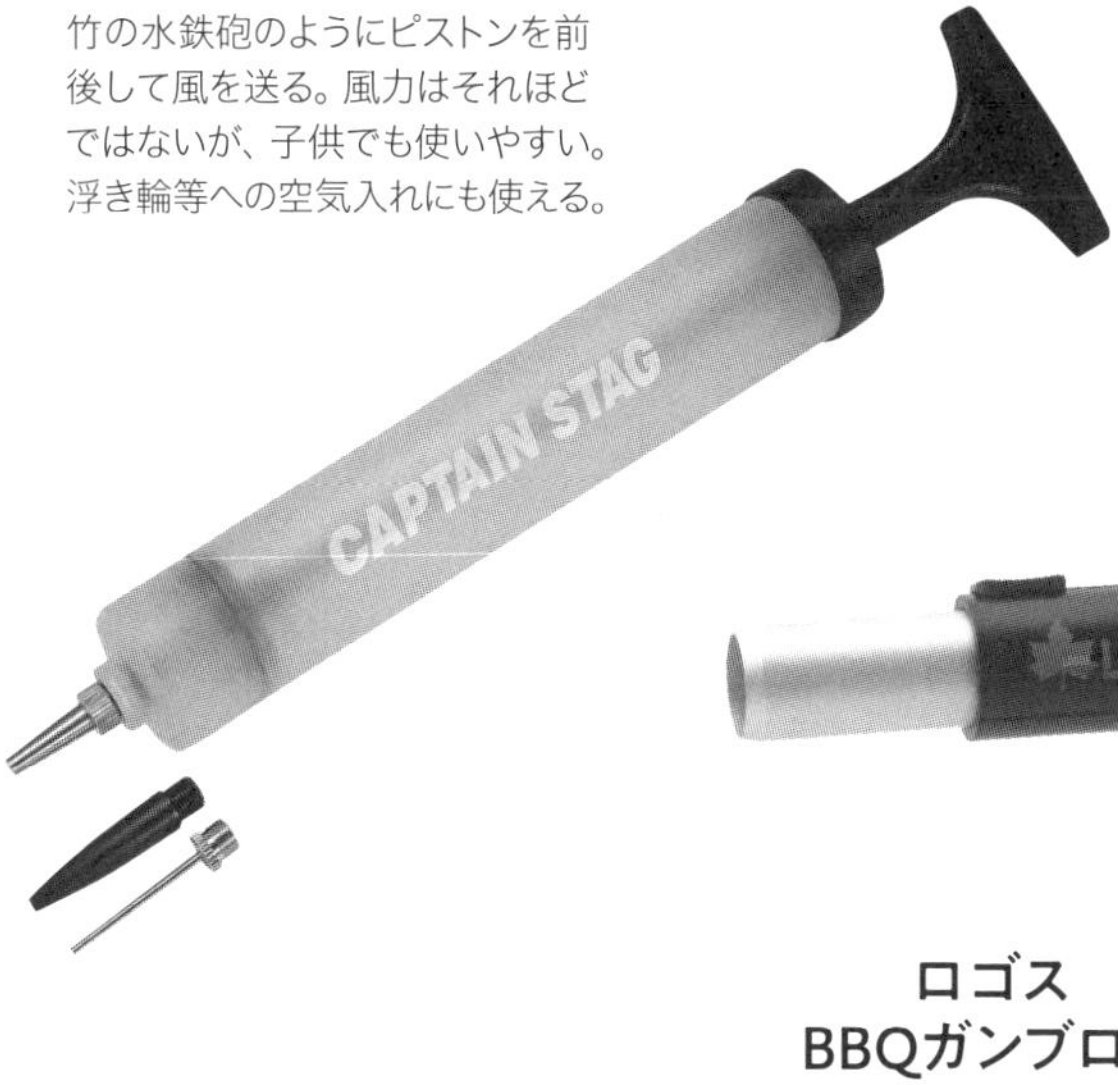

ロゴス BBQガンブロー

乾電池で駆動する現代的送風機。ドライヤーのような形状。強い風を連続で送り続けられるので、炭の着火などにも使いやすい。

火吹き竹の作り方

火吹き竹は暮らしの周りに焚き火があった時代には庶民にとって欠かせないアイテムだった。僕が幼少だった昭和50年代初頭、奈良の田舎だった我が家や近所の家にはまだ火吹き竹は必ずあったように記憶している。

さてこの火吹き竹の作り方、まずはよい竹を入手する必要がある。火吹き竹には齢2〜3年を経た直径3㎝前後の竹で、旧暦七夕を過ぎた季節に伐採したものがよいとされている。

先端に節が残るように竹を切る。長さは好みだが40〜50cmが標準のようだ。

鉄筋などで先端部以外の節を割り抜く。先端の節を傷つけないよう注意。

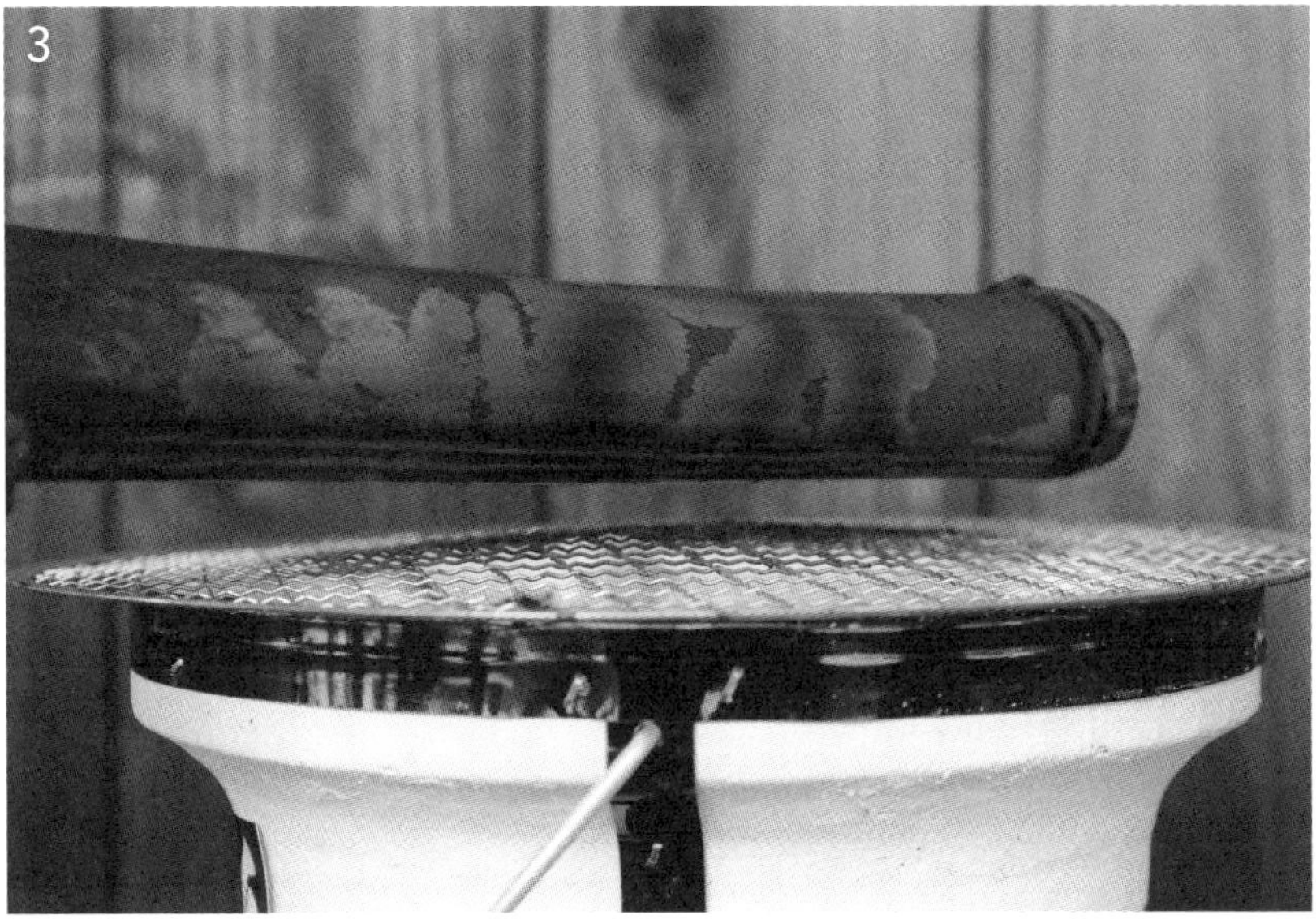

バーナーの火などで軽く全体を炙る。こうすることで耐久性が高まる。しばらくすると竹油がにじんでくるのでボロ布などで磨くと光沢が出る。

先端に2〜3mm程度の穴を開ける。穴の大きさが風力に影響する。キリでも穴開け可能だが、直径の微調整が難しいのでドリルを使うことをお勧めする。

紙やすりで前後のバリ（切断時に竹の縁に鋭利にはみ出した余計な部分）を取ったら、火吹き竹の完成。

コラム　その5

紙の発火温度と内容物の温度を利用したアイデア焚き火料理〈その2〉

コラムその4では、紙の発火点と内容物の温度を利用した調理法を紹介したが、今度は段ボール箱でオーブンを作る方法だ。

「段ボールオーブン」

通常の段ボール箱を使って、キャンプサイトで使用できる簡易オーブンを作ることができると聞くと、どう思うだろうか？ コラムその4で紙の発火点は意外に高く、簡単に燃えたりしないと書いたが、それはオーブン作りであっても同じ!!

段ボール箱オーブンの作り方は簡単だ。まず一度広げた段ボール箱の裏側全面に、アルミホイルを糊《のり》で貼り付けるだけ（庫内に食材を入れ熱するので、化学的な接着剤でなく、デンプンで作られた工作用の糊を使う）。あとは箱の形に組み立てたら、横に金属の細い棒2本を貫通させて網をのせ棚を作って完成だ。

段ボールオーブンの外観

熱源は炭火を使う。段ボール箱の中にレンガを設置して熱々の炭火を入れた鍋を置き、蓋をして10分も予熱すれば庫内温度は180度程度まで上昇するが、この温度なら紙が発火することはない。アルミホイルが熱を反射し、段ボールの中空構造が熱を蓄えてくれる。そのため家庭用の電気オーブンと比べても遜色《そんしょく》のない温度に達するのだ。工夫次第で、熱々のピザや本格的なローストビーフなど、色々なオーブン料理が屋外で調理可能に。

第6章 焚き火料理の基本と絶品レシピ

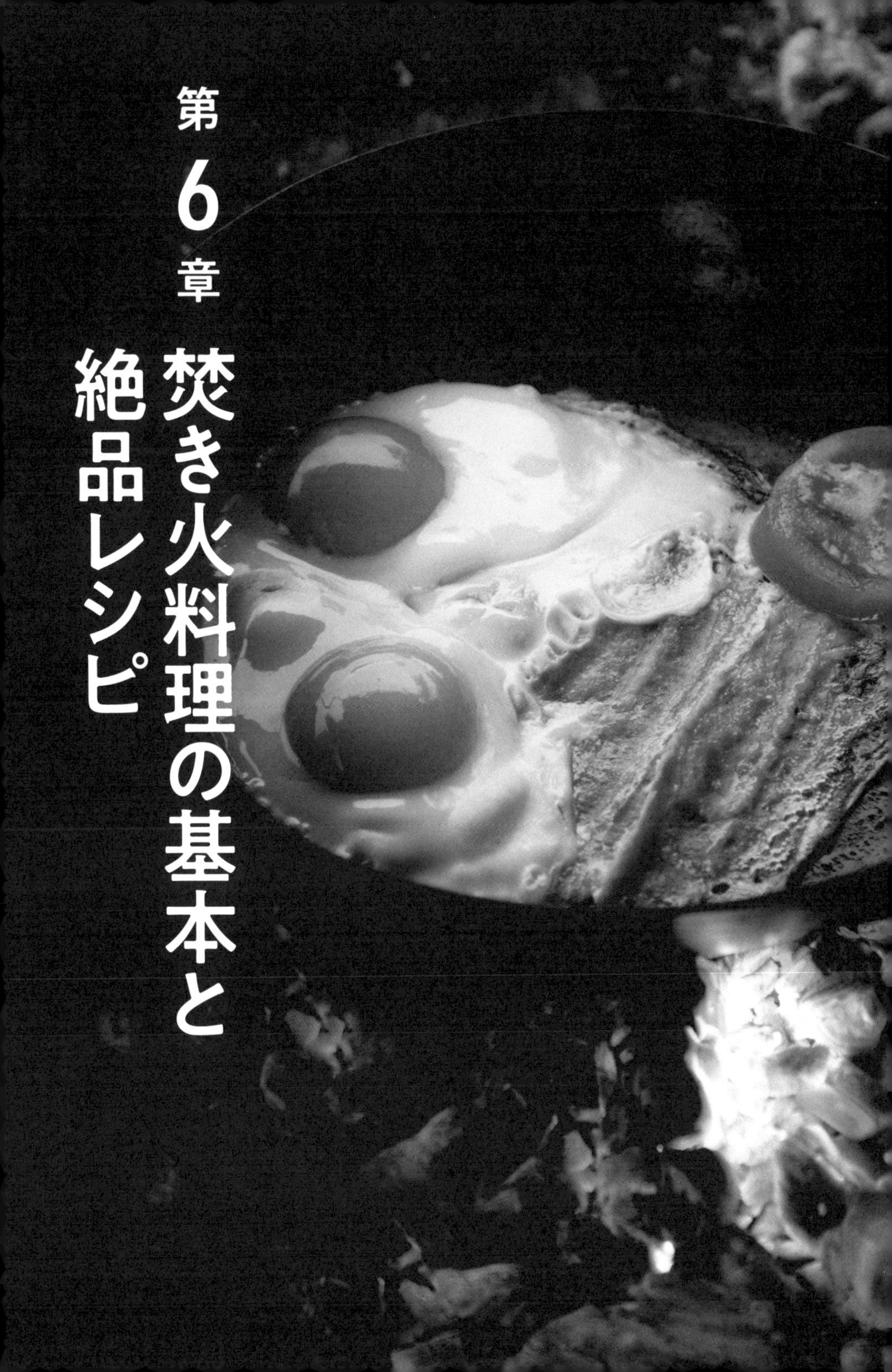

料理のための火床とかまど

野外の豊かな自然の中で食べる食事はとても美味しいものだ。自分で起こした焚き火で調理すればその味はさらに格別になることだろう。

家庭用のコンロで加熱調理する時と違い、焚き火の場合、それだけでは鍋や釜を火の上に固定できない。そこでまず、かまどや火床を準備する必要がある。

火床・かまどを作る目的

- 火を囲うことで周囲への延焼を防ぐ
- 蓄熱と熱反射による熱エネルギーの有効利用
- 風・空気の流れを意識的に調整
- 鍋や釜、フライパンなどを設置する箇所の確保

キーホール型（前方後円墳型）火床

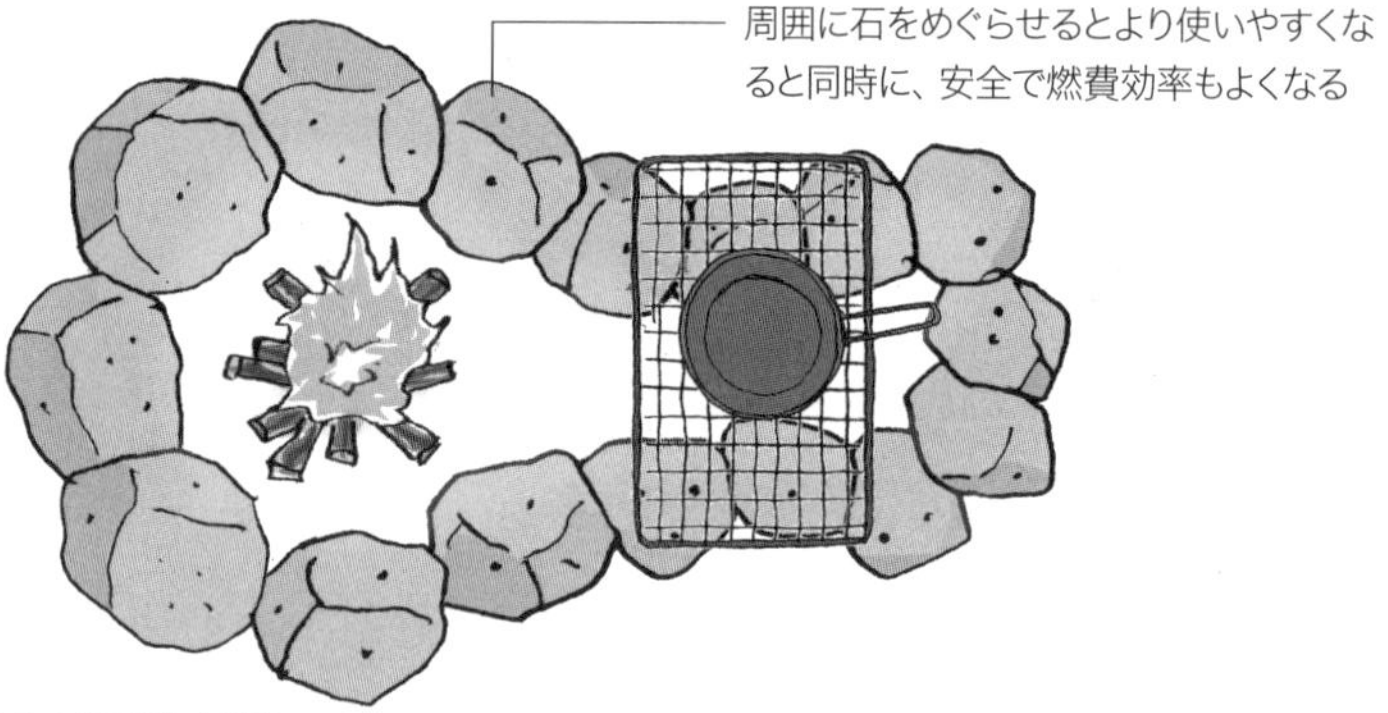
周囲に石をめぐらせるとより使いやすくなると同時に、安全で燃費効率もよくなる

〈断面図〉
炉壁となる石や土の壁が熱を蓄え、輻射《ふくしゃ》（放射）・反射することで、より焚き火の熱を有効利用できる
メインとなる火床。深さは15～20㎝くらい
調理のためのスペース。熾火や炭火を入れて使う

火床は焚き火を行う場所のこと。焚き火を行う場所が斜面であったり大きな石でデコボコだったりでは危ないいし、枯れ草や落ち葉が大量にあれば山火事の心配もある。まずは極力平らな場所を探し、邪魔な石や燃焼物を掃除する。それだけで立派な火床だ。もし可能であれば、その地面を少し掘り下げることで、延焼の危険は大きく減ると同時に風の影響を抑えて焚き火ができ、地面の壁のおかげで焚き火のエネルギーを無駄なく使える。

地面を掘って作る火床で代表的なのが「キーホール型（前方後円墳型）火床」だ。地面を円型に15～20㎝掘り下げ、その横に方形の溝を掘ることで完成する。方形の溝の上に横木や網を渡せば、ＢＢＱグリルのように使える。この火床が優秀なのは、メインの焚き火スペースと調理に使える小さな火室に分かれていること。円形部分で大きな焚き火を行いつつ、そこでできた熾火を使って、火力を調整しながら煮炊きや網焼きなどの調理ができるのだ。

しかし、今の日本では実際のところ、ルールや技術的な問題（シャベルの有無、地面の硬さ）などから、国内で「楽しむための野外料理」を行う時に、地面に穴を掘るのは大がかりで難しいケースも多い。その場合、平らで安全な地面を見つけたら、周囲に落ちている石などでかまどを組もう。ここで言うかまどとは、古い民家にあるような恒久的なものではなく、石や持参したブロックなどで作る簡易的・一時的なものである。

キーホール型火床

石を使った「三点かまど」

手頃な大きさの石を奥と左右の三点に置き、三角形の中央部で焚き火を行う最もスタンダードな石のかまど。石を支持にして鍋などが置ける。ただしあまり大きくは組めない。

石を使った「コの字型かまど」

多数の石をカタカナの「コの字」の形に並べたかまど。奥と左右が壁となるので、風の影響を受けづらく、蓄熱性も高い。支持点が多数あるのでＢＢＱ網や大型の鍋なども置ける。

コンクリブロックを使った「コの字型かまど」

焚き火場にコンクリブロックがあれば、より安定性の高いかまどを作ることが可能だ（コンクリブロックには重量ブロックと軽量ブロックがある。軽量は取り扱いが楽だが安定性が悪いので注意が必要）。

下の写真では1段のコの字型かまどを作ってみたが、石のかまどと比べ上部が水平なので、網や鍋を安全に置くことができる。また、高さもあるので風の影響が少なく、大きな火を安全に燃やすことができる。

コンクリブロックを使ったキャンプ用かまど

コンクリブロックを使う利点の一つが、ブロック本体に貫通する穴。本来は建造物を造る時に鉄筋やコンクリートを入れる箇所だが、かまどとして使う時に色々と棒状の物を立てかけられるのは便利。工事用のロープ止め杭を使ってハンガーを組み立てたり、串に刺さった魚を並べたり、工夫次第で色々と活用できる。

焚き火台とは

ここまで火床とかまどの説明をしてきたが、多くの人が野外料理を楽しむキャンプ場では現在、全国的に直火は禁止のところがほとんどである。ましてや穴を掘るなど考えられないだろう。そこで「キャンプで焚き火料理」を実現するためには焚き火台を使う必要がある。

１９９６年にスノーピークから発売された「焚火台」は一躍キャンプ用品の定番の地位を獲得し、その後多くのメーカーが追随することとなった。現在、そのデザインと機能はより発展し多様化、多くの商品の中から選ぶことができる。

焚き火台の始まりについては諸説あるが、現在の焚き火台の性能とそのイメージを決定づけたのは、1996年に発売されたスノーピークの「焚火台」で間違いないだろう。その登場はアウトドア・キャンプ業界に衝撃を与え、これ以降キャンプ場での焚き火台使用が一般化するきっかけとなった。

代表的な焚き火台デザイン

軽量運搬型

分解や折りたたみができる脚と金属メッシュを組み合わせて作る焚き火台。非常に軽量コンパクトで、徒歩や自転車旅行で野営する時に重宝する。ただし、焚き火台単独では鍋を火にかけるのが難しいので調理には向かない。また、地面へ熱が伝わりやすいので、芝生などのキャンプサイトでは対策が必要。

コンロ兼用箱型

金属プレートを箱型に組んだものや、ログハウスのような井桁型に組まれた形が多い。どっしりと安定感があるだけでなく、よく計画された吸入口から空気を取り入れるため燃焼効率が非常に高い。ＢＢＱ網や大型の鍋とも相性がよく、多人数でのキャンプで使いやすいが、重く収納時にも大きいのが難点。

ディスク型

焚き火の炎を観賞するために特化したと言ってもよい形がディスク型。金属製の大型のお皿に脚がついた形で、収納性は非常に悪く、単独では調理にも使いづらい。しかし、その形状から薪を大きく、高く組むことができるうえ、無粋な側壁がないのでどこからでも美しい炎が観賞できる。

汎用型

金属製のプレートやフレームを組み合わせて形作る焚き火台。メーカー各社から多様なデザインのものが販売されており、機能性・デザイン性ともにアイデア豊富で見ていても楽しい。使用時の安定感と収納時のコンパクト性はほぼ反比例するので、どの点を重視するのかよく考えて選んでほしい。

代表的な焚き火台

スノーピーク焚火台L

焚き火台の元祖にして到達点。逆三角形が特徴的なデザインは収納性と燃焼効率を極限まで研究した結果。1.5mm厚ステンレス製の本体は非常に頑丈で、長年の使用でもビクともしない。

コールマン ステンレスファイアープレイスIII

井桁型焚き火台の代表格。大型でどっしりしたデザインは安定感抜群。井桁の隙間から豊富な酸素が供給され、強い火力を実現できる。組み込まれた五徳でダッチオーブンを支持したり、BBQ網を安定使用したりが可能で、安全に焚き火料理に取り組むことが可能。

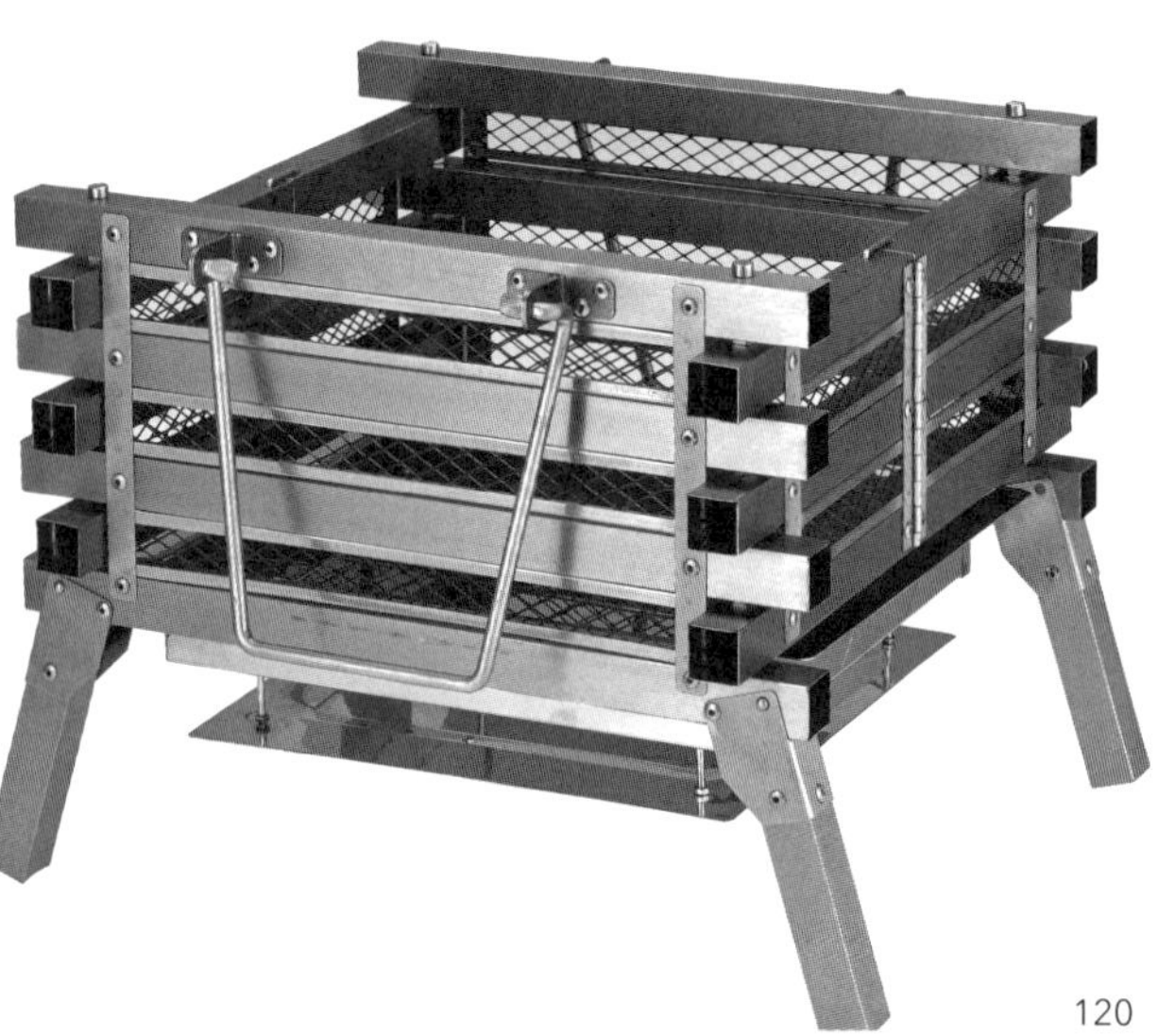

ユニフレーム ファイアグリル

スノーピークの焚き火台と並ぶ定番中の定番焚き火台。付属のＢＢＱ網とのバランスがよく、これ１台で様々な焚き火料理に活用可能。側壁が低いので、炎の観賞にも適している。

コールマン ファイアーディスク

ディスク型焚き火台のスタンダード。非常に美しい製品で所有欲を満たしてくれる。計算された曲線デザインは焚き火へ効率よく酸素を供給してくれ、美しい炎を観賞できる。

キャプテンスタッグ ヘキサステンレス ファイアグリル

六角形の形でお馴染みの箱型焚き火台。その形状から安定感が非常に高く、焚き火料理で使いやすい。ダッチオーブンとの相性もよいので、多人数でのキャンプで大活躍する。

焚き火料理の道具2

トライポッド・クワトロポッド

３本ないし４本の脚をピラミッド型に組み、その頂点についたフックから垂らしたチェーン等に鍋やヤカンを吊るすことができる焚き火の必須アイテム。焚き火調理で一番難しいのが火力の調整だが、トライポッド・クワトロポッドがあれば、焚き火の火勢はそのままに、鍋の高さを変えることで火力調整が容易にできる。

慣れれば現場で手に入れた木材とロープで作ることも可能だが、手始めに1台購入しておくと色々便利に使える。

各メーカーから多くの商品が出ている。軽量でコンパクトに収納できるタイプと大型で安定感を重視したタイプがある。自分のスタイルに合わせて選ぼう。

ペトロマックス クッキング トライポッド

耐荷重が驚異の40kg！　大型のダッチオーブンも余裕で吊るすことができる。無段階で脚の長さ調整が可能で、不整地や傾斜地でも安定して使用可能。デザインは無骨そのもので好みが分かれるところだが、僕は大好きです。

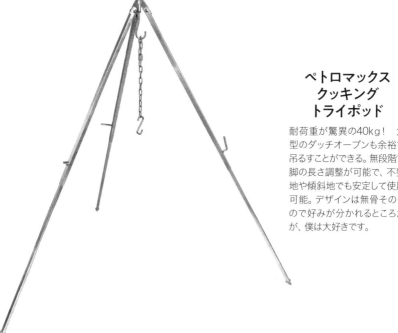

尾上製作所
ハンディ
トライポッド

コンパクトに折りたたみ付属のケースに収納できるトライポッド。少し華奢だが、ダッチオーブンも十分安全に吊るすことができる。

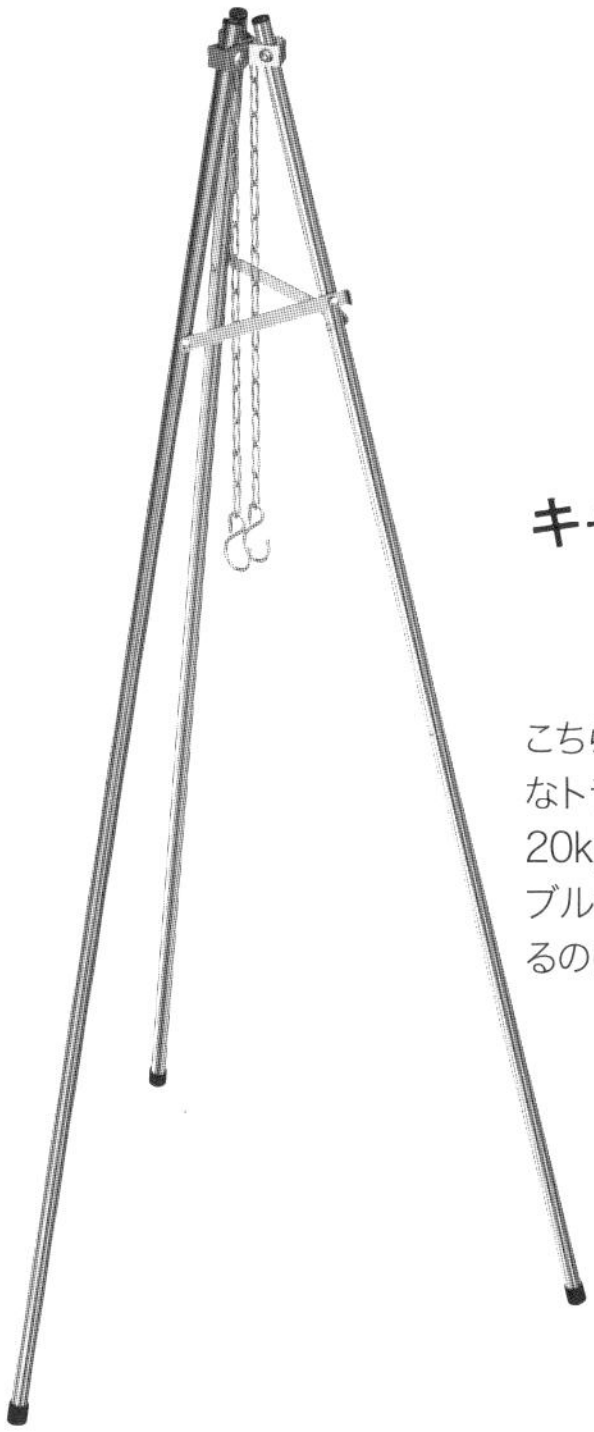

キャプテンスタッグ
トライン
UG-10

こちらもコンパクトに収納可能なトライポッドだが、耐荷重は20kgと十分。価格もリーズナブルで初心者が初めて購入するのに最適。

コールマン
ファイアープレイス
スタンド

４本脚で安定感は抜群。各脚にペグダウン用のループが付いているのもよい。鍋を吊るすチェーンにはストッパーが装備され長さ調節がやりやすい。本体はスチール製で頑丈。

焚き火料理の道具3

BBQグリル

焚き火台でも炭火の網焼きは可能だが、より安全かつ手軽に網焼きBBQを楽しむにはBBQグリルがあった方がよい。BBQグリルで炭火の調理に専念し、焚き火台は観賞・暖房・高温の炭の安定供給に活用する二段構えが正解なのだ。

BBQグリルを購入する際に考慮してほしいのが、その面積。小さいと人数分の食材を一度に焼けないが、大きすぎると大量の炭が必要となってしまう。長辺が40㎝のタイプが4人用の標準。これを目安に必要な大きさのグリルをセレクトしよう。

ロゴス
グリルアタッシュM

最近人気の一人用BBQグリル。コンパクトで携帯性が高いアイデア商品が多数販売されているが、このグリルアタッシュもその一つ。アタッシュケースのようにたためるのが特徴で、開くとすぐに使用可能。一人キャンプのお供にいかがだろうか。

コールマン
クールスパイダー
ステンレスグリル

多種類のBBQグリルを製作するコールマンのスタンダードモデル。オールステンレス製で頑丈で手入れしやすい。炭の入る部分が引き出し式になっているため、調理中の炭の追加や、使用後の清掃が非常にやりやすい。焼き網のほか鉄板も付属していて、様々な調理が可能。

様々なメーカーから機能性やデザインを追求したグリルが発売されている。その特徴をよく知った上で選びたい。

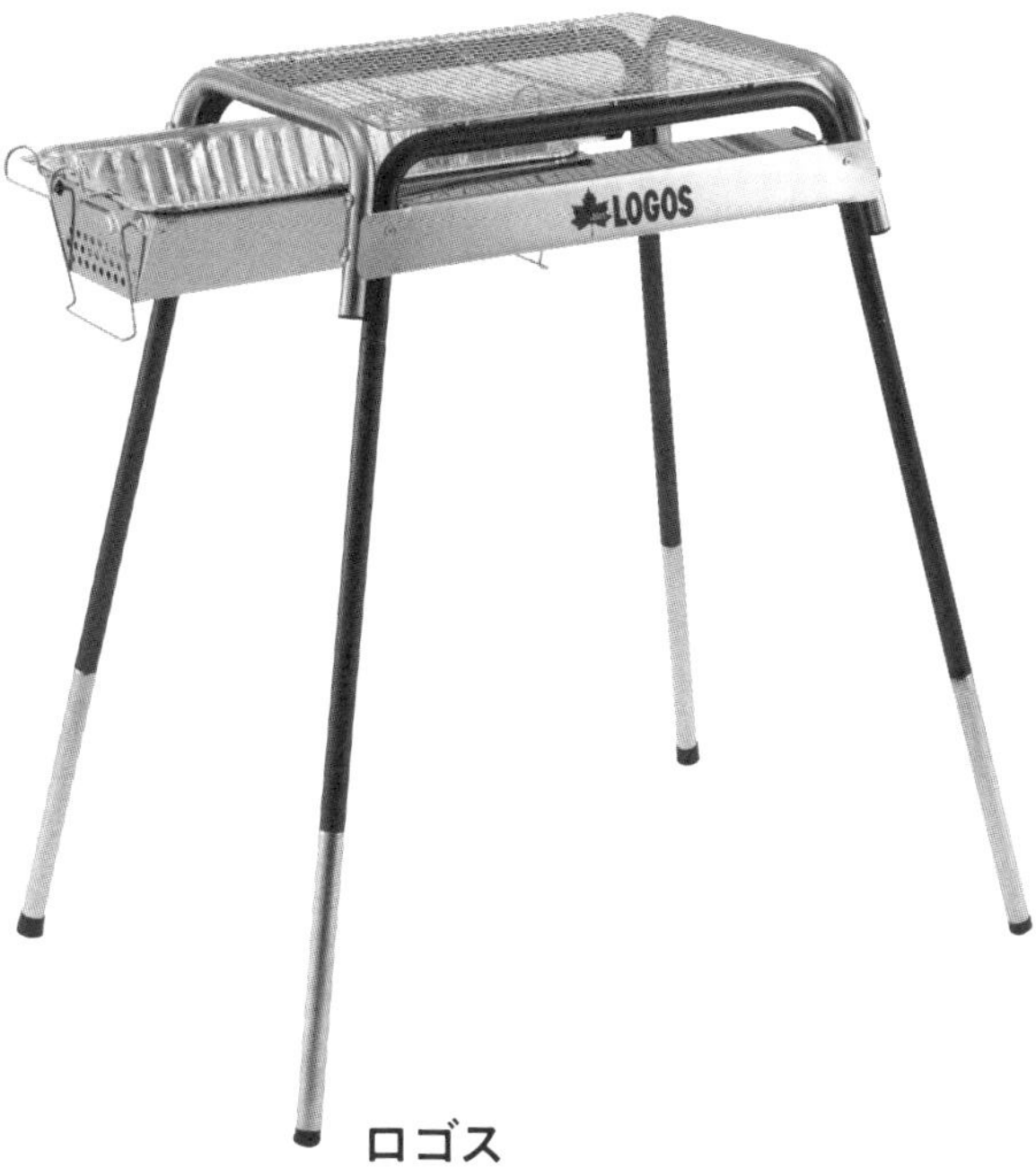

ロゴス
チューブグリルSmart80M

スマートなデザインのボディに便利な機能が詰め込まれたロゴスの人気モデル。引き出し式の火床が両側面から出し入れ可能で、炭の継ぎ足しや清掃が非常に簡単。また、火床がワンタッチで迫り上がる仕掛けがあり、２段階の火力調整も可能だ。各脚にはアジャスターもついており、デコボコな地面でも安定して設置できる。

キャプテンスタッグ
アメリカン
イージーグリルタイプ2

ＢＢＱの本場アメリカで主流な丸型フード付きタイプ。フードをすることで分厚い塊肉なども美味しく調理できる。火床が広くたくさんの炭を入れることができるが、焼き網を外さないと炭の補充ができないのが難点。

焚き火料理の道具4

調理器具

焚き火で料理する時に必要な調理器具は、普段の台所で使うものとそう変わらない。アウトドアショップに行けば、スタイリッシュなデザインの小物が多数販売されているので好きなものを選べばよい。ただし、家のシステムキッチンやキャンプ用ガスコンロ等で使う場合と違い、焚き火で使う場合に注意が必要なのが、プラスチック製の取っ手などが使えないことだ。鍋底に集中的に熱が当たるガスコンロなどと違い、焚き火の炎は調整が難しく火力も大きいので注意しよう。また当然、煤の影響もある。鍋の底は黒く汚れるので、自宅の台所と共有する時は気をつけたい。

主なクッキングアイテム

ダッチオーブン

186ページ以降で詳述しているが、焚き火料理では欠かせない重要アイテム。見た目はただの鉄の鍋だが、スープや煮込み料理だけでなくオーブン的な使い方もでき、アウトドアクッキングでは万能アイテムと言える。

フライパンや鍋

万能なダッチオーブンだが、非常に重いのでそれだけでは不便。通常のフライパンや鍋も用意したい。直火調理が可能なタイプを選ぼう。前述した通りプラスチック製の部品が付いたものを焚き火で使うのは危険なので注意。登山家やサイクリストが使う薄手のコッヘルは軽く便利だが、厚みがないため焦げ付きやすい。状況に合わせて選びたい。

キッチンツール

包丁とまな板はキャンプ用より、自宅キッチン用のものが圧倒的に使いやすい。もちろんアウトドアナイフの雰囲気がカッコよいのは否定しないが……。最近のまな板はプラスチック製も多いが、焚き火サイドでは木製をお勧めする。その他、普段使っているキッチンアイテムで問題ない。

食器

食器に関しては、完全に個人の好みなので好きに選ぼう。ただこちらもBBQ用として多く販売されているプラスチック製品は危険なのでお勧めできない。アウトドアで陶器は使いづらいだろうから、必然的に金属製か木製になるだろう。紙製の使い捨ても便利だが、やはり味気ない。

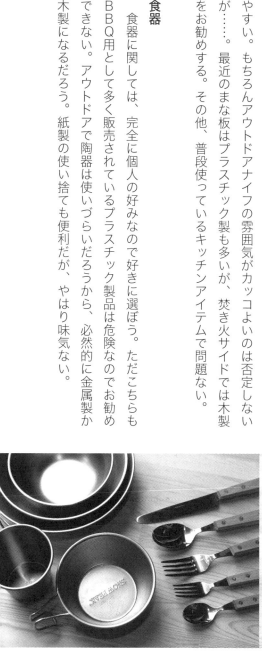

料理のための火加減と「熾火」と「炭火」

燃焼中の薪から出る火の「大きさ・強さ」を、ガスコンロのような感覚で変えることはできない。薪の組み方を変えることで、立ち昇る炎の大きさを変化させることは可能だが、調理をしながらそれを正確に行うことは難しい。焚き火料理で火加減を変えたい時は、「焚き火の強さ」を変えるのではなく、「火のタイプ」と「火までの距離」で調整することとなる。

それでは「火のタイプ」とは何か？　焚き火で調理する時は「燃える薪の火」「熾火」「炭火」の3種類の「火」を用意しよう。

燃える薪の火

薪から盛大に燃え上がる炎を使った調理は豪快に見えるが、意外と効率は悪い。火力は安定せず、鍋底や食材も煤だらけになりがちだ。火力調整には薪からの距離を変えることで対応しよう。トライポッドやレンガなどが使える。

熾火

炎を大きく上げての燃焼が終わった後の真っ赤に光り輝く熾火は美しい。

熾火になった薪の温度は700度を超えている。煙も出ず、大きな炎も上がらず、静かに激しい熱を発するこの状態は、特に調理にぴったりだ。

盛大に炎と煙を上げ赤々と燃える焚き火の方が、火力も強く、煮たり焼いたりに適しているイメージがあるが、実際に調理に使う場合、そのような火では火力は安定せず、表面だけが焦げて中まで加熱されないことが多い。

熾火なら、遠赤外線の効果でムラなくしっかりと火が通すことができ、分厚い肉や大振りの魚を、美味しくふっくらと焼き上げることもできる。煤も出ないので網焼きで使っても食材は汚れない。

ただし、薪の樹種によってはかなり早く燃え尽きるので、もう一つ別の場所に焚き火を作り、絶えず熾火を供給できるようにしたい。

激しい燃焼が終わった後の熾火は、
一見地味だが調理に非常に使いやすい。

燃え盛る炎でホットサンドを作る。
豪快だが焦げ付きやすいので注意が必要。

網で肉を焼く時も、熾火なら焦げ付く
心配が少なく、じっくり焼くことができる。

火力調整は炎と鍋の距離を
変えることで行う。

炭火

薪にさらに一手間かけられた炭の火は調理に最も適している。熾火以上に火力は強く安定し、嫌な煙が立つことも全くない。炭の種類によって火力と燃焼時間は違うので、自分の使い方に合った炭を見つけよう。

炭火は火力が安定しているので、
フライパン料理でも使いやすい。

強い火力の炭火炊きで、ご飯は美味しくふっくらに。

熾火・炭火の強さの確認

熾火・炭火の適切な火力は、網から20㎝程度離れた場所に手のひらをかざし、５〜６秒我慢できるくらいが中火。これを目安に食材に応じて調節しよう。

炭への着火方法

炭への着火には炭起こし器が便利。使い方は簡単。まず炭起こし器の下部に着火剤を入れ、上段に炭を詰めていく。なるべく炭同士が重ならないよう縦に並べよう。炭と炭の間に枯れ葉や枯れ草を詰めておくと火がつきやすい。

次にＢＢＱグリルの上など安全なところで着火剤に火をつける。熱い空気が上昇する煙突効果によって、あっという間に炭は真っ赤に燃え上がる。

1　炭起こし器の下部に着火剤を入れる。

2　炭起こし器に炭を詰める。

3　着火剤に火をつける。

4　煙突効果であっという間に炭が燃え上がる。

焚き火レシピ 1

基本の白いご飯

日本の食卓になくてはならない「白いご飯」。キャンプでの主食は簡単な麺類やパンを選びがちだが、やはりご飯があると嬉しい。少し難しい印象の焚き火での炊飯だが、コツをつかめばそれほど難しくはない。ここではキャンプで使いやすい小型のコッヘルを使った炊飯の基本を紹介しよう。

使用する「火」

●燃える薪の火
●熾火or炭火

材料

米……2合
水……380〜400ml

作り方

1 米を研ぎコッヘルに入れ、水を加え1時間つける。
2 蓋をしたコッヘルの底に「燃える薪の火」の炎が十分当たる距離で加熱。
3 蓋を開け水の沸騰を確認したら、スプーンで中の米を一回しする。
4 コッヘルを熾火か炭火の10㎝程度上に移動し蓋の上に重しの石を置き15分加熱。
5 15分蒸らす。

ワンポイントアドバイス

重要なのは浸水時間としっかり沸騰させること。浸水時間は長いほど芯が残る失敗が少ない。強火で水を沸騰させるまでは、心配なら蓋を開け鍋の中を確認しても問題ない。しっかり沸騰したことを確認したら、米を一度かき混ぜると鍋底の焦げ付きを抑えられる。

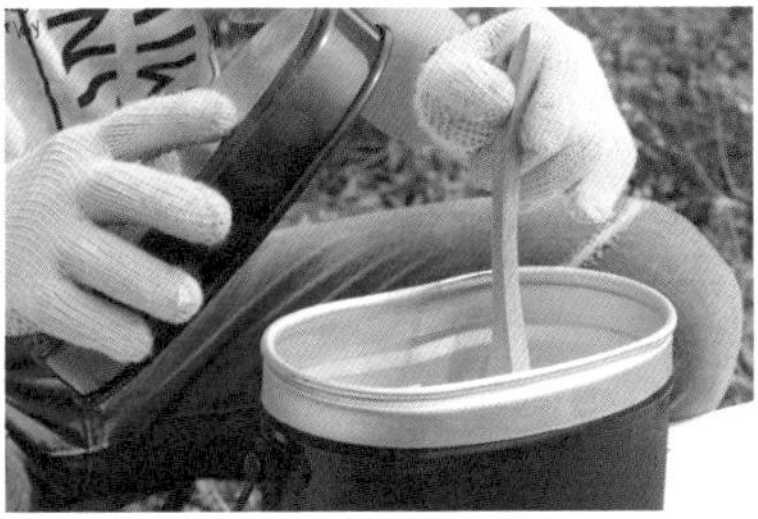

コッヘルのほか飯盒《はんごう》などでも手順は同じ。躊躇《ちゅうちょ》せず蓋を開け、中を一混ぜしよう。

焚き火レシピ2

基本の焼き魚

漫画やアニメでは焚き火料理の大定番なのに、意外と実際にやらない料理の代表が「串に刺した焼き魚」ではないだろうか。焦がさず中まで焼き上げるのにはコツがいるが、美味しくできると満足度は非常に高い。炭火を使い絶対に失敗しない焼き方をお教えしたい！

使用する「火」

●炭火

材料

下処理をした川魚……人数分
竹串……人数分
塩……適量

作り方

1 魚体に串を打つ。串を口から入れてエラから出し、その1cm横の身に刺す。

2 身に刺した串を背骨に沿って突き刺し、尾びれ近くで串先を出す。

3 魚全体に塩をたっぷりと振る。

4 炭火の上に網をかけ、網が熱くなったら魚を並べる。

5 弱めの炭火でゆっくり焼く。魚から脂がポツポツ落ち始めてもまだ我慢。

6 指で串をそっと持ち上げ、軽い力で魚体が網から離れるようだったらひっくり返すタイミング。

7 返すのはこの1回だけ。裏面にもしっかりと焦げ目がついたら焼き上がり。

ワンポイントアドバイス

ポイントは炭火の火力を、網の上20cmに手のひらをかざして5〜6秒我慢できるくらいにすること。これが炭火のベストな温度だ。3秒と我慢できないようなら強すぎるし、余裕で10秒置けるようなら弱すぎるので、炭の量を調節しよう。

※より詳しい串の刺し方や、焼き方を第7章で解説します。

炭火の上の魚を覆うようにアルミホイルをかけると、中までホッコリ火が通る。

焚き火レシピ3

間違いない魚のホイル焼き

ＢＢＱでは肉中心のメニューになりがち。網で魚を焼くとどうしても焦げて引っ付いてしまう。でも魚も食べたい。そんな時ホイル焼きはお勧めのメニュー。魚と野菜をホイルに包んで焼き網の上に放り投げておくだけで美味しく出来上がるので、ぜひ試してみてほしい。

使用する「火」

● 熾火 or 炭火

材料

白身魚の切り身……1切
玉ねぎ……１／４玉
えのき茸……１／４株
酒……大さじ２杯
バター……1片
塩、胡椒……適量
パセリ……適量
アルミホイル……30㎝くらいを1枚

作り方

1　魚の切り身に塩を振る。
2　アルミホイルに輪切りにした玉ねぎを敷く。
3　玉ねぎの上に魚を置き、ほぐしたえのき茸をのせる。
4　材料の上から胡椒、酒を振りかけバターをのせ、アルミホイルを包む。
5　熾火か炭火にかけた網の上にホイル包みをのせ、15分間加熱する。
6　ホイルを開き、火が通っていれば完成。パセリを振りかける。

ワンポイントアドバイス

使用する魚はシャケがお勧め。ただし塩ジャケは避けよう。その他、好みの野菜やキノコを入れるとよい。ＢＢＱグリルでは下からしか加熱できないので焦げ付きに注意。多めの酒と下に敷く玉ねぎが魚を焦がさないためのポイント。うまく加熱できれば飴色に焼け、魚の脂を吸った玉ねぎが美味しい。

切り身の下の玉ねぎが重要。少し多いかなくらいの量を敷き詰めよう。

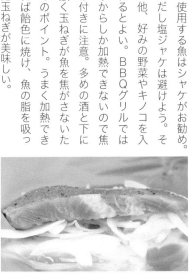

焚き火レシピ 4

失敗しない厚切りステーキ

豪快焚き火料理と聞いて多くの人が想像するのが「極厚のビーフステーキ」ではないだろうか。シンプルで満足度の高いメニューだが、実は美味しく焼くのは難しい。しかも火力調整が不安な焚き火では、表は焦げ焦げで中は超レアなんてことになりがちだ。ではどうすれば美味しく焼けるのだろうか!?

使用する「火」

- 燃える薪の火
- 熾火

材料

好みの厚さのステーキ用牛肉……1枚
牛脂……1個
塩、胡椒……適量

作り方

1 ステーキ肉は常温で置いておく。
2 焼く直前に、肉全体にしっかりと塩と胡椒を振る。
3 フライパンを「燃える薪の火」の直上にかけ、しっかりと熱する。
4 熱したフライパンに牛脂を入れて溶けたら、ステーキ肉を入れ焼き始める。
5 30秒焼いたら裏返し、反対面も30秒焼く。
6 フライパンを熾火の上に移動し1分焼く。
7 再び肉を裏返して1分焼き、フライパンを火から下ろす。
8 フライパンにアルミホイルをかけ2〜3分肉を休ませれば、完成。

ワンポイントアドバイス

焚き火料理と言うと「網焼き」を想像しがち。しかしモンゴルで世話になったベギさんは「網で肉を焼くなんてもったいない」と言っていた。大平原の暮らしでは脂は非常に貴重なのだ。

そんなわけで肉と脂を堪能できるフライパンをチョイスした。ポイントは肉を常温に戻すこと。極厚のステーキ肉を焼く時は、熾火の上での加熱時間を調節しよう。焼き終わった肉は少し休ませることで、しっとりと美味しい肉汁を楽しめる。１４２ページの網焼きの肉と比べてみてほしい。

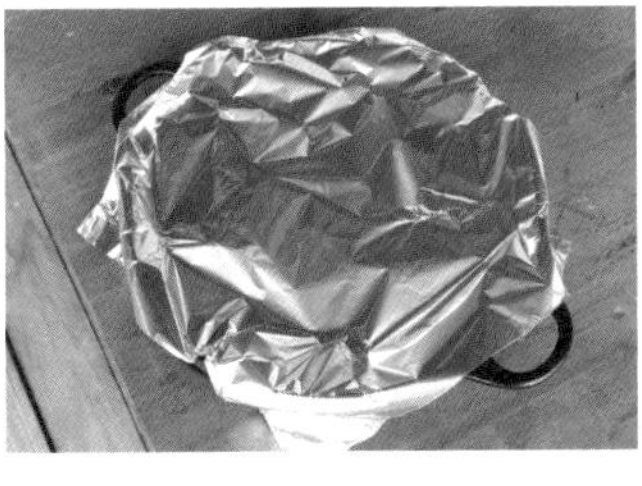

焼きたてをすぐカットすると肉汁があふれ出す。アルミホイルをかけ数分休ませよう。

焚き火レシピ 5

ダッチオーブンで基本のローストチキン

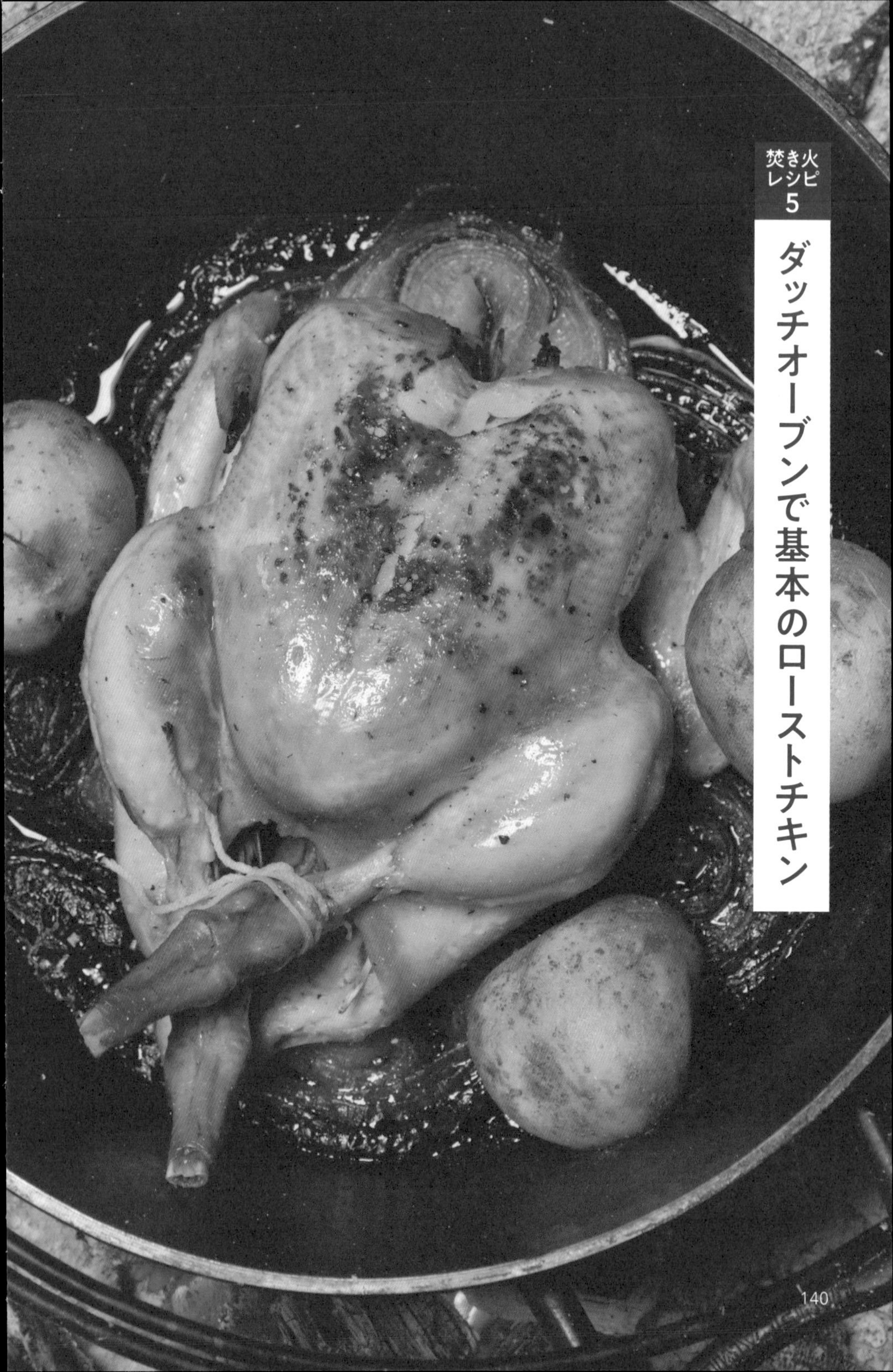

子供のころの憧れは、海外ドラマでオーブンから登場するチキンの丸焼き。こんがりきつね色に焼けた皮はパリパリで、マムがナイフを突き刺すとパチンと弾けるようだった。そんな憧れのメニューもダッチオーブンと焚き火を使えば簡単に再現できる。グループキャンプなどでぜひチャレンジしてほしい。

使用する「火」

●炭火

材料

下処理した丸鶏……1羽
玉ねぎ……1～2個
セロリ……1本
じゃがいも……3～4個

にんにく……7～8片
塩、胡椒……適量
ローズマリー……適量
オリーブ油……大さじ1杯

作り方

1 鶏肉の表面とお腹の中にたっぷりと塩胡椒、おろしにんにく2～3片、オリーブ油をすり込み、常温で置いておく。

2 鶏肉のお腹の中に、かけらのままのにんにく5～6片、ローズマリー、ぶつ切りのセロリを詰め、両脚をタコ糸でまとめる。

3 ダッチオーブンの底に輪切りにした玉ねぎを敷く。

4 ダッチオーブンに鶏肉と皮付き丸のままのじゃがいもを入れ炭火にかける。

5 蓋をし、蓋の上にも炭火をのせる。火力は上7：下3くらいの強さで。

6 45分後にダッチオーブン下の炭火を外す。蓋上の炭火はそのまま。

7 さらに30～40分加熱を続け完成。

ワンポイントアドバイス

ローズマリーのほか好みのハーブを入れてもよい。ダッチオーブンの下からより、蓋の上からの火が強くなるように炭火を置くのが重要。密閉性の高いダッチオーブンで野菜も多く入っているので、上からの火だけなら少々時間が長めでも焦げ付く心配はない。焦げ付きが心配な人は下に敷く玉ねぎを多めにするとよい。ただし、上の蓋に鶏肉が接触しないように注意して！

ダッチオーブンの底に大量の輪切り玉ねぎを入れる。

蓋の上に熱々の炭火をのせて加熱しよう。

焚き火レシピ6

基本中の基本のBBQ

キャンプの料理と言えばＢＢＱ。家族や友人と炭火を囲み様々な食材を焼くのは楽しい。しかし、スタンダードなメニューだからこそ適当にやってしまいがち。せっかく皆で楽しむＢＢＱなのだから、美味しく作るためにも一度、基本に立ち返ってみよう。

使用する「火」

●炭火

材料（4人前）

ステーキ肉……………200g
スライス肉（焼肉用）……200g
鶏肉（手羽先など）………200g
ソーセージ……………4本
殻付きの貝類…………4個
玉ねぎ（輪切り）…………1個
パプリカ………………1個
塩、胡椒、タレ、バター、醤油……………適量
その他好みの野菜や魚介

以下の材料の量は一人あたり

肉類…………150〜200g
魚介類………1〜2個
野菜…………150g

これくらいを目安に用意すると、ＢＢＱ以外の焚き火料理も一緒に楽しめる。

作り方

1 肉と魚介、野菜は事前にカットし下味をつけておく。
2 たっぷりの炭火を用意しＢＢＱグリルをセットする。
3 グリル内部の炭を調整し、強火エリアと弱火エリアに分ける。
4 野菜を弱火エリアにのせる。
5 肉類や魚介は強火エリアで焼き目をつけ弱火エリアへ。
6 焼けたものから好みの味付けで食べる。

ワンポイントアドバイス

カンカンに熱せられた炭を大量に用意することが成功の秘訣。時間経過とともに炭も燃え尽きていくので、グリルとは別に焚き火を用意し、継ぎ足し用の炭火をすぐに作れるようにしておくこと。アニメやドラマでよく見る「肉と野菜の串刺し」は焼けるスピードに違いがあるのでお勧めしない。もしやるなら「肉なら肉、野菜なら野菜」だけの串を作ろう。

今回はグリルを4分割し、左上を弱火エリアに、それ以外を強火エリアにしてみた。食材に応じて臨機応変に炭火を配置しよう。

BBQ
アイデア
レシピ集

使用する「火」
炭火

焚き火レシピ
7

せっかくの炭火BBQに定番の食材だけではつまらない。少し変化をつけるだけで、美味しさも楽しさも数倍アップ間違いなし!!

レモンでさっぱり

ギリシア風串焼肉スブラギ

爽やか
レモン風味
メニュー!

材料

トンカツ用豚ロース……1枚
にんにく(すりおろし)……1片
オレガノ……大さじ1/2
レモン……適量
オリーブ油…大さじ1杯
塩、胡椒……適量

作り方

1 肉を一口大に切り、塩、胡椒、にんにく、オレガノ、オリーブ油をもみ込み、30分以上馴染ませる。
2 肉を串に刺し、炭火で両面を焼く。
3 焼けた肉にスライスしたレモンを添えて完成。

オレガノはたっぷりかけよう。好みで他のスパイスも試してみて!

焚き火レシピ
8

レモンと刻みにんにくが香ばし美味し
ガーリックシュリンプ

爽やか
レモン風味
メニュー！

材料

殻付きエビ……………10尾
にんにく（みじん切り）……2片
オリーブ油……………大さじ1杯
レモン汁………………大さじ1杯
塩、胡椒………………適量
仕上げのレモン…………適量

作り方

1 下処理したエビに塩、胡椒、にんにく、オリーブ油、レモン汁をもみ込む。
2 30分以上馴染ませた後、炭火で両面を焼く。
3 こんがりと焼き目がつけば完成。お好みでレモンを搾ってもよし。

下味をしっかりつけるため、よくもみ込んで！

焚き火レシピ 9

スパイス香る
タンドリーチキン

ガッツリ！
スパイシー
メニュー

材料

鶏もも肉……………………1枚
にんにく（すりおろし）……1片
生姜（すりおろし）…………1片
ヨーグルト（プレーン）……1／2カップ
カレー粉……………………大さじ1杯（好みで増量）
ケチャップ…………………大さじ1杯
オリーブ油…………………大さじ1杯
塩、胡椒……………………適量

作り方

1 肉を一口大に切り、ヨーグルト、カレー粉、ケチャップ、塩、胡椒、にんにく、生姜、オリーブ油をもみ込む。

2 30分以上馴染ませた後、炭火で両面を焼く。

3 中まで火が通れば完成。

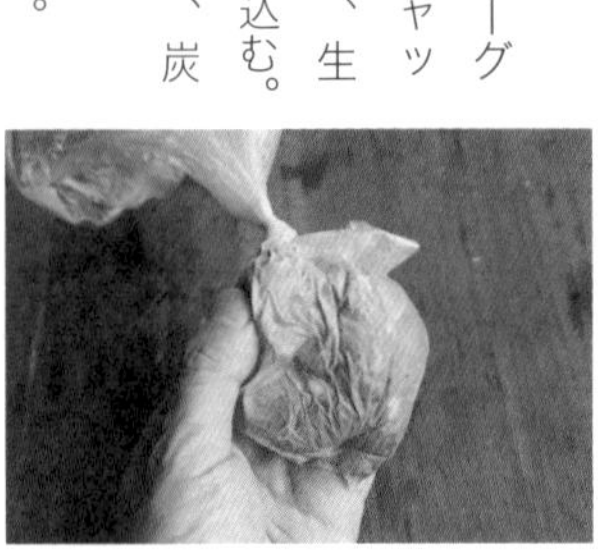

ビニール袋に材料を入れてもみ込むとよい。

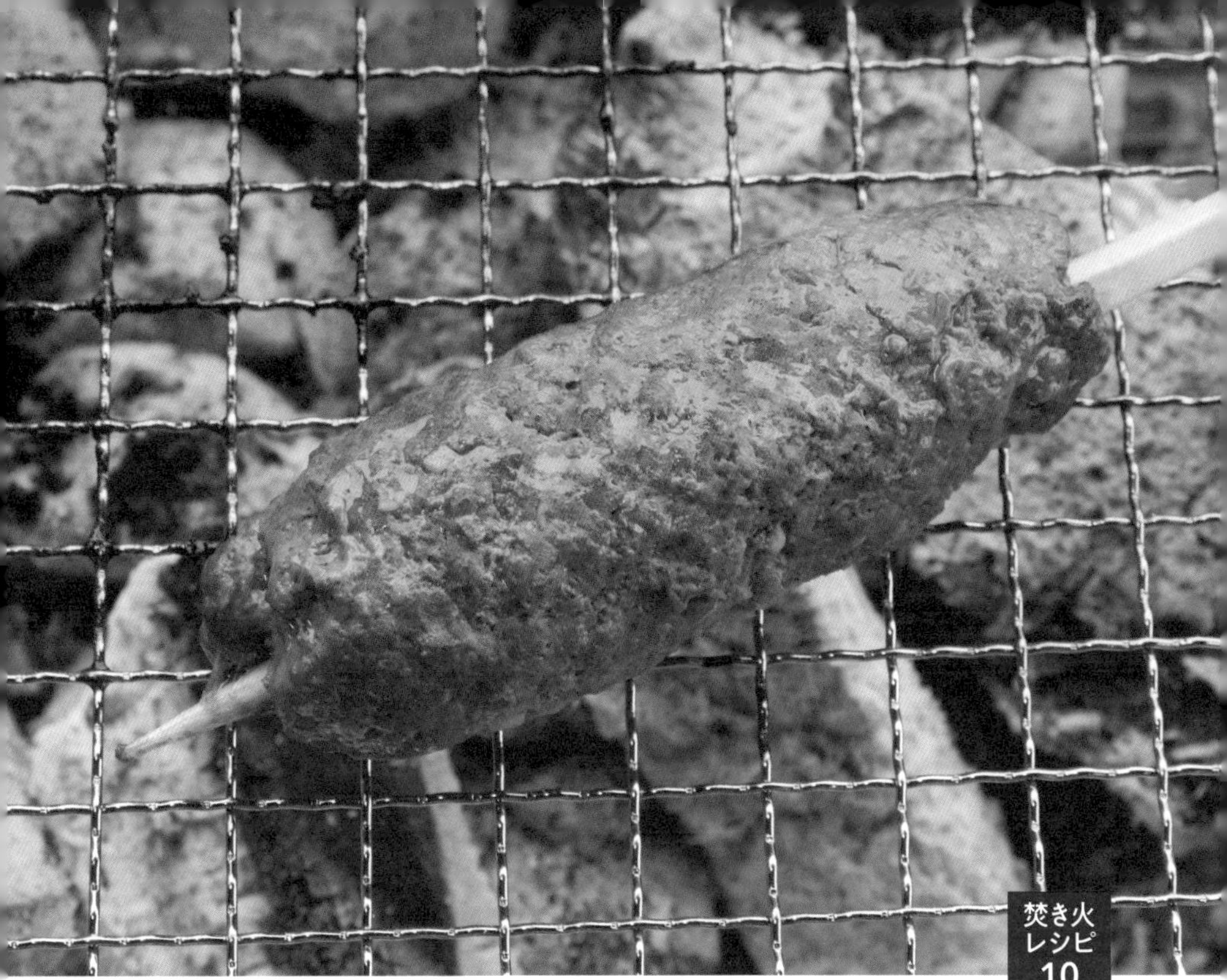

焚き火レシピ 10

香辛料たっぷり
シシカバブ

ガッツリ！
スパイシー
メニュー

材料

牛ひき肉……………200g
にんにく（すりおろし）………1片
生姜（すりおろし）………1片
片栗粉……………小さじ1杯
カレー粉……………大さじ1杯（好みで増量）
塩、胡椒……………適量

作り方

1 ボールにすべての材料を入れ粘りが出るまでこねる。
2 好みの分量に分け、串に棒状に練りつける。
3 炭火で両面をよく焼き、中まで火が通れば完成。
注 網に引っ付いてボロボロになるようなら、下にアルミホイルを敷いて焼くとよい。

アルミホイルを敷く場合、最後に外して直火で焼き目を入れると香ばしく仕上がる。

焚き火レシピ
11

焚き火ポトフ

定番
煮込み
料理

秋から冬にかけての焚き火シーズンに嬉しい煮込み料理。焚き火の強く安定した火力なら大量の肉と野菜もあっという間に煮込むことが可能。たっぷりの具材からにじみ出た旨味と滋養が体を芯から温めてくれる。ゆらゆら揺れる焚き火の炎を眺めながら口に含むスープは至福の味だ。

使用する「火」

- 燃える薪の火
- 熾火 or 炭火

材料

ベーコン(塊)……200g
ソーセージ……8本
玉ねぎ…………1個
じゃがいも……3〜4個
人参…………1〜2本
キャベツ………1／4玉を2個

オリーブ油……大さじ1杯
白ワイン………1カップ
コンソメ………2個
ローリエ………1枚
塩、胡椒………適量
水……………適量
(ダッチオーブンの大きさに合わせて)

作り方

1　玉ねぎはくし切り、人参は大きめの乱切り、じゃがいもは半割りに切る。

2　ベーコン、ソーセージを2㎝角に切る。

3　ダッチオーブンにオリーブ油を入れ「燃える薪の火」の炎が鍋底に十分当たる距離で加熱。

4　ベーコンとソーセージ、玉ねぎをダッチオーブンに入れ炒める。

5　ベーコンとソーセージに焼き目がついたら残りの野菜と白ワイン、ローリエ、コンソメ、水を入れ加熱を続ける。蓋はしない。

6　沸騰したらダッチオーブンを熾火か炭火の上に移動し蓋をして弱火で煮込む。蓋は少し開けておく。

7　30分ほど煮込んだら塩と胡椒で味を整え完成。

ワンポイントアドバイス

キャベツは1／4玉二つを豪快に！　大きめのダッチオーブンなら1玉全部を使ってもよい。野菜が煮崩れするので蓋は完全に閉じないこと。ソーセージは切ることで旨味がスープに溶け出る。じゃがいもはカブに代えても美味しい。

キャベツを小さく切らず豪快に入れるのがダッチオーブンポトフの醍醐味！

焚き火レシピ 12

軟らかビーフのグヤーシュシチュー

定番煮込み料理

グヤーシュはハンガリーの伝統煮込み料理。火力の強い炭火とダッチオーブンを使えば、家庭の台所では大変な塊肉を使った煮込み料理も簡単に調理可能。密閉性の高いダッチオーブンは圧力鍋と同じ効果を持ち、硬い牛肉も短時間でホロホロ軟らかに。

使用する「火」

●炭火

材料

牛もも肉（塊）……600g
玉ねぎ……1個
人参……1本
パプリカ……1個
にんにく（みじん切り）……1片
オリーブ油……大さじ2杯
赤ワイン……2カップ
水……2カップ
トマト缶……1缶
コンソメ……2個
パプリカ粉……大さじ2杯
バター……適量
塩、胡椒……適量

作り方

1 玉ねぎはくし切り、人参とパプリカは乱切りに切る。
2 牛肉を大きめの角に切り、塩と胡椒を振る。
3 ダッチオーブンにオリーブ油とにんにくを入れ炭火の上で加熱。
4 牛肉と玉ねぎ、パプリカをダッチオーブンに入れ炒める。
5 牛肉に焼き目がつき玉ねぎがしんなりしたら、赤ワイン、水、トマト缶、パプリカ粉、コンソメを入れ加熱。
6 煮立ったらアクを取り蓋をし加熱を続ける。蓋の上にも炭火をのせる。
7 30〜40分ほど煮込んだら塩と胡椒で味を整え、好みでバターを溶かし入れ完成。

ワンポイントアドバイス

牛肉は大きければ大きいほどよい。しっかり軟らかくなるので躊躇せず大きく切ろう。今回はパプリカ粉を使ったハンガリー風のサラッと仕上げ。もちろん市販のルーなどを使ってトロミのあるビーフシチューにしても美味しい。ただし、焦げ付きが心配なので炭火を弱くし、時々かき混ぜること。仕上げのバターと一緒にサワークリームを入れるとコクが出てリッチな仕上がりになる。

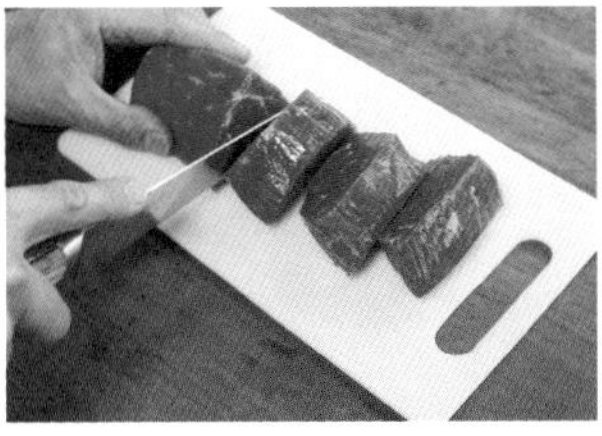
塊の牛肉を大胆にカット。ダッチオーブンの力でスプーンで崩れるほど軟らかに。

焚き火レシピ
13

ふっくら南米ペルー風パエリア

スペインの影響が強い南米ペルーの海鮮炊き込みご飯アロスコンマリスコ。パラッとしたパエリアに比べ日本の炊き込みご飯に近いしっとり食感で、ダッチオーブンを使った調理とも相性がよい。唐辛子を多めに入れてピリッとスパイシーに仕上げてみた。

使用する「火」

●炭火

材料

エビ……………10尾
ボイルホタテ……1パック
鶏もも肉………100g
アサリ…………1パック
玉ねぎ…………1個
トマト缶………1/2缶
にんにく(みじん切り)……1片

輪切り唐辛子…適量
オリーブ油……大さじ3
米………………2合
水………………2カップ
コンソメ………2個
サフラン、クミン…お好みで
塩、胡椒………適量

作り方

1　エビの殻をむき、鶏肉は一口大に切る。アサリは砂抜きをする。

2　玉ねぎ、にんにくをみじん切り。

3　ダッチオーブンにオリーブオイルを入れ炭火で熱し、にんにくを投入。香りが出たら玉ねぎ、輪切り唐辛子を炒める。

4　米、トマト缶、エビ、鶏肉を入れ、塩、胡椒を適量加えて炒める。エビだけ火が通ったら取り出しておく。

5　水とコンソメを入れ強めの炭火で炊き始める。まだ蓋はしない。

6　沸騰したら下の炭火を減らし、蓋をし蓋の上に炭火をのせる。

7　15分ほど炊き込んだら、残りの魚介とエビを入れて5分加熱し、上下の炭火を外す。

8　10分間蒸らして完成。塩、胡椒で味を整える。

ワンポイントアドバイス

パエリアよりも水分多めでしっとり炊き上げるので、スパイスや塩をしっかりきかせないとボヤけた味になる。下の炭火が強いと米が焦げ付くので、他のダッチオーブンレシピ以上に、蓋の上の炭火がメインになるように。

エビの殻を煮出したスープを使うと、より美味しく仕上がるのでお試しを!!

ホットサンドメーカーのアイデアレシピ集

使用する「火」
炭火

焚き火レシピ
14

焚き火で手軽に熱々サンドが作れるホットサンドメーカー。定番のハムやチーズだけでなく、お肉や野菜に缶詰、さらにはスイーツを挟んでも美味しい。しかしホットサンドメーカーで作れるのは実はサンドイッチメニューだけではない！上下を鉄板で挟み密閉し焚き火に突っ込めるので、様々なメニューをスピード調理できる優れものなのだ。

余ったBBQの焼肉で

熱々ライスバーガー

材料

冷やご飯、BBQの残りの焼肉……お好みの量で
サニーレタス……………1枚
タレ……適量　サラダ油……適量

作り方

1 サンドメーカーに油を塗り、炭火で熱する。
2 焼肉を細かく刻みタレで味つけ。
3 サンドメーカーにご飯を敷き、その上にサニーレタス、焼肉をのせ、さらにご飯をのせる。
4 炭火で片面5分ずつ焼き完成。

崩れやすいので、取り出す時は注意しよう。

焚き火レシピ 15

キャンプのおやつにピッタリ

シーフードお好み焼き

材料

シーフードミックス……1／2カップ
千切りキャベツ……1握り
お好み焼き粉……大さじ3杯
水……大さじ3杯
卵……1個
油……適量
ソース、マヨネーズ、青海苔……お好みで

作り方

1 サンドメーカーに油を塗り、炭火で熱する。
2 ボールにキャベツ、粉、水、卵を入れよく混ぜる。
3 サンドメーカーにシーフードミックスと2を入れ、炭火で両面をよく焼く。片面3分ずつが目安。
4 焼けたらソース、マヨネーズ、青海苔をかけて完成。

シーフードのほか、刻んだ焼肉などを入れても美味しい。

焚き火レシピ16

お酒のお供にも抜群

厚揚げのネギ味噌チーズサンド

材料

厚揚げ……1枚
ネギ（刻み）……お好みで
味噌……大さじ1
酒……少々
醤油……少々
スライスチーズ……1枚

作り方

1 サンドメーカーを炭火で熱する。

2 厚揚げを側面から二つにスライスする。刻みネギと味噌、酒を混ぜ合わせる。

3 片方の厚揚げをサンドメーカーに入れ、その上にスライスチーズ、ネギ味噌をのせ、もう片方の厚揚げをかぶせる。

4 炭火で両面をよく焼き完成。片面3分ずつが目安。途中で表面に醤油を振りかけると、香ばしく仕上がる。

味噌に混ぜるお酒は少なめに。チーズはピザ用のとろけるチーズでもよい。

焚き火レシピ 17

ほっこりサクサク

じゃがいものお手軽ガレット

材料

じゃがいも……………1個
薄力粉…………………大さじ1／2
粉チーズ………………お好みで
サラダ油………………適量
塩、胡椒………………適量

作り方

1 サンドメーカーに油を塗り、炭火で熱する。

2 じゃがいもは皮をむき、薄く細切りにし、薄力粉、粉チーズ、塩、胡椒を振りかけ混ぜる。

3 じゃがいもをサンドメーカーに敷き入れ、炭火で両面をよく焼く。

4 全体がきつね色になったら完成。片面5分ずつが目安。

粉チーズはつなぎの役もあるので、多めに振りかけよう。

超特急アイデアレシピ集

使用する「火」
炭火

焚き火レシピ
18

テントを設営し焚き火の用意をしてたら日が暮れちゃった。早くビールを飲みたい！　子供がお腹をすかして泣いている！　そんな時はこれ!!　焚き火があるからこそ、簡単メニューが作れちゃう。

ズボラな
カレーグラタン

材料

レトルトカレー……………1袋
ベーコン（薄切り）………2〜3枚
パン、ピザ用チーズ……お好みの量で

作り方

1　パンを一口大に、ベーコンは細切りに切る。
2　鋳鉄《ちゅうてつ》スキレットにパン、ベーコン、カレーを入れチーズをのせる。
3　スキレットを炭焼きの網にのせ加熱する。
4　カレーが煮立ち、チーズがとろけたら完成。バーナーで炙ってもよい。

表面をバーナーで炙ると、パンとチーズがより香ばしくなるのでお勧め。

箱から出してそのまま

カマンベールフォンデュ

材料

カマンベールチーズ……1個
パン、ソーセージ……好みの量で
その他お好みの食材
アルミホイル……適量

作り方

1 パン、ソーセージなどを一口大に切る。
2 カマンベールチーズをアルミホイルで包む。上面だけ開放し小鍋のような形に。
3 カマンベールチーズの上面に「○」に「十」の形で浅く切れ目を入れる。
4 チーズをホイルごと炭焼きの網にのせて加熱する。
5 チーズがとろけたら、炭火で焼いたパン、ソーセージなどをつけて食べる。

チーズ上面に切れ込みを入れる時、底まで切らないよう注意!!

焚き火レシピ 20

缶詰を使って超特急

アヒージョ

材料

焼鳥缶（塩味）……………1〜2缶
にんにく……………3〜6片
唐辛子……………お好みの量で
オリーブ油……………お好みの量で
塩、胡椒……………適量
パン……………お好みの量で

作り方

1 スキレットに焼鳥、つぶしたにんにく、唐辛子、オリーブ油を入れ炭火にのせ加熱する。

2 油が沸き立ったら、塩、胡椒で味を整え完成。パンにつけて食べる。

スキレットの横でパンやソーセージを炙り、オイルに浸して食べよう！

焚き火レシピ
21

手軽にNY名物
バッファローチキン

材料

手羽先……………4本
ケチャップ……大さじ1
薄力粉…………小さじ1
タバスコ………適量
にんにく（チューブ）………適量
塩、胡椒………適量
油……………適量

子供や辛いのが苦手な人は、タバスコの代わりに蜂蜜を入れても美味しいです。

作り方

1 手羽先全体に塩、胡椒、薄力粉を振りかける。
2 スキレットに油を入れ炭火で熱する。
3 油が十分に熱せられたら手羽先を入れ、返しながら焼く。
4 手羽先に火が通ったらケチャップ、タバスコ、にんにくを入れ、全体にからめて完成。

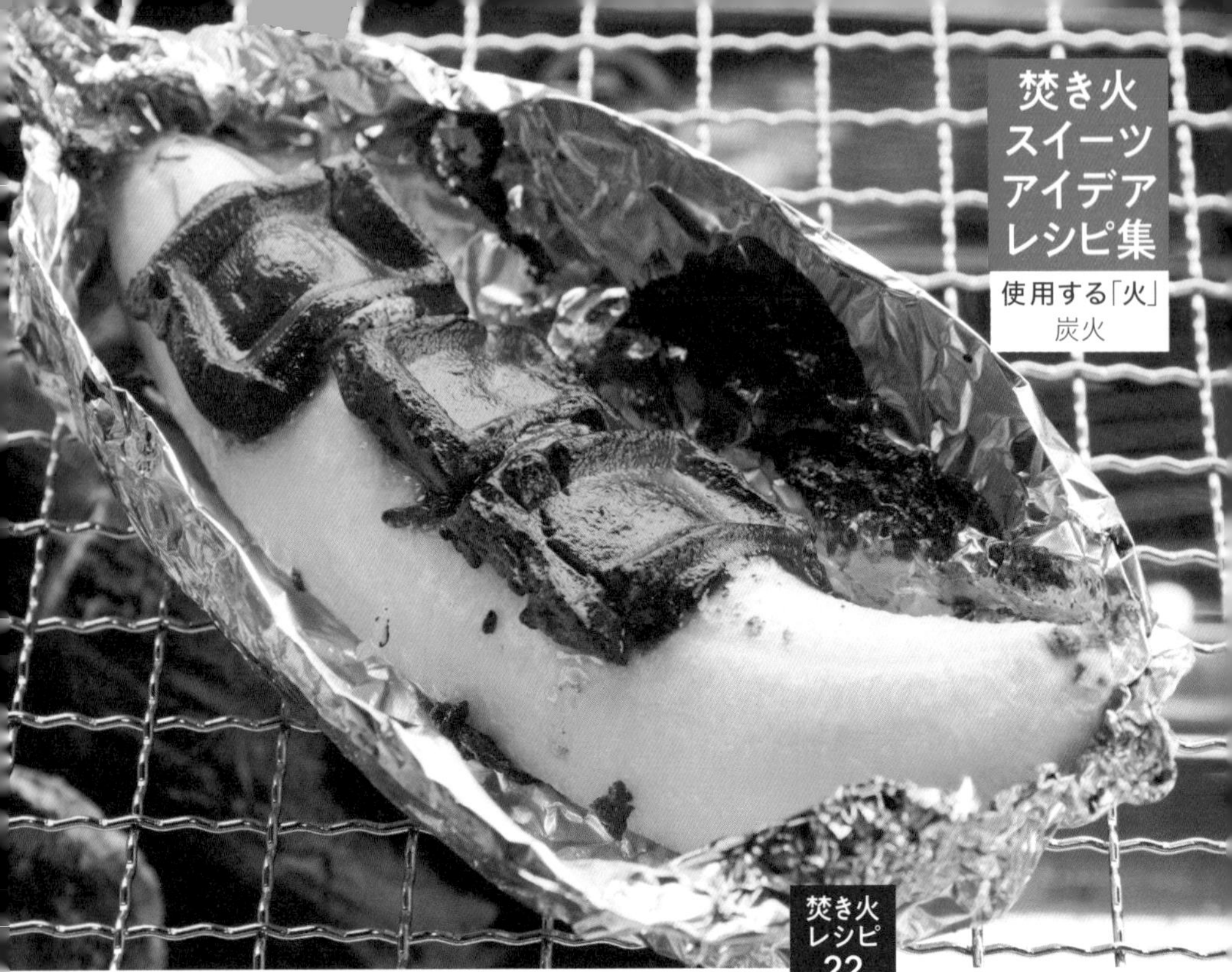

焚き火レシピ22

アウトドアでガッツリ遊んだ後は、何か甘いものが食べたくなりますね！　野外で食べる手作りのデザートはとっても美味しいですよ!!

ボリューム満点!!

焼きバナナチョコレート

材料

バナナ……………1本　バター……………大さじ1
洋酒………………大さじ1（ウィスキーやブランデーなど）
チョコレート………お好みの量で
アルミホイル……適量

作り方

1 アルミホイルに皮をむいたバナナをのせる。
2 バナナにバターをのせ洋酒を振りかけ、アルミホイルで包む。
3 アルミホイルごと炭火の網で5分ほど焼く。
4 アルミホイルを一度開き、チョコレートをのせて閉じ、再び加熱。
5 チョコレートが溶けたら完成。

香りづけのほか、焦げ付き防止も兼ねるので洋酒はケチってはダメです。

焚き火レシピ23

炭酸水が決め手！　ハンガリー風クレープ

パラチンタ

材料

薄力粉……1カップ
牛乳……1カップ
卵……1個
砂糖……大さじ1
炭酸水……大さじ3
油……適量

作り方

1 ボールに薄力粉、牛乳、卵、砂糖、炭酸水を入れてよく混ぜる。
2 裏返したダッチオーブンの蓋を炭火にかけ油を敷き熱する。
3 おたま1杯分の生地を蓋に入れ、おたまの腹で薄く広げる。
4 生地が固まったら裏返す。
5 両面が焼き上がったら完成。ジャムや蜂蜜など好みの味付けで食べる。

お玉の腹で薄く広げよう。ダッチオーブンの蓋はフライパンとしても使える。

焚き火レシピ
24

子供も喜ぶ可愛いデザート

イチゴとマシュマロの串焼き

材料

イチゴ……………お好みの量で
マシュマロ………お好みの量で
砂糖………………適量

作り方

1 イチゴ全体に砂糖をまぶす。
2 1のイチゴとマシュマロを交互に串に刺す。
3 串を手に持ち弱めの炭火で焼く。イチゴが軟らかくなったら完成。

マシュマロは炭火ですぐに焦げ、網に引っ付いてしまう。網に置かず必ず手に持って焼き、火との距離にも十分注意して！

焚き火レシピ
25

ぽかぽか温まる

おしるこフォンデュ

材料

ゆであずき缶……1缶

水……120～150ml

塩……適量

餅……お好みの量で

作り方

1 コッヘルにゆであずき、水を入れて炭火にかけ、ゆっくりと混ぜながら、トロミが出るまで煮る。

2 トロミが出たら塩で味を整え、炭火の数を減らし可能な限り弱火にする。

ほんの少し塩を足すだけで、おしるこの甘みがより際立ちます。

3 餅を一口大に切り、炭火で焼き、おしるこにつけながら食べる。好みでマシュマロなどを使ってもよい。

コラム その6
焚き火で極上の焼き芋を作る

秋から冬にかけての焚き火スイーツの主役は、昔からホッコリ熱々の焼き芋と決まっている！　青く澄んだ冬空の下、ホクホクの焼き芋を楽しんだ記憶は誰しも持つのでは？　そんな甘くホッコリした焼き芋は、どのように焼くのがよいのだろうか。

まず美味しい焼き芋を作るための第一歩は、サツマイモをしっかり熟成させること。もちろん品種を選ぶことも大切だが、食味や食感の好みは人それぞれ。ブランド品種の特徴はウェブサイトで色々と論評されているので、そちらに任せるとしよう。それよりも僕が強調したいのが、芋掘りしたサツマイモはすぐに食べず、最低2週間、できれば1カ月は涼しい場所に置いて熟成させることなのだ！　こうすることで、芋の中に含まれているデンプンがショ糖に変化し、芋全体の甘みがグッとアップする。

次に、焼く時の温度管理。サツマイモの中にはβアミラーゼという酵素が存在する。この酵素は60度から70度くらいの温度で活発化し、芋のデンプンを甘い麦芽糖に変えてくれるのだ。ただし80度を超すと働きが悪くなるので、芋の中をゆっくり加熱することが大切。

そこでお勧めなのが、やはり定番の石焼きだ。サツマイモを直接火にかけず、熱せられた石を通して加熱されるので、じっくりと火が通る。やり方としては鉄鍋かダッチオーブンを使うとよい。よく洗浄し煮沸《しゃふつ》消毒した玉砂利を鍋に入れ、中くらいの火で加熱する。石は何でもよさそうだが、中には熱で破裂するものもあるので、玉砂利をお勧めする。お金に余裕があれば、黒い石がよいそうだが、こちらもブランドものが多く結構な金額となる。

石が温まったら芋をのせる。ここで完全に蓋を閉じたいところだが、これは厳禁。密閉すると芋の水分が抜けず、せっかくの石焼きがただの蒸し芋になってしまうのだ。もちろん蒸し芋はそれはそれでよいものだが、甘くねっとりした味を目指すなら、ある程度芋の水分を飛ばさねばならない。なので蓋は大きめに開けておこう。

焼き時間は芋の大きさにもよるが、表面60分、裏返して30分の約1時間半が一つの目安。芋の一番太いところに串を刺して、スッと通れば火は通っている。ただし、なるべく時間をかけてゆっくり加熱した方がホクホクトロトロの美味しい食感になるので、自分なりの火加減と時間を研究してみてほしい。

第7章 焚き火料理を極める

「焚き火で米を炊く」を科学する

かつて日本中で行われていた焚き火での炊飯だが、ガスコンロの普及、そして電気炊飯器の登場によって、今では大変珍しい行為となった。しかし焚き火の本を作るにあたり、ぜひ「焚き火で米を炊く」ことを極めたい。

今現在の我が国で、焚き火炊飯を最も探求している人とは電気炊飯器の開発者ではないか。そう考えた僕は、炊飯器メーカー各社のウェブサイトを調べ、その中で最も「焚き火とかまど」にこだわっている電機メーカーを発見した。それが三菱電機である。そのこだわりはウェブサイトを見てほしいが、我々アウトドア愛好家も真っ青の偏愛ぶりである。「これは面白い話が聞けそうだ」と、早速僕は東京丸の内にある三菱電機本社を訪ねることとした。

「焚き火とかまどで炊くご飯」について解説いただくのは、三菱電機ホーム機器株式会社でジャー炊飯器を開発する牧野《まきの》優子《ゆうこ》さん。入社以来20年、家電製品技術部で炊飯器開発に関わり続けた炊飯のプロだ。

「かまど炊き」を研究中の一コマ。高温で炊飯中の羽釜から多くのコードがのびる。その後ろにチラッと見えるのは秘密の計測機器か!?　写真提供：三菱電機

阪「どうぞよろしくお願いします」

牧「こちらこそ、よろしくお願いいたします」

阪「20年間、炊飯一筋とはスゴイですね。具体的にはどのようなことをされているのですか」

牧「私は開発試験部門に所属していて、主に開発中のジャー炊飯器の性能評価を担当しています」

阪「数値的なデータを取るのですか」

牧「はい、そのほか実際に炊いたご飯の食味試験もしますよ」

阪「それは楽しそうですね」

牧「新機種の開発時は一つのメニューを50回以上検証するので、楽ではないですけどね（笑）」

阪「そういった過程で、炭火とかまどの研究もされているのですね。ではそこから得られた知見をぜひご紹介ください」

炊飯の極意1　米と水の量

阪「鍋で米を炊く時の水の量って初心者には難しいのですが」

牧「米と水のバランスは、米重量に対し水1・2〜1・5倍です。幅があるのは米の品種や新米か古米かによるからです」

阪「その米のベストは1回炊いてみるしかないということですね」

炊飯の極意2　米の浸水時間

阪「料理書には水に浸けておけとありますが？」

牧「浸水しないとご飯の中心に芯が残るんです。30分の浸水で米に浸み込む水はほぼ飽和状態になるのでベストですね」

阪「ではそれより時間が長いと？」

牧「軟らかく炊ける傾向になりますね。あと炊飯器はここで火にかけ始めるんですよ」

阪「浸水しながら火にかけるんですか？」

牧「そうです。それが格言の『始めチョロチョロ』です」

阪「あれって浸水時間のことだったんですか!?」

牧「知らない人が多いですよね（笑）。ゆっくり温めながら浸水するとベストです。時間は20分くらいです。炊飯器はちゃんとコレを自動でやっています」

牧野さんお勧めの炊飯メソッド

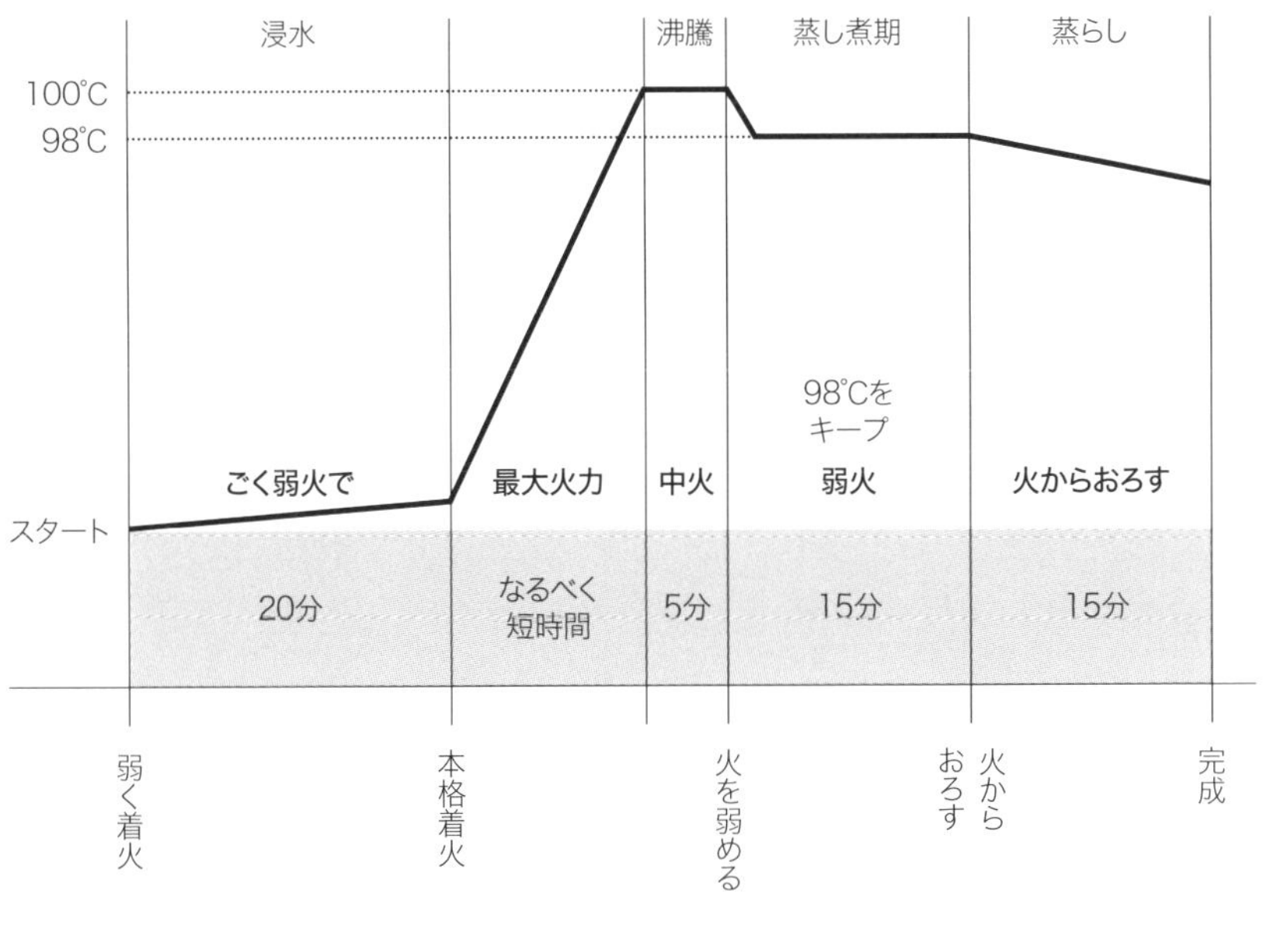

炊飯の極意3　最初の火加減

阪「浸水が終わったら、まずどんな火加減がよいですか？」
牧「最初はとにかく、可能な限りの強火です！」
阪「一気に沸騰させるってことですか？」
牧「はい。取材したかまど炊きの達人の方々も、ここでは薪をくべ続けておられました」
阪「まさに大火力ってやつですね。ここで手間取るとどうなるのですか？」
牧「沸騰までの立ち上り時間が早いと粒感ある美味しい食感になり、これが遅いと軟らかくなります。また沸騰までの時間が遅すぎると沸騰後の蒸し煮期に必要な水が不足して硬くなります」
阪「遅いと軟らかいご飯になって、さらに遅いと硬くなるのですか」
牧「どちらも美味しくありません。まずは最大火力！　我々もこれを目指しています」

炊飯の極意4　沸騰後の火加減

阪「では、沸騰した後は？　ここで慌てる初心者が多いのですが」
牧「少し火を弱め5分間沸騰を継続した後、さらに弱火にしますが、弱すぎてもダメです」
阪「と言いますと？」
牧「焚き火では難しいかもですが、98度くらいの沸騰に近い状態を続けてほしいのです」
阪「沸騰するかどうかのギリギリってとこですか!?」
牧「そうです。この沸騰に近い状態を維持する工程を『蒸し煮期』と言い、非常に重要です」
阪「その工程をどれくらい続けるのですか？」
牧「15分がベストと考えております」

炊飯の極意5　蓋を取るとどうなる？

阪「有名な格言に『赤子泣くとも蓋取るな』とありますが、蓋を外すとどうなるのですか？」
牧「せっかく米に吸水された水分が蒸発してしまい、ご飯は炊き不足になってパサパサになりますね」
阪「それでかまどでは重い蓋を使うんですね」

炊飯の極意6　蒸らしとは何か

阪「弱火で15分経ちました。どうすればよいですか？」
牧「すぐに火からおろし、蒸らしに入ってください」
阪「蒸らしはよく聞きますが、どんなメリットがあるのですか？」

牧「余分な水分をとばす工程です」
阪「蒸らしも重要ですか？」
牧「はい。蒸らしがないと、べちゃっと弾力のないご飯になってしまいます」
阪「それは重要ですね。では蒸らしの時間はどれくらいですか？」
牧「こちらも15分ですね。沸騰5分＋蒸し煮期15分＋蒸らし15分と覚えておいてください」

炊飯の極意7　目指すべき美味しいご飯とは？

阪「焚き火炊飯で目指すべき、美味しいご飯ってどんなのなんですか？」
牧「それは人それぞれの好みがありますからね（笑）」
阪「では牧野さんたちのチームが目標とするのは、どんなご飯ですか？」
牧「そうですねー。まず香りが豊かで、見た目はみずみずしく艶があるとよいですね。そして口に入れた食感は、中はふっくら、外はハリがある感じ」
阪「ほほー」
牧「一粒一粒が口の中でほどける『粒感』を感じられて、米の甘みと旨みがしっかりと引き出されたご飯が『美味しいご飯』と言えると思います」
阪「それは美味そうですね!!」

炊飯の極意8　開発部が見た「焚き火かまど炊き」の凄さ

阪「焚き火とかまどの炊飯を色々と研究されて、ここはスゴイなと思ったところはどこですか？」
牧「やはりまずは、大量の薪がもたらす大火力ですね。あれはスゴイです」
阪「僕も見たことありますが、ドンドンと薪と投入しますよね」
牧「そしてポイントはかまどの土の壁ですね。あれが断熱と蓄熱をして熱を外に逃さず、御釜に伝える役割を果たしているんです」
阪「それは、我々の焚き火炊飯でも参考になりますね」
牧「そうですね。石で焚き火を囲うとかの工夫をしてみてください」
阪「他には何かありますか？」
牧「羽釜の形状ですね。あの形も意味があるのです」
阪「と言いますと？」
牧「普通の鍋で大火力だとご飯の旨み成分である『おねば』が吹きこぼれてしまいます。でも羽釜の形だと上の部分は、沸き上がる『おねば』を冷やして消泡する空間に。下の部分は、土壁と密着させ、高温（１００度）を逃さないよう維持する空間になってるんですよ」

阪「それはスゴイ。キャンプでも羽釜を使うとよさそう」

牧「ホームセンターとかでも売ってますからね。あとは職人さんの勘かな。これを電気製品でどう再現できるかが私たちの大目標ですね」

阪「今回は貴重なお話をありがとうございました。最後に焚き火炊飯に挑戦する読者へ何かメッセージをお願いします」

牧「そうですね。やはり焚き火では家電製品と異なり、火加減調整が難しいと思います。火と鍋の距離を変えるなど色々と工夫して楽しんでください」

牧野優子

ごはんソムリエ（日本炊飯協会資格）、家電アドバイザー（家電製品協会資格）。2001年に三菱電機ホーム機器㈱入社以来、ジャー炊飯器の開発試験部門に所属し、主にジャー炊飯器の炊飯性能評価を担当。炊飯中の温度や電力パターン、炊き上がったご飯の含水率などのデータを測定するほか、食味試験も担う。

牧野優子さんの提案する「美味しいご飯炊き」メソッド

古伝の格言

「始めチョロチョロ中パッパ ブツブツいうころ火を引いて ひと握りのわら燃やし 赤子泣くとも蓋取るな」

1 水の量は米重量の１・２〜１・５倍

2 浸水中にごく弱火で温度を上げ約20分。しっかり米の中心まで吸水させる＝**始めチョロチョロ**

3 一気に強火にし、大火力で素早く温度を上昇させて粒感を出す＝**中パッパ**

4 沸騰を5分継続した後、少し火力を下げて98度前後を維持。蒸し煮期約15分で弾力を出す＝**ブツブツいうころ火を引いて**

5 火からおろす。微調整できるならごく弱火。無理なら火なし。蒸らし約15分で粘りを出す＝**ひと握りのわら燃やし 赤子泣くとも蓋取るな**

ごはんソムリエ牧野さんのアドバイスをもとに、ダッチオーブンで焚き火炊飯に挑戦!!

三菱電機を後にした僕は、牧野さんからいただいたアドバイスと資料をもとに、ダッチオーブンを使った焚き火炊飯に挑戦することにした。メインの炊飯釜にダッチオーブンを選んだ理由は二つ、一つは厚い鍋肌による蓄熱性、そしてもう一つは重い蓋による密閉性への期待からだ。

1　まずは米と水を用意。今回は3合の米を炊こうと思う。米1合の重量は約150gなので3合で450g。これに対し水をこの1・3倍強の600ml用意した。

2　米を研ぎ、水とともにダッチオーブンに入れ、蓋はせずごく弱めの火にかけ浸水時間に入る。横ではすぐに最大火力で炊き始められるよう、あらかじめ火を焚いておく。この浸水時間は20分。水温は指でチェックし、ぬるめのお風呂くらいとした。

1

2

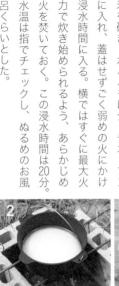

3

蓋をし、最大火力でダッチオーブンを加熱する。本来なら蓋を密閉した方がよいのだろうが、間違いなく沸騰したことを確認するため蓋を少し開けておいた。今回の薪は強い火力を短時間で得られるよう、建築端材の薪を使った。

4

沸騰を確認し蓋を閉じる。火力は少し弱めて中火にし、このまま5分間加熱を続けた。たまに隙間から蒸気が湧き出るが、ダッチオーブンの蓋は重いため浮き上がるようなことはない。

5

時間を確認し、燃え盛る薪を外し熾火だけ残す。この弱火状態を15分。

6

15分過ぎたところで、格言に従い草わらをつっ込み一瞬だけ強火にした。この工程で残った水分を一気に飛ばすというが、焦げ付くのが怖いので、今回はかなり控えめ。

7

草わらの火が消えたところで、かまどからおろし蒸らしに入る。時間は15分。蓋を開け中を確認したいところだが、グッと我慢。

8

いよいよ蓋をオープン。真っ白く炊き上がったご飯がドーンと見える。焦げ付いた時に発生する嫌なにおいも感じない。軽くしゃもじで混ぜるが、鍋底の米も白いまま。どうやら大成功のようだ!!

6

7

8

今回、炊飯の専門家牧野さんのアドバイスに、「焚き火炊飯」ということで僕が加えたアイデアがいくつかある。まず温めながらの浸水時に、横で別に焚き火を作り、すぐに最大火力で炊けるようにしたこと。使用する薪は建築用の材木を使った。もちろんこれは合板等ではなく、無垢《むく》の材木の端材たちだ。建築材は杉や松、ヒノキが使われよく乾燥されているので、短時間で高火力が欲しい時に最適なのだ。

　また、最初の沸騰まで蓋を少し開けておいた。これは牧野さんの考える理想とは違うかもしれないが、ここで沸騰の確認が遅れ、加熱しすぎて焦がしてしまう失敗が、焚き火炊飯では本当に多い。致命的なミスを減らすためにも、沸騰は目で確認するのがよいと考えたのだ。

　結果として、ダッチオーブンによる焚き火炊飯は大成功に終わった。白く美しいご飯を口に含むと、甘さにほのかの香ばしさが含まれたよい味と香りが広がる。米の一粒一粒が立体的で弾けるような食感ながら、噛みしめるとフワッとほどけるような軟らかさが感じられる。牧野さんの理想とするご飯に、かなり近づいたのではないだろうか。

　読者諸氏も、この結果を参考にして、それぞれが理想とする「美味しいご飯」を焚き火炊飯で目指してみてほしい。

焚き火で「焼き魚」を極める

その1　正しい串の打ち方

海の魚は、魚体を横にし腹側から背に向けて数本の串を打つか、柵《さく》にして扇状に串を打ち金網を使って平らに焼くことが多い。一方、川の魚は口や目から尾に向けて串を打ち、魚体を立てて焼くのが主流だ。これは川魚の方が水分が多く身が柔らかいためという。口から串を刺し立てて焼くと、口から余分な水分が滴《したた》り落ち美味しく焼けるのだ。

ただし、串に刺さった魚体を縦に置くので、自重《じじゅう》で下に落ちてくる。そのため、串の打ち方は非常に重要だ。串もできればBBQで使うような細く鋭い鉄串ではなく、幅の広く引っかかりのよい竹串を使いたい。基本通りに串を打てれば、泳いでいるような躍動感のある食欲そそる形に焼き上げることができる。

ところで、魚に串を打つ作法は、皿に盛った時に美しくなるよう考慮されている。焼き魚は左に頭が来るよう皿に置かれるが、この時の裏面になる側に串が出てくるように打つ。すると焼き魚を前にした客人からは串が見えないのだ。焚き火サイドの調理ではあまり考慮は必要ないかもしれないが、参考にしてほしい。

1　基本ののぼり串

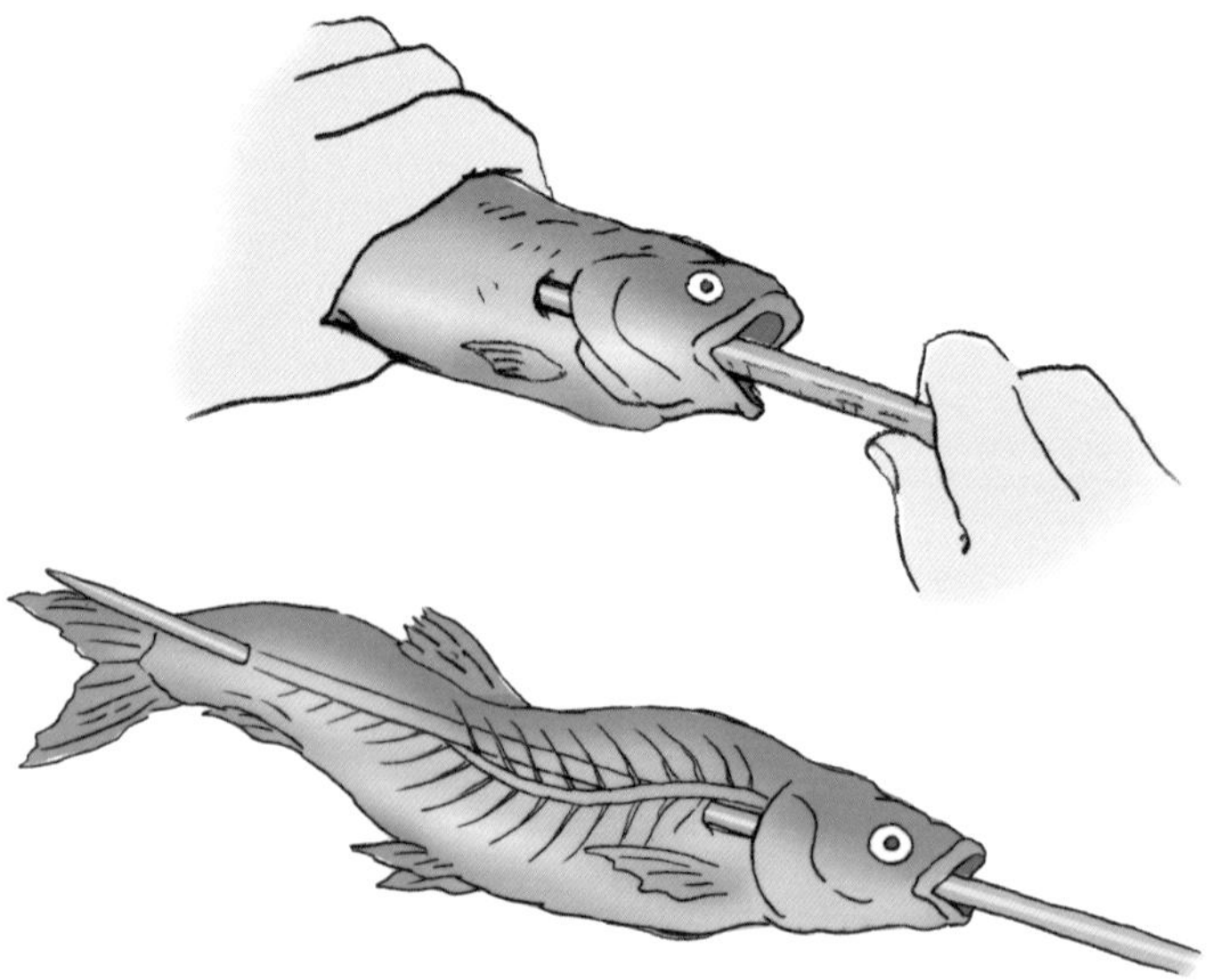

まず竹串を口から差し入れ、エラの穴から出し、エラのすぐ横から身へ突き刺す。そのまま背骨を縫うように尾まで通すが、あまりグルグルやると身が崩れるので注意。初めてだと串がなかなか皮を突き抜けないので、あらかじめ包丁でエラのすぐ横に切れ目を入れておくと、やりやすい。

2 定番おどり串

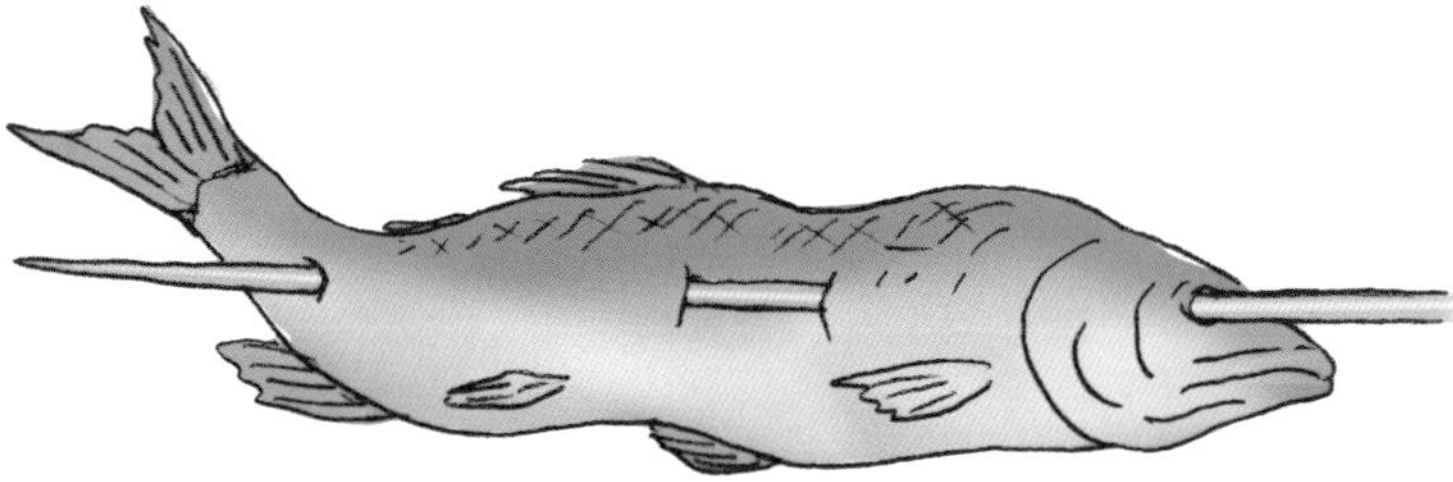

これは裏側。表からは串は見えない。

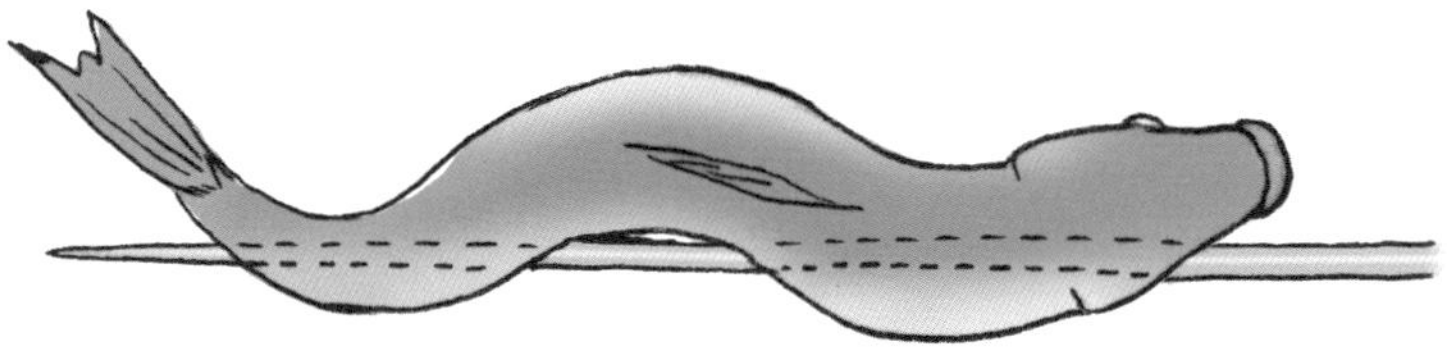

口か目から串を入れ、指で魚体を折り曲げながら、串を背骨を縫うように進める。中ほどで串を一度外に出し、再び魚体を強く折り曲げて突き刺すが、指に刺さらないように注意。最終的に魚体が波打つイメージで串を尾まで突き通す。

---

3 大型の海魚に扇串

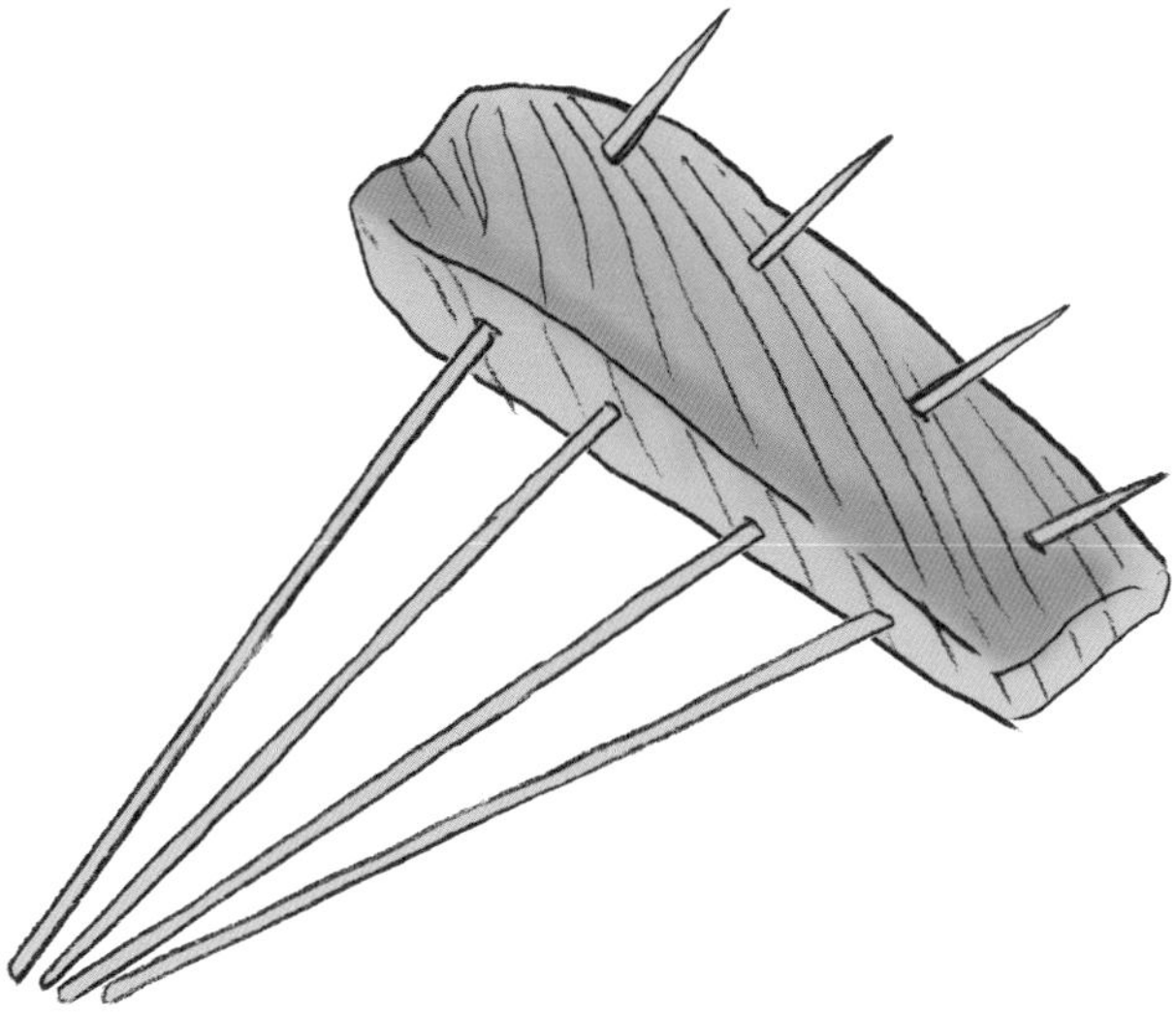

海の大型の魚は、さばいて柵にし扇の形に串を打つと焼きやすい。柵の大きさで串の本数は変わるが、４～５本が目安。あまり少ないと持ちづらい。串を回しながら刺すと身が崩れにくい。結構重いので金串を使った方が安心だ。最終的に扇の形になるよう、串の入る角度を考えて打とう。

その2 火と魚体との距離と、焼き加減

漫画やアニメで大定番の「串に刺した焼き魚」。第6章ではBBQグリルでの焼き方を解説したが、せっかくならカッコよく炭火の周りに立てて焼いてみたい。ただしこの立てて焼く方法は、別に見栄えのためにあるわけではない。前項にも書いたが、川魚は水分が多い。これを網に横置きする形で焼くと、その水分が抜けきらずベチャッとした焼き上がりになりがちなのだ。

川魚は背中側から焼き始める。この点も網焼きではできない重要ポイント。川魚は海の魚に比べ脂が少ない。最初の加熱を脂ののった腹側から行うと、火が通るころには多くの脂が、焦げるか流れ落ちてしまい、身がパサパサになってしまう。

網に置いて焼く時は、魚の両サイドを加熱する形になるが、本当に美味しく焼こうと思えば、魚体を炉端に立てて置き、背中側からじっくり火を通し、最後に腹側に焼き目をつけるよう加熱するのがベストと言える。

色々とメリットのある串を立てた焼き方だが、炭火の周りに上手に立てるのは工夫が必要。今回はメッシュ製の焚き火台とコンクリブロックを使って焼き台を作ってみた。

1
炭火を置いたメッシュ製の焚き火台の横にコンクリブロックを設置し、串刺しの魚を少し斜めに火に当たるよう立てかけた。炭火と魚体との距離は、手のひらを熱くてかざせないギリギリの距離で。まず焼き始めるのは魚体の背中側から。このままじっくり60分間焼こう。

2

しっかり火を通す工夫として、木の棒とアルミホイルでリフレクターを作ってみた。囲炉裏で川魚を焼いてくれる古民家民宿のお婆さんから教えてもらった方法だ。

3

15分も経つと、魚の口先からポタポタと水分と余計な脂が垂れ落ちてくる。このあたりで、向きを変えたりしたくなるが、まだまだ焦りは禁物。じっくり待とう。

4

60分ほど焼き、口先からの滴りが出なくなったら、向きを変えて腹側を焼いていく。この辺で炭火を追加してもよいかもしれない。また、尾側がどうしても火から遠いので、炭を高く盛ったりして対応しよう。

5

腹側は脂も多く、焦げやすいので注意が必要。基本は強火の遠火で長い時間をかけて、ゆっくり焼き続けること。目に見えて焦げ目がついてなくても、火はしっかり通る。

6

腹側に返してから30分。焼き始めからのトータルで90分焼き続け、ホクホクの焼き魚の完成。ＢＢＱグリルの網焼きでは魚体表面はかなり焦げていたが、強火の遠火をキープした串焼きでは表面がほんのりキツネ色なった程度で、どこにも黒焦げはない。しかし魚体全体にしっかりと火は通っている。

7

焼き上がり。下がたっぷりと塩を振った魚で、上は比較のために塩を振らなかった魚。通常は飾り塩をしっかり利かせないと、尾びれや背びれは真っ黒に焦げて崩れ落ちてしまうが、今回はどちらの魚も美しいまま焼き上がっている。

8

皮の内側にゆっくりと火が通ったため、身はホロホロと軟らかく、しかしベチャッとした湿っぽさはない。全体が炭火で香ばしく焼き上がり、内側の身はジューシー。表面の塩が脂を吸って香ばしく焼けとてもよい味わいだ。時間と手間が非常にかかるが、網焼きにはない美味しさを堪能でき大満足だった。

焚き火で豪快に「肉の丸焼き」

漫画や映画の野外宴会で必ずと言っていいほど登場する豪快な料理「肉の丸焼き」。しかし、現実に食べたことのある人はそうはいない。「そんなことホントにできるの?」って人もいるのでは? でも……ホントにできるのだ!!

肉の購入

丸焼き用の肉はインターネットで比較的簡単に入手できる。

「丸焼き用　乳飲み仔羊」　約12kg　豪州産　4万6600円

「丸焼き用　仔豚」　約5kg　スペイン産　2万7200円

「丸焼き用　仔豚」　約5kg　スペイン産　2万4980円

上記は、代表的なネット通販店の価格。他にも多くの店があり、要望次第で半身や脚だけなどの注文も可能（5～6kgの肉で8～12人分）。

焼き方のレパートリー

世界中で行われる肉の丸焼きの代表的な焼き方は3種類。

1　中央に串を貫通させた、巨大ヤキトリ型グルグル炭火焼き

2　中央で大きく展開してフレームに固定する、アジの開き型ジックリ炭火焼き

3　南の島風穴掘り蒸し焼き

豪快に見える丸焼きだが、美味しく仕上げるには意外と繊細な目配りが必要だ。外はパリパリ中身はジューシーに仕上げるため、世界中の愛好家が研究を重ねている。

基本的な考え方は魚の塩焼きと同じ。強い火力から少し離しておき、時間をかけて、焦がさぬよう、乾かぬよう、じっくりまんべんなく全体に火を当てる。

パプアニューギニア、フリ族の村で我々を歓迎するために行われた豚の丸焼き宴会。バナナの皮に包まれた豚肉が地中に埋められ、これからその上で盛大な焚き火が行われる。

絵的に一番有名なのは1の「ヤキトリ型」だろうが、逆に海外でよく見られるのは2の「開き型」で、こちらの方が中まで火が通りやすい。

しかし、私がお勧めしたいのは3番の「南の島風」だ。ムームーとも呼ばれるこの方式を私はパプアニューギニアで体験した。調理方法は豪快で、地面に穴を掘り熱した石を敷き詰めたら、大きなバナナの葉で包んだ丸のままの豚肉や野菜を投入し土をかけ、その上で焚き火をして蒸し焼きにする。一見、非常に手間がかかりそうだが、実際には一番簡単で失敗が少ない。火にかけたら後は放っておくだけで焚き火が調理してくれる。焼き上がった肉は驚くほどジューシーで軟らかい。通常のBBQに飽きた焚き火マニアは、ぜひ挑戦してほしい。

ドラム缶でパプア風仔豚の丸焼きに挑戦！

材料

- 下処理した仔豚……1匹
- 塩、胡椒……………大量に
- ローズマリー………大量に
- オリーブ油…………大量に
- じゃがいも…………10～20個

その他資材

- 半割りのドラム缶…1点
- 大型のBBQ鉄板…1点
- 砂利20kg…………2袋
- 拳大の石……………30個程度
- アルミホイル………大量に

事前準備

2

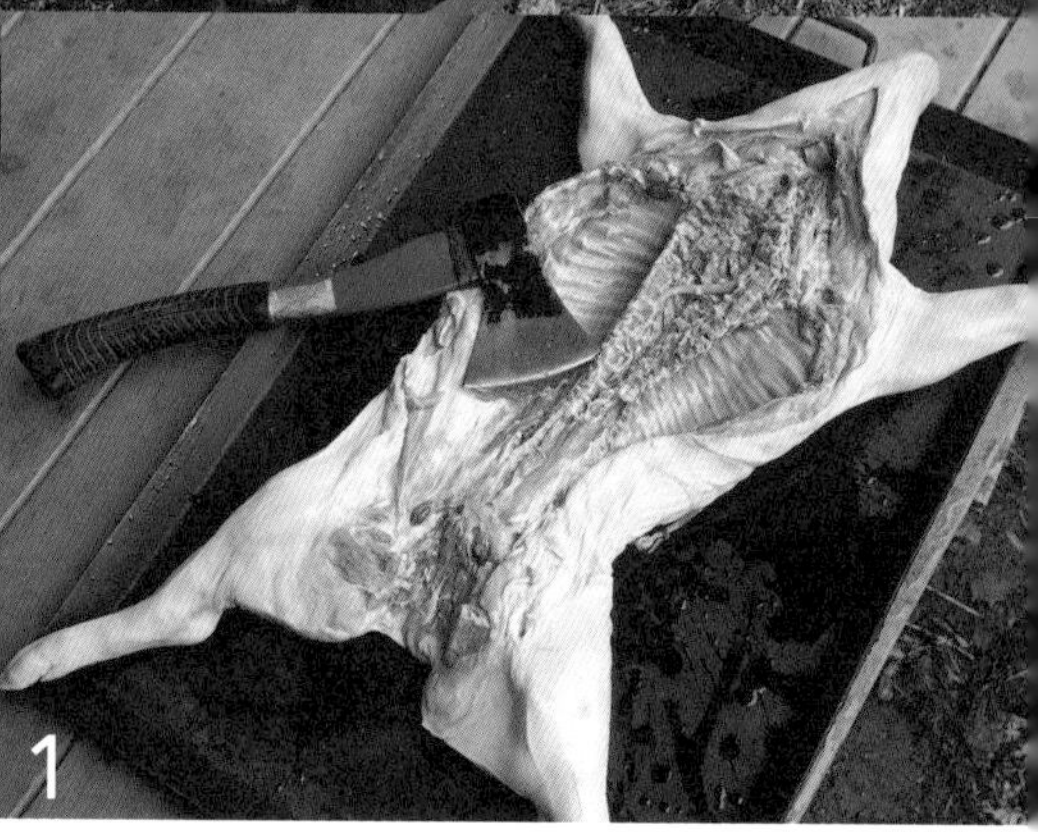

1

3

作り方

事前準備 半割りのドラム缶*に拳大の石を数十個入れ、焚き火で真っ赤になるまで焼いておく。

1 豚を水洗いし、大きく開く。現地の方法に習い、手斧《ちょうな》を使用した。

2 BBQ鉄板に豚とじゃがいもを置き、全体にたっぷりの塩胡椒、オリーブ油をすり込み、ローズマリーを散らす。

3 全体をアルミホイルで厳重に覆う。

4 火勢が落ち着いたドラム缶に鉄板を入れる。

5 アルミホイルを破らぬよう注意しながら砂利を上にかける。

6 砂利の上で焚き火を始め、そのまま90～120分火を絶やさない。

7 焚き火の薪と砂利を取り除き、アルミホイルを破らぬよう注意しながら鉄板を取り出す。

8 灰に注意してアルミホイルを取り除き、豚の丸焼きの完成。

ワンポイントアドバイス

ローズマリーのほかにもハーブが多めの方が香りがよい。肉が大ぶりなので、ぼやけた味になりがち。塩胡椒はしっかりすり込もう。一番重要なのは、鉄板と肉を覆うアルミホイル。量をケチらずにしっかりと3重、4重に覆い尽くそう。

*ドラム缶はホームセンター等で入手可能。金属切断砥石《といし》をつけたディスクグラインダーで半分に切り開くが、危険な作業なので注意。BBQ用に半割りしたドラム缶も販売されているので探してみてほしい。

6

4

7

5

8

焚き火料理の相棒「ダッチオーブン」を極める

ダッチオーブンとは

焚き火料理に欠かせない最高の調理器具がダッチオーブン。これ一つあるだけで焼く・煮る・蒸すなど様々な調理に対応でき、キャンプ料理の幅が一気に広がる。

ダッチオーブンはもともと、西部開拓時代のアメリカ大陸で広く用いられた鍋がルーツだ。現在、アウトドアグッズ業界では様々な材質とデザインのものが販売されているが、特にダッチオーブンという場合、厚手の鋳鉄製で、焚き火の上に直接置けるよう3本の足があり、蓋がその上に炭火や他の鍋を置けるよう平らで縁のあるデザインになったものが定番だ。

鍋なのにオーブンの名称を持つのは、上下から炭火で加熱できる構造と、その厚い本体と重い蓋による加熱効果か

ダッチオーブンは上下に炭火を置いて加熱する。

ダッチオーブンの蓋は高熱になっている。開け閉め専用の道具もあるが、釘抜きを使うと開けやすい。

らきていると言われる。
ちなみにダッチとは「オランダの」という意味だが、ダッチオーブンがオランダ発祥というわけではない。この名称のいわれには諸説あるようだが、その中で僕が好きなのが「西部開拓期、日用品の行商を生業とするオランダ系移民が多かった」とする説だ。まだ街も少なかった当時、西へ西へと進む開拓団。彼らの野営地を巡回するオランダ商人の荷馬車の中に、素朴な鋳物の鉄鍋が山と積まれていたのであろうか。そんな光景を夢想すると、なんともワクワクする。

まず行うシーズニング

ダッチオーブンをはじめ鋳鉄製の調理器具を買ったら、まずはシーズニングを行う。シーズニングとは製造時に塗布された錆止めのワックスを落とし、加熱しながら鍋肌に食用油を馴染ませると同時に、その表面に四《し》酸化《さんか》三鉄《さんてつ》皮膜を発生させて錆びを防ぐ作業のことだ。

ダッチオーブンは中に網を渡し水を入れると、
蒸し器としても使える。

シーズニングの基本的な方法

1　通常の食器洗いの手順で洗う
2　火にかけて空焼きする
3　植物性の食用油を鍋肌に薄く塗る
4　30分ほど加熱を続ける（3～4の工程を3回繰り返す）
5　クズ野菜（ネギやセロリなど香味野菜がよい）を炒める
6　クズ野菜を捨て、最後に薄く油を塗り自然に熱を下げて完成

以上がシーズニングの基本だが、そこまで正確に行う必要はないと思う。購入したら洗剤で洗い、火にかけて乾かし油を塗る。そのついでに、冷蔵庫に残ったしなびた野菜をざっと炒めるだけでも十分だろう。また最近は、鋳鉄以外の素材で作られたものや、メーカーでプレシーズニングを行ってから販売されているダッチオーブンもあり、この場合はシーズニングの必要

はない。

ダッチオーブンの手入れと使用上の注意

長年、丁寧に使われ続けたダッチオーブンは「ブラックポット」と呼ばれ、本場アメリカではその所有者は大変尊敬されている。ではブラックポットを目指すためには、どのようにダッチオーブンを扱えばよいのだろうか。

キャンプ料理の解説書には色々と注意点が書いてあるが、先のシーズニングも含め、まあ西部開拓時代の荒くれ男たちが、そんなに繊細に鍋を扱っていたとも思えないので気楽に考えよう。ブラックポットにたどり着く一番の近道は、なるべくたくさんダッチオーブンを使うことだ。そして愛用のダッチオーブンを末長く使用するための注意点は以下の通り。

1　高温時に水をかけない。鋳物なので急激な温度変化で割れることがある。

2　金たわし等で洗わない。食器用洗剤程度なら鍋肌の酸化被膜ははがれないが、金たわしなどは傷をつけるので、使わないように。

3　焦げたら無理にこすらず、お湯を沸騰させて余分な油を取り、その後に空焼きをして焦げを焼き切る。

4　長期間使わない時は、鍋肌に植物油を塗り湿気を避けて保管する。

ダッチオーブンの選び方と種類

【サイズ】

定番のサイズは8インチ、10インチ、12インチ、14インチの4種類。大きくなればなるほど重くなるので使用状況を考えて選ぼう。煮込み料理の場合はそれほど影響しないが、オーブンとして使いたい場合、中の食材と蓋との距離が重要になる。炭火ののった蓋は電気オーブンのヒーターだと思えばよい。あまりに近いと焦げてしまうのだ。そう考えると、憧れの丸鶏のローストチキンを作るなら10インチでは少し小さい。

【素材】

●鋳鉄製

ダッチオーブンと言えば鋳鉄製。アメリカ開拓時代からの定番だ。鋳鉄は炭素やケイ素などの微量元素を含み融点《ゆうてん》が低い。その性質を使い古くから鋳型に流し込み、鉄の生活道具が多く作られてきた。鋳鉄製のダッチオーブンは蓄熱性と保温性に優れ調理に使いやすい

ダッチオーブンの代表的製品

SOTO
ステンレスダッチオーブン
10インチ

オールステンレスで作られた高級ダッチオーブン。錆や衝撃、温度変化に強く耐久性が非常に高い。使用後のお手入れも簡単で、普段使いの鍋と変わらぬ感覚で使用できる。

ユニフレーム
ダッチオーブン
10インチ

黒皮鉄板製の使いやすいダッチオーブン。急激な温度変化や衝撃に強く、ラフに使えてお手入れも簡単。本体と蓋の精密な嚙み合わせで熱が逃げず圧力鍋のような使い方もできる。

ロッジ
キャンプオーブン
10インチディープ

鋳鉄製アウトドア料理器具の老舗ロッジのスタンダードダッチオーブン。8～14インチまで大きさは選べるが、お勧めは10インチのディープ。深さがあるので鶏の丸焼きにも使いやすい。

反面、使用後は丁寧なメンテナンスが必要。また強い衝撃や急激な温度変化に弱く割れてしまうこともある。

●黒皮鉄板製

鉄板をプレスし鍋型に成型して作られているため、衝撃や温度変化に強い。名称にある黒皮《くろかわ》とは、製造時に鉄を1200度に加熱圧延していく過程でできる黒い酸化被膜のこと。この被膜に赤錆を防ぐ効果がありメンテナンスは簡単。鍋肌の微細な凹凸は油に馴染み、熱伝導がよいため焼き物や炒め物料理に使いやすい。

●ステンレス製

言うまでもなく、一般家庭の台所道具界を席巻する最新便利素材。錆に強く、メンテナンスやシーズニングの面倒さとは無縁。美しいヘアライン（単一方向に細い線を入れる加工）が入った、上品な外観にも高級感が漂う。ただしダッチオーブン特有のワイルドな空気は感じられない。また煤《すす》けた鋳物はカッコよいのだが、ステンレスだと汚く感じるのが難点。

ダッチオーブンの構造

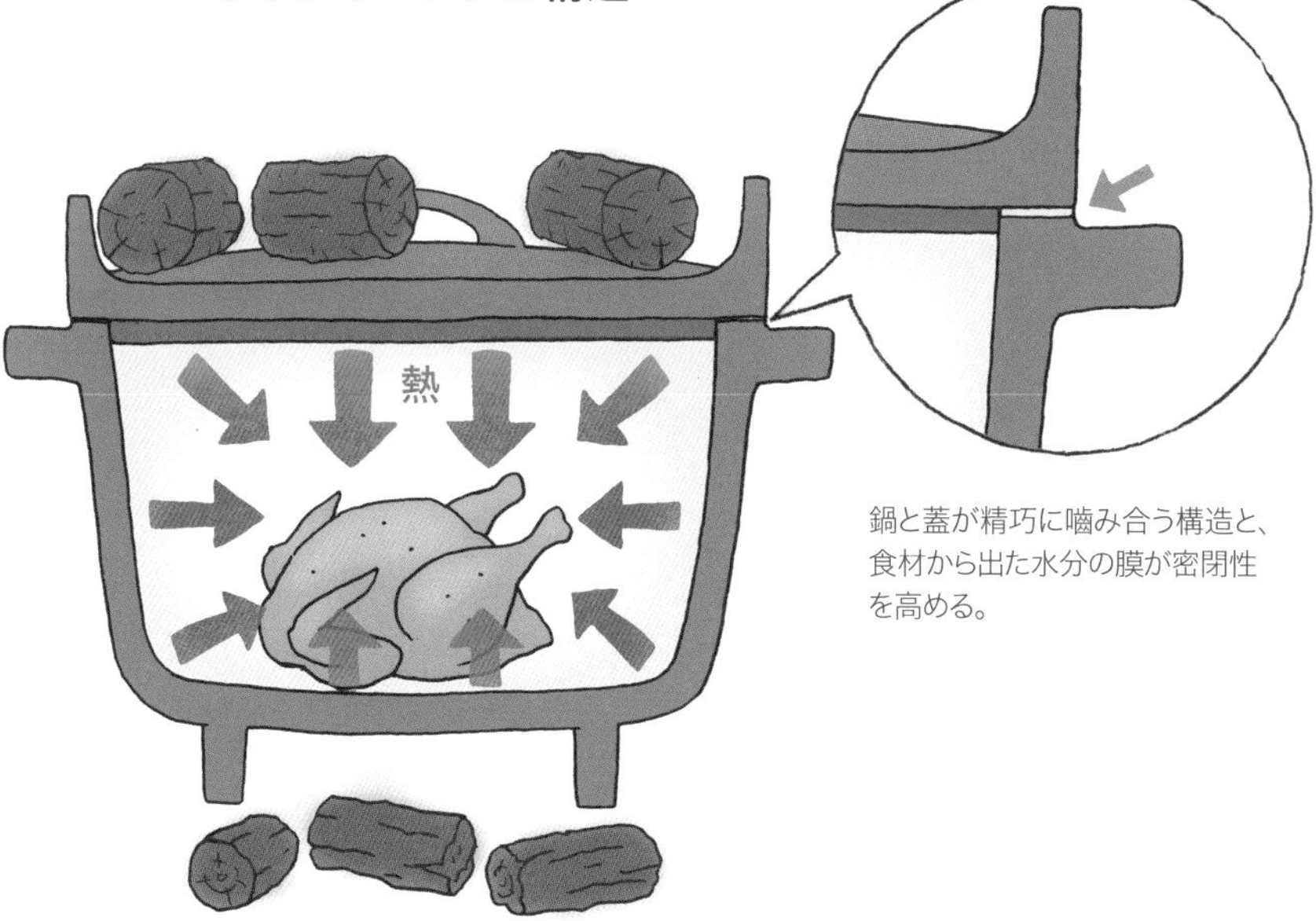

鍋と蓋が精巧に噛み合う構造と、食材から出た水分の膜が密閉性を高める。

焚き火レシピ
26

ローストビーフ

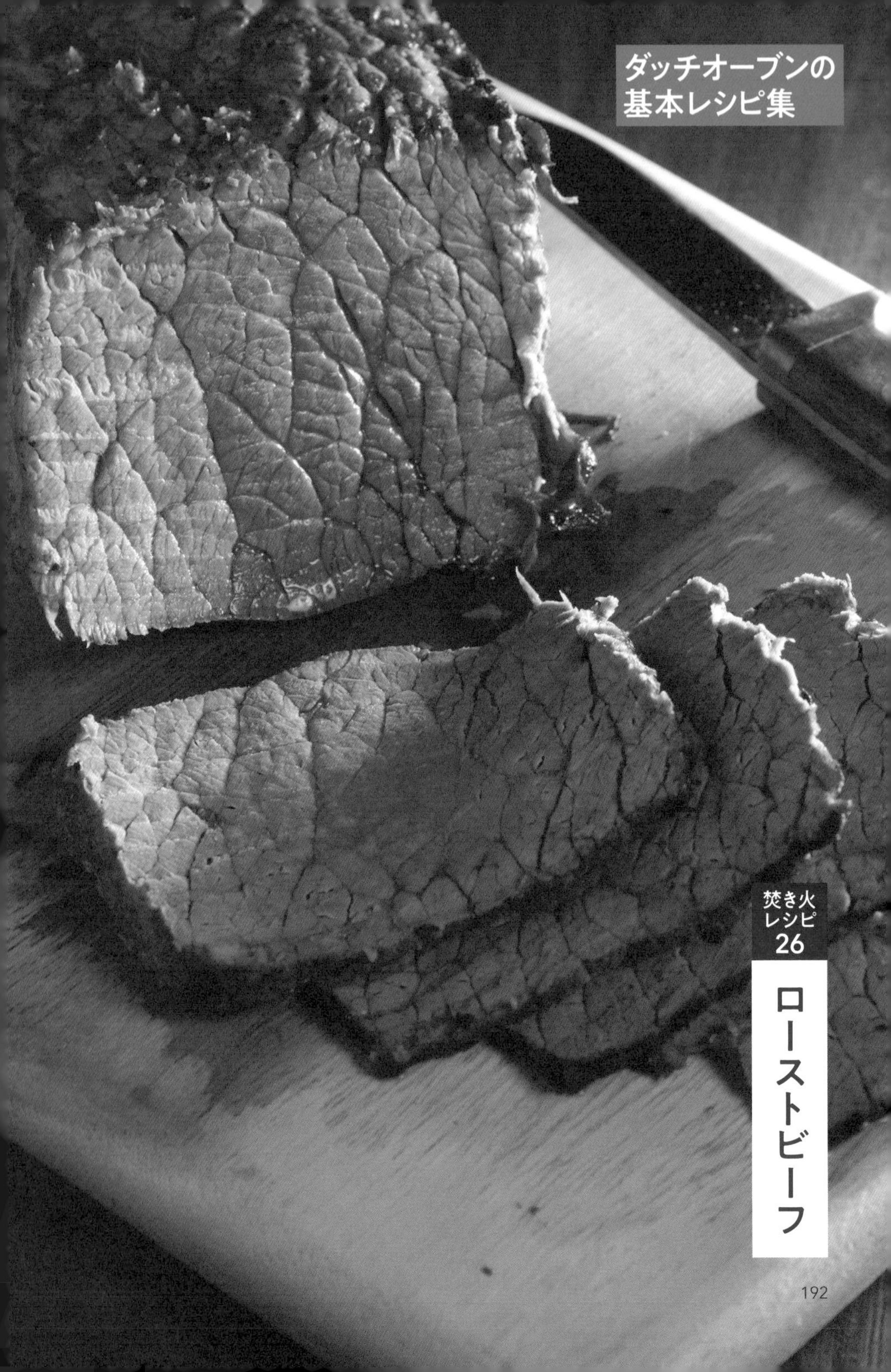

ローストチキンと並びダッチオーブンでぜひ挑戦したい人気料理。火加減に気をつけて美しいピンクロゼの切り口に仕上げよう。

使用する「火」

●「燃える薪の火」
●炭火

材料

牛もも肉(塊)……………800〜1000g
にんにく(すりおろし)……お好みで
オリーブ油…………………適量
塩、胡椒……………………適量

作り方

1 常温に戻した牛もも肉に、にんにく、塩、胡椒をもみ込む。
2 ダッチオーブンを強めの「燃える薪の火」にかけてオリーブ油を敷き、肉を入れ全面に軽く焼き目をつける。
3 ダッチオーブンを弱めの炭火の上に移し、底網を敷いて肉をのせる。
4 蓋を閉め、蓋の上に炭火をのせる。火加減は下は弱火、蓋上は中〜強火。
5 20分加熱後、肉を取り出しアルミホイルに包んで休ませる。
6 20分ほど肉を休ませ完成。ダッチオーブンに残った肉汁でソースを作ってもよい。

ワンポイントアドバイス

肉の重量が同じでも太さによって火加減と加熱時間は変わる。最適な焼き加減を目指し研究してほしい。焼きたてを切ると貴重な肉汁が流れ出るので、必ず休ませること。一緒にじゃがいもや玉ねぎをローストしても美味しい。

ダッチオーブンの上下から加熱する。この時の火力は上7：下3が目安。微妙な火加減を操ることが、美味しいローストビーフを作る鍵となる。

焚き火レシピ 27

牛スジ肉の赤ワイン煮込み

ダッチオーブンは圧力鍋的な使い方も可能。この特徴を利用すれば硬い牛スジ肉が、スプーンで切れるほどホロっと軟らかに煮込める。

使用する「火」

●炭火

材料

牛スジ肉（塊）……600g
ネギの青葉……数本
玉ねぎ（串切り）……1個
人参（乱切り）……1本
にんにく（みじん切り）……1片
しょうが（みじん切り）……1片
赤ワイン……2カップ
トマト缶 小……1缶
水……1カップ
ビーフシチューの素……半箱
ローリエ……お好みで
オリーブ油……適量

作り方

1 ダッチオーブンに水、牛スジ肉、ネギの青葉を入れ強めの炭火にかける。
2 煮立ったら弱火に移し、アクをしっかり取り除く。
3 10分間煮込んだら、一度火からおろし冷ます。
4 冷めると脂が浮いてくるので、スプーンで取り除く。どれだけ取り除くかはお好みで。
5 ダッチオーブンに赤ワイン、トマト缶、にんにく、しょうが、ローリエを加え、炭火で再沸騰させる。沸騰後に弱火にし蓋をして1時間煮込む。
6 フライパンに油を敷き、玉ねぎ、人参を炒める。
7 1時間経ったらダッチオーブンに6とビーフシチューの素を加える。
8 10分ほど煮込んだら完成。

ワンポイントアドバイス

密閉度の高いダッチオーブンのおかげで、驚くほど軟らかく煮込まれる。通常、アクと脂がよく出る牛スジ肉は、一度下茹でして茹でこぼすものだが、環境負荷が高いのでキャンプ場等では厳禁。一度冷まして余分な脂を取る一手間で、十分に美味しく仕上がる。

いったん冷まして浮いてきた余分な脂を取り除く。この一手間で、より美味しくなるので頑張ろう。

「BBQグリル」の仕組みと使い方

様々なデザインと機能を持ったBBQグリルが、多くの会社から販売されている。ここでは最もベーシックなタイプを使い、基本的な使い方を紹介する。

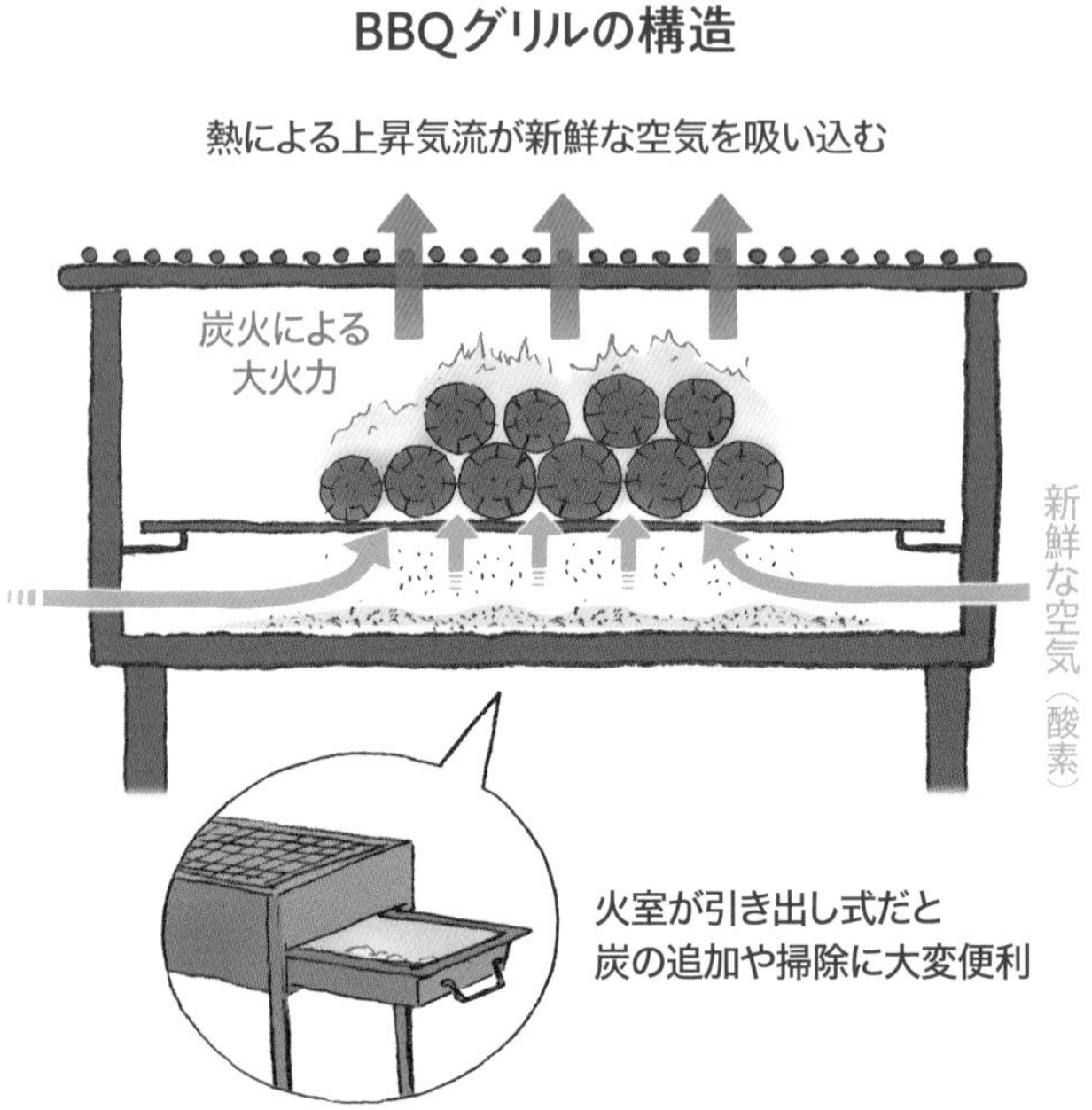

1　多くの機種は、本体と焼き網、伸縮機能のついた脚で構成されている。
2　本体に脚を取り付ける。
3　焼き網をセットすれば、BBQグリルの完成だ。

ＢＢＱグリルで使う木炭の着火方法は色々あるが、ガスバーナーを使うか、炭起こし器を使うのが一般的だろう。ＢＢＱグリル底面に着火剤を置き、その上に炭を並べて着火する方法もあるが、十分な火力になるまで非常に時間がかかる。

木炭には、着火性がよくすぐに最大火力になるもの、ゆっくり時間をかけて燃えるものなど、種類によって様々な特徴がある。ＢＢＱグリルには複数種類の木炭を入れると使いやすい。

強力な炭火の熱をダイレクトで受ける網焼き調理では、食材を焦がしてしまうことがよくある。また、様々な厚さや種類の食材を一度に調理するＢＢＱでは、食材に合った火加減調整も難しい。

そこで一つのＢＢＱグリルを「強火エリア」と「弱火エリア」の二つのエリアに分けて使うとよい。

強火エリアではすぐに食べる焼肉系の食材を焼き、弱火エリアでは魚介や厚手の肉、焦げやすい野菜をじっくり調理するなど、様々な使い方ができる。

「七輪」の仕組みと使い方

七輪の歴史は古く、江戸時代初期にはすでに今の形に近いものが使われていたようだ。七輪の本体は珪藻土《けいそうど》でできており、その効率的な燃焼構造によって、安全・低燃費な調理器具として重宝され、江戸中期には庶民にも広く普及した。その後、昭和の中ごろまでは一般家庭の必需品だったが、ガスコンロの普及によって次第に家庭の台所から姿を消していった。

七輪の構造

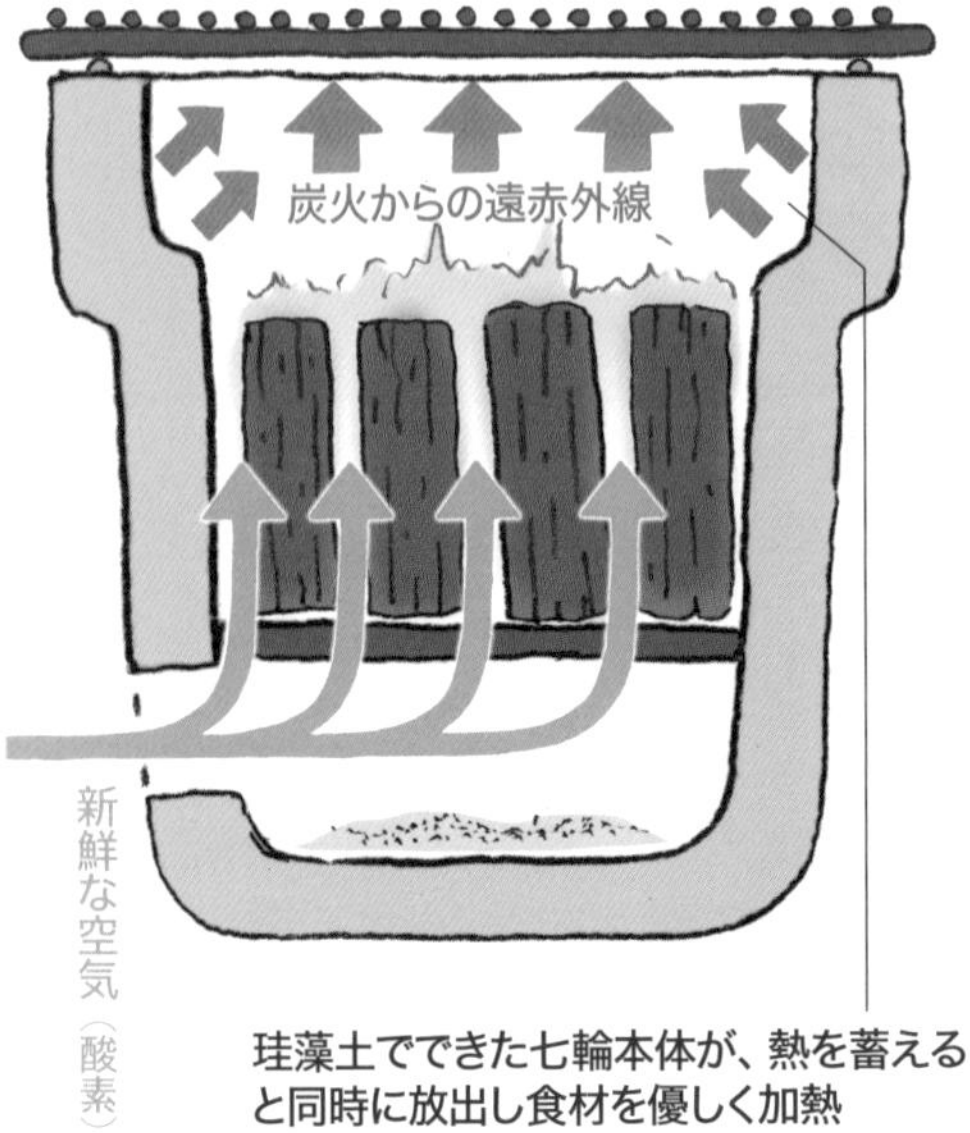

七輪の使い方

1 七輪の底に付属の火皿を置く。

2 吸気用の窓を全開にする。

3　着火剤や焚き付けを底に入れる。

4　その上に木炭を入れ、着火する。

七輪の魅力

七輪は本体そのものが断熱された煙突のような構造になっており、炭火の熱で発生した上昇気流で効率よく吸気するため、非常に火つきがよく火力も高くなる。また、コンパクトで掃除もしやすいため、特に少人数のBBQではBBQグリルよりも、はるかに使いやすく使用する木炭も少なくてすむ。それら使い勝手以上に多くの七輪ファンの心をつかむのがその佇まい。和風で歴史あるデザインとその中で赤々と燃える炭火は、非常に趣があり魅力的だ。

あまり大量の炭を詰め込まず、適度な隙間を作った方がよい。ガスバーナーも使えるが、あまり強い火力は本体を傷めるので注意しよう。

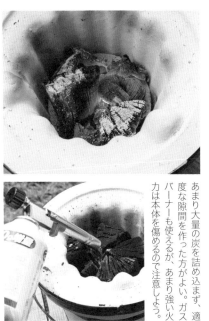

「燻製」の基礎知識

焚き火を使った調理には、もう一つ別の方向がある。「燻製《くんせい》」だ。燻製とは塩漬けにした肉や魚などの食材に植物を燃やした煙をかけ保存性を持たせたもの。その歴史は非常に古く、新石器時代から存在するとの説もある。

鋭利な石器の開発と狩猟技術の発達にともない、豊富に得ることのできた肉や魚を、冬に向け長期保存する術を人類は探し求めた。初めは天日干しと塩蔵から始まったであろう食料の保存法の探求は、火との出会いで大きな進歩を遂げる。その一つが燻製である。

燻煙の中に含まれるフェノール化合物の抗菌作用・抗酸化作用によって、食材中の腐敗菌が殺菌されると同時に、食材表面に樹脂膜を形成し菌の侵入を阻んでくれる。また、燻製の前段階としての塩漬けの工程、これも当然味付けのためだけではない。肉や魚を塩蔵することで食品中の水分が抜け、菌が繁殖できない環境を作るのだ。

しかし冷蔵・冷凍技術の発達した現代において、燻製の主目的は保存だけではない。燻製の塩漬けと乾燥の工程を経ることで、食材の旨味が凝縮される。そして燻煙に当たることで独特の香りと風味が付与され、新鮮な食材とはまた違った美味しさを楽しむことができるのだ。

現在、燻煙法には「冷燻法」「温燻法」「熱燻法」の3種類がある。

冷燻法

温度28度以下で長時間かけて燻煙する。燻煙時間は数日から長いものでは数週間かける。食材の水分は限りなく少なくなり、長期保存が可能に。代表的な冷燻製品に生ハムやスモークサーモンがある。

温燻法

温度28〜80度で燻煙する最もスタンダードな燻煙法。燻煙時間は2〜12時間程度。冷燻に比べ水分が多く残りしっとりした食感に仕上がる。代表的な温燻製品にベーコンやハム、ソーセージがある。

熱燻法

温度80度以上で短時間、燻煙にかける方法。燻煙時間は長くても数十分程度。食品の保存には向かないが、食材の食感や味わいを残しつつ、燻煙独特の風味をつけることができる。初心者が気軽に楽しむことが可能。

3種類の燻煙方法

3種類の燻煙法で重要な違いの一つが熱源。「熱燻」では燻煙材をコンロや炭火で加熱するため、同時に食材にも火が通る。対して「温燻」ではスモークウッドそのものが燃えて燻煙を出すが、熱量は少なく、食材に完全に火を通すことはない。そして「冷燻」では燻煙を発する材と食材は別の場所にあり、管で連結されている。このため食材に熱はほとんど伝わらず、燻煙を浴びるだけとなる。

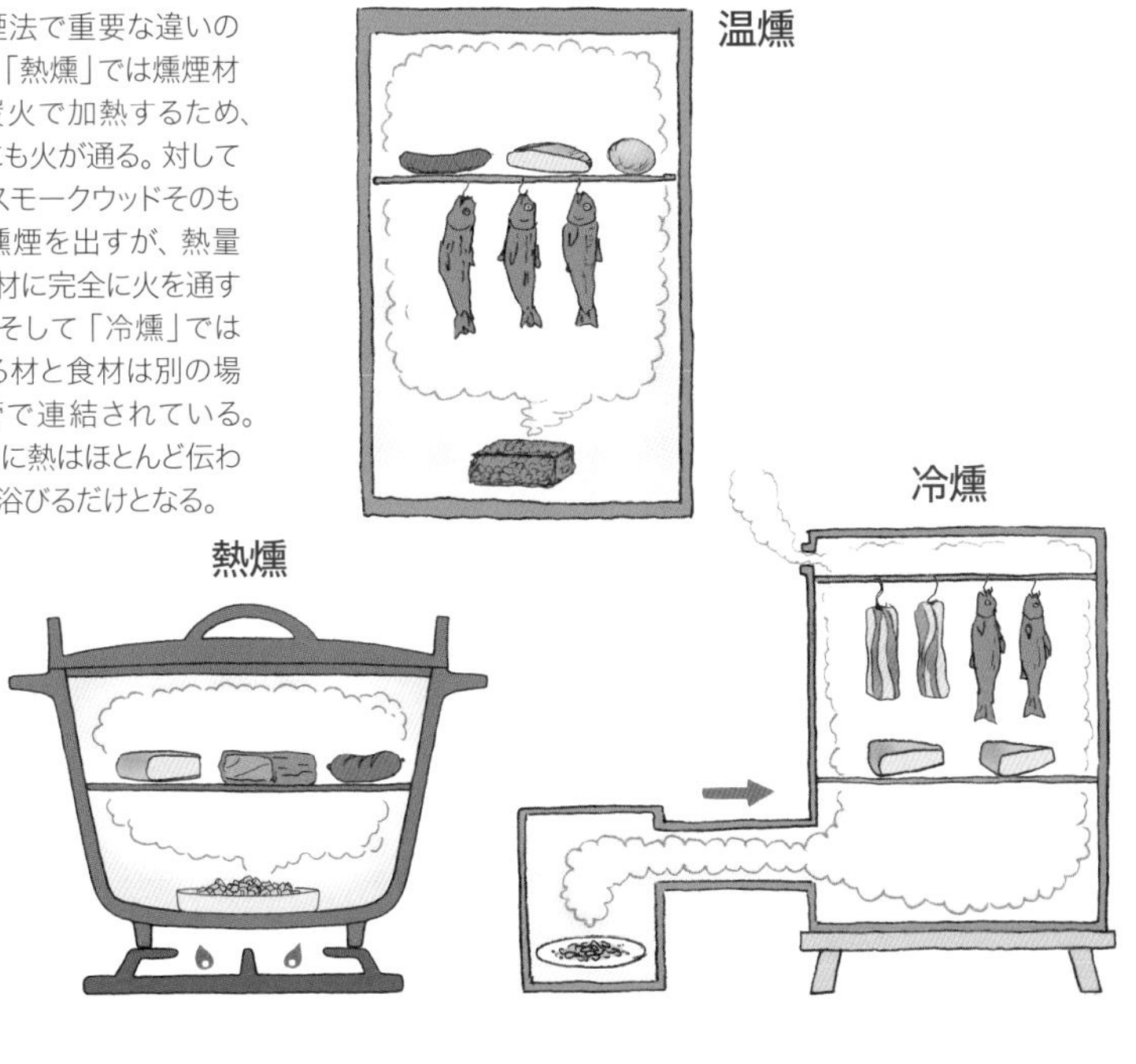

燻製に挑戦1

初心者向けダッチオーブンを使った熱燻

初心者が家庭の台所やキャンプ場のテントサイトで燻製に挑戦するなら、熱燻法がお勧めだ。短時間で完成するので気軽に始めやすいだけでなく、燻煙の工程が加熱調理も兼ねているので、食材にしっかりと火が通り食中毒の心配もない。専用の燻製器も色々と販売されているが、まずはダッチオーブンや蓋のできる中華鍋で試してみるとよい。

ダッチオーブン燻製に適した食材

ミックスナッツ、ゆで卵、鶏ササミ、ししゃも、チーズ、タコやイカの刺身、ボイル帆立ソーセージなど。

用意するもの

ダッチオーブン、スモークチップ、チップの受け皿、脚のついた金属網。

手順

1 ダッチオーブンの中に受け皿を入れ、その中に好みの樹種のスモークチップを入れる。

2 ダッチオーブンを火にかけ、スモークチップから煙が出るのを確認。

3 受け皿の上に金属網を置き、好みの食材を並べる。

4 再びダッチオーブンを火にかけ加熱を続ける。蓋は少しずらすこと。

5 10~20分加熱し完成。

ダッチオーブン燻製のポイント

ダッチオーブンに直接スモークチップを入れると、焦げ付いて大変なことになるので注意。燻煙と同時に、炭火でしっかり加熱されるので、生の肉や魚も使えるが、燻製されることで食材に色がつくので、加熱が終わっているかどうかのチェックが難しい。中までしっかり火が通るよう燻煙時間に注意しよう。逆に、チーズは長時間加熱すると溶け落ちてしまう。

ダッチオーブンは密閉性が高いので、燻煙中は必ず蓋を少しずらし隙間を作るように。

CHIPS
1

2

3

4

5

燻製に挑戦2

段ボール燻製器で温燻に挑戦

より本格的な温燻を試してみたいなら、市販の段ボール燻製器キットを使うとよい。段ボールといえど侮るなかれ。上手に使えば、自家製ベーコンも作れる。価格も手頃なので、より本格的な燻製作りへのステップとしてぜひ試してみてほしい。

用意するもの

●段ボール燻製器キット

複数のメーカーから販売されており、アウトドアショップやホームセンター、百円ショップなどで購入可能。ただし、安いものは網やスモークウッドが入っていないものもあるので、内容をよくチェックしよう。もちろん空き段ボール箱を使って自作することも可能だ。

アウトドアショップで購入した燻製器キットの内容
段ボール製の本体、金属網、支持棒、S字フック、受け皿、スモークウッド。

手順

1 段ボール製の本体を組み立てる。
2 支持棒を段ボールに固定し、網やS字フックを配置する。
3 スモークウッドに火をつけ、受け材にのせ本体内に入れる。
4 網やS字フックに好みの食材を配置。

5 スモークウッドが消えるまで60～１２０分燻煙を続ける。

6 スモークウッドが燃え尽きたら完成。

注　ささみは温燻だけでは火が通らないので、炒めるか網焼きで食べよう。

上はダッチオーブン熱燻のささみ。下は段ボール温燻のささみ。火の通りが違う。

段ボール燻製器でオリジナルの簡単ベーコンに挑戦

1 豚バラ肉の塊に塩、胡椒、ハーブ類、蜂蜜を塗り込み一晩冷蔵庫に寝かす。

2 **1**の豚肉を食品ラップで厳重にくるみ、たっぷりのお湯で30～40分程度茹でる。中まで火を通すこと。

3 茹で上がった豚肉はラップを外し、他の食材と同じように燻製器に入れ燻煙する。

4 本格ベーコンは難しいがこの簡単ベーコンなら気軽に燻製可能。一度茹でてあるので温燻だけで食べられる。

キャンプで使える「本格燻製器」と「燻煙チップ」「燻製材」

段ボール燻製器で燻製の楽しさにハマったら、次はぜひより本格的なスモーカーに挑戦してみよう。様々なメーカーからアイデアにあふれた商品が出ている。金属製の本体を持つものが多く、段ボール燻製器に比べ安全に使用でき、温燻だけでなく高温の熱源を使う熱燻にも対応可能だ。ユニフレームのフォールディングスモーカーは、大型で高さもあるので、様々な食材に使用可能で、一度に大量の燻製ができる。また、内部空間が大きいと温度変化が緩やかで、食材が熱源で焦げたり、場所によって熱の通りが違ったりする失敗も少ない。

スモークチップとスモークウッド

燻製で重要な「煙」の発生源がスモークチップとスモークウッド。ではこの二つの違いはどこにあるのだろうか。

スモークチップは原料の木を細かく砕いた破片状のもので、別に熱源を用意し常に熱し続けなければならない。そのため熱燻に向いている。

七輪にセットしたユニフレーム製のフォールディングスモーカー。

背が高い利点を活用し、大型の豚バラ肉で本格ベーコンに挑戦。

温燻にも使えるが、低温で燻煙を続けるには温度管理が難しい。また、危険なため段ボール燻製器には使えない。

スモークウッドはおがくずを固めたような棒状の塊が一般的。バーナーなどで一度火をつけると長時間煙を出し続ける。熱源を必要としないので、燻製器内の温度が高くなりすぎず温燻に向いているが、逆に食材に完全に火を通すのは難しい。

燻製に使用する代表的な燻煙材と、その特徴

サクラ……最もポピュラーな燻煙材。香りが強く豚肉や羊肉との相性がよい。

リンゴ……甘く柔らかな香りで、クセのない鶏肉や白身魚の燻製に適する。

クルミ……リンゴ以上にクセのない香りで、食材の風味を生かしたい時に最適。

ナラ……柔らかい香りで色付きがよいため、魚やチーズに合わせるとよい。

ブナ……ナラと同じく色付きがよい。欧州ではハムやソーセージに使われる。

ヒッコリー……オールラウンドに使いやすい燻煙材。北米では古くから愛用されている。

オーク……ウイスキー樽として使われたナラの燻煙材。ウイスキーのよい香りがする。

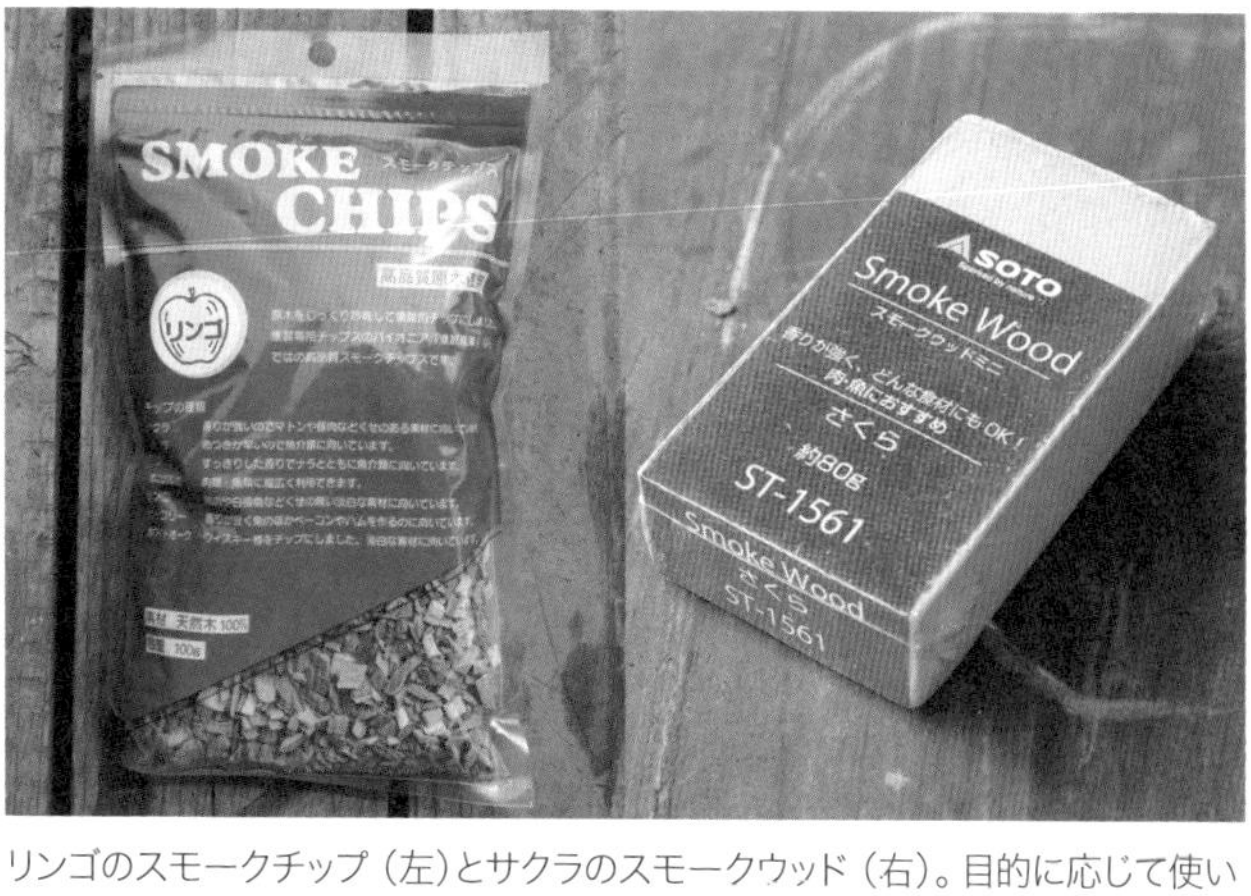

リンゴのスモークチップ（左）とサクラのスモークウッド（右）。目的に応じて使い分けたい。

コラム　その7

ロケットストーブの仕組みと作り方

火遊び好きのDIYerに大人気のロケットストーブ。ゴーッという音とともに噴き出す炎は迫力満点でとても魅力的。

ロケットストーブの構造はシンプルだ。通常のストーブにはある大きな燃焼室がロケットストーブにはない。その代わりストーブ本体には断熱された煙突が埋め込まれており、熱い空気が上昇するドラフト現象を応用し強い燃焼を実現している。

ロケットストーブの魅力は、原理さえ応用できれば材料やデザインに制約は全くないこと。アイデア次第で様々なストーブを自作し、活用できるのだ。

最もスタンダードなロケットストーブの完成形。これをベースにオリジナルのロケストにも挑戦しよう！

ロケットストーブの構造と原理

アイデア次第で様々なデザインが可能なロケットストーブだが、基本の作りは右図のように、アウターシェル内にL字型の煙突パイプを組み込み断熱素材を充填した形となる。このL字型の煙突パイプは大きく二つのゾーンに分かれている。

吸気口を兼ねた燃焼室へ、燃料となる小枝などを投入し着火すると、その熱と燃焼ガスは煙突効果によって、奥のヒートライザー部へと流れ排気されるが、この時、充填された断熱材の効果でヒートライザー内は高温となり強力な上昇気流を発生させる。ヒートライザー内が600度を超えると、未燃焼ガスが二次燃焼により燃やされ、排気口からはロケットのように炎が立ち昇る。

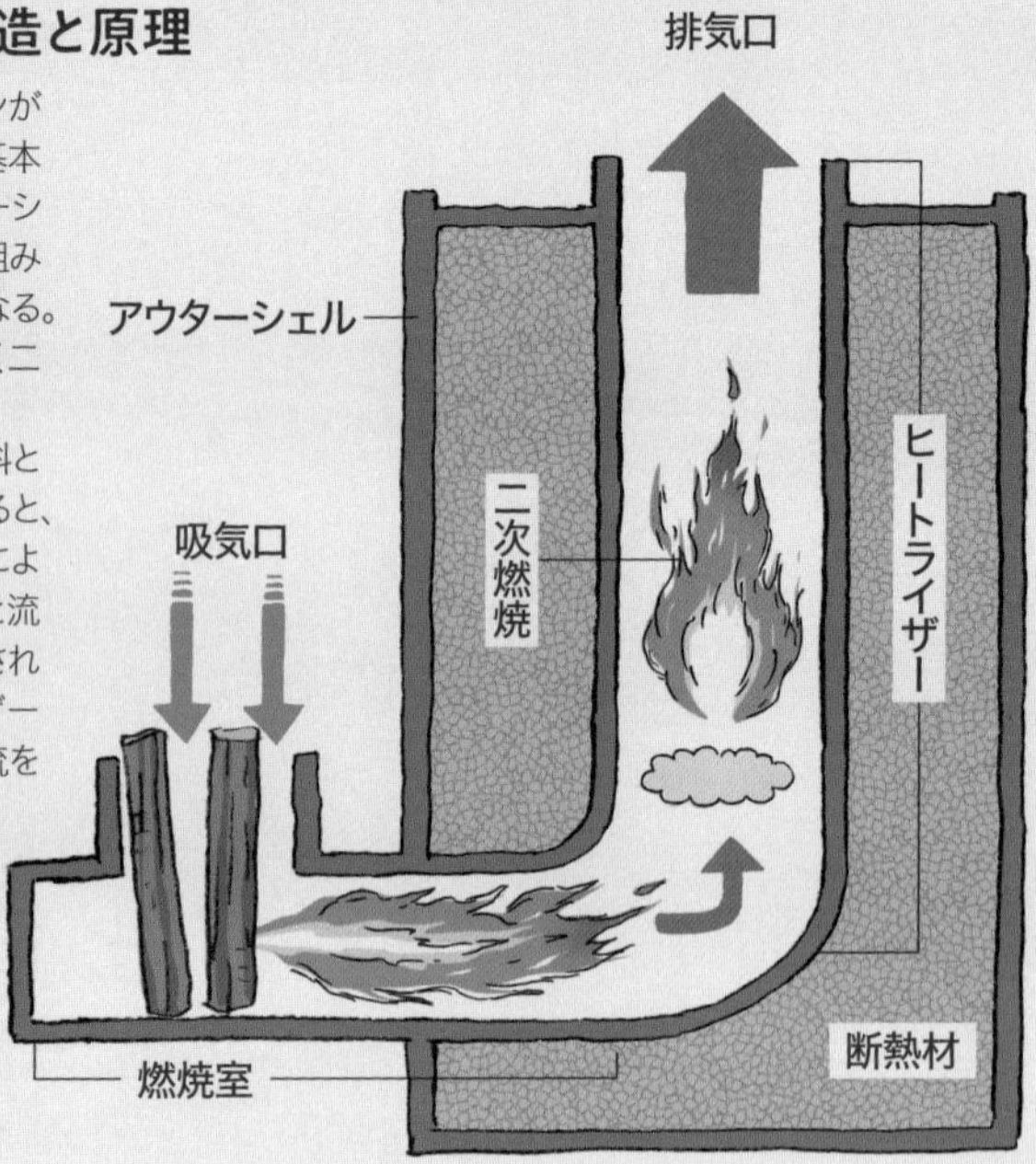

ロケットストーブの基本的な作り方

材料

ペール缶（20Lタイプ）……1個
パーライト20L……1袋
ステンレス煙突（径100）
……1本
455㎜直筒……1本
90度曲げ筒……1本
T字曲げ筒……1本
煙突用金属バンド……1本

使用する工具

油性ペン
カナヅチ
金切ばさみ
ドライバー
ペンチ

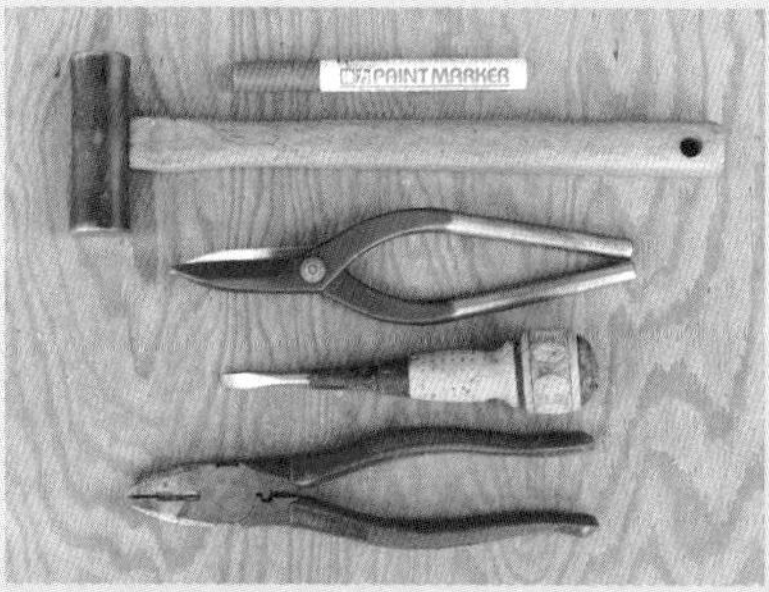

作り方

1　ペール缶側面下部に煙突が通る穴を開ける。なるべく隙間ができぬよう、ぴったり煙突の太さになるように。中心にドライバーを打ち付けて穴を開け、そこから金ばさみで切り開くとよい。

2　開けた穴にペール缶内側から「90度曲げ筒」をしっかり差し込む。ぐらつくようなら根元を金属バンドや針金を巻きつけて固定するとよい。

3　ペール缶の蓋にも煙突が通る穴を開ける。一度、すべての煙突パーツを組み上げて、蓋に開ける穴の位置をしっかり確かめる。

4　「直筒」はそのままでは長いので、蓋から出て2～3㎝のところで切断する。

5　切断した直筒を、ペール缶内部の90度曲げ筒と接続する（煙突パーツはお互いが刺さり合うような作りになっている）。

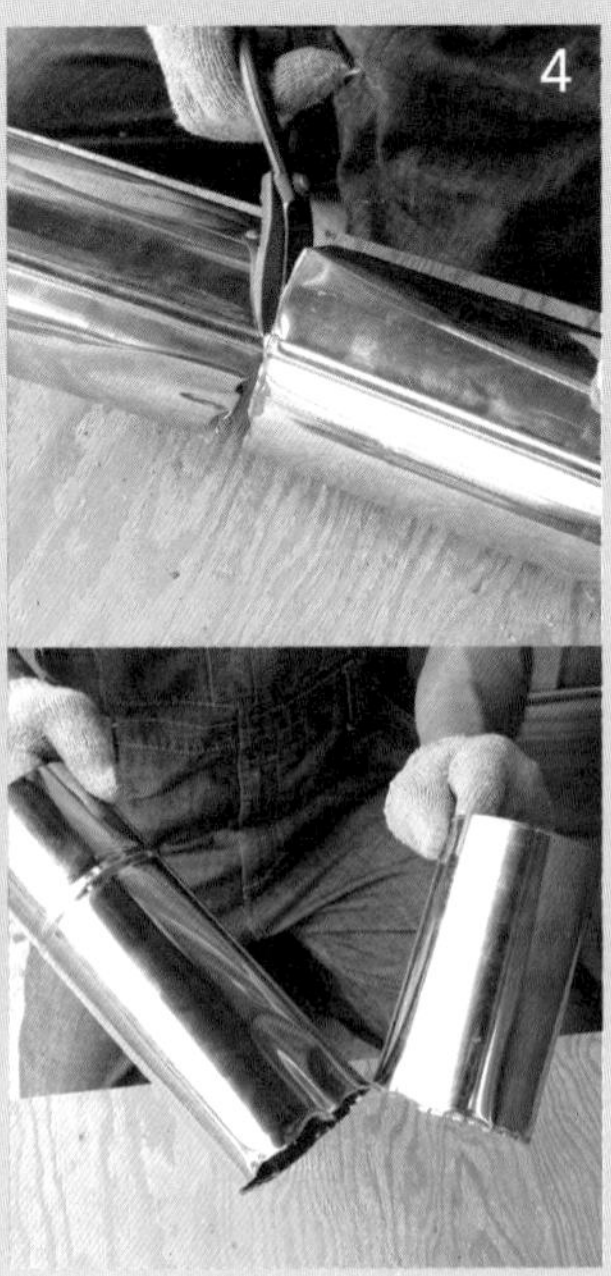

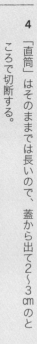

6

断熱材となる「パーライト」をペール缶へ入れる。できるだけギリギリまでたっぷり入れよう。煙突内へ入らないように注意。

7

蓋を完全に閉じ、付属の金属バンドでしっかり固定する。

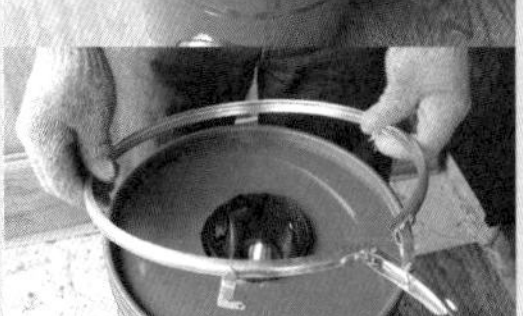

8

ペール缶側面から出ている煙突に「T字曲げ筒」を取り付ける。T字の縦軸が上を向く形に。これが焚き口となる。

9 必要に応じて鍋置きの五徳などを煙突上部に置いてロケットストーブの完成。ロケットストーブの火力は強力なので、安物の網だとすぐにダメになる。

完成

ペール缶ロケットストーブの完成。T字曲げ筒前面の穴は吸気のためにもう少し開け広げてもよかったかもしれない。

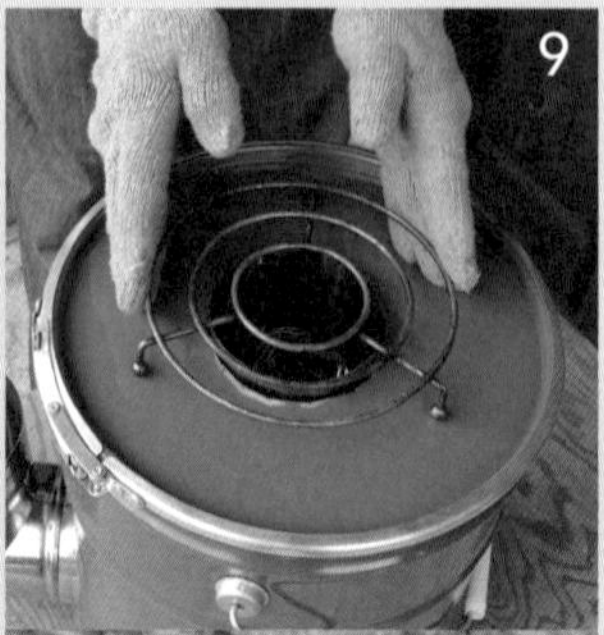

使用方法

T字曲げ筒の縦口を使った焚き口に小枝などを入れ着火する。煙突効果による強力な吸気で、少ない薪で驚くほど強い火力が得られる。ただし、小枝だとどんどん燃え尽きてしまうので、絶えず薪の追加が必要だ。

ロケットストーブ最大の魅力は、焚き口からロケットエンジンのように噴き出る強力な炎だ!!

第8章
焚き火の正しい終わり方と安全

焚き火の正しい終わり方とは

片付けに関しては「来た時よりも美しく」はよく言われるフレーズ。「残してよいのは足跡だけ」もアウトドア界隈《かいわい》では有名な標語だろう。「次に来た人が気持ちよく使えるよう、楽しませてくれた自然環境に感謝を込めて」自分の使った場所をきちんと回復しておく。当然のことだ。

しかし、焚き火に関して言えば「美しく現状回復するように」だけでは話は終われない。残り火は非常に危険なのだ。

焚き火の終わり方として二通りの方法がある。

「完全に燃やし尽くす」か、「完全に消火してしまう」かだ。

ベストは完全に燃やし尽くすこと。そのためには自分が何時に就寝あるいは出発したいかを把握し、使う薪の樹種や量、組み方を計画的に考える必要がある。例えば使用する樹種を、長く燃え続ける太いカシやケヤキの薪から、素早く燃え尽きる細めの針葉樹の薪へ代えていく。そうして最終的に消火予定の2時間前には炎が消え、熾火だけの状態とし、まだ塊として残っている薪をトングで少しずつバラしながら完全に燃やし灰にしてしまう。綺麗に灰だけとなった火床は、上手に焚き火をコントロールできた証。うまくいくと思わずニンマリしてしまう。

しかし、実際には様々な事情もあり、ゆっくり最後まで燃やす時間がないこともある。そんな時は強制的に鎮火させるしかない。「火を消す」ために必要なことは何か？　第1章で書いたよ

焚き火の正しい終え方、ダメな終え方

綺麗に燃え尽きさせる

燃え盛る薪がなくなり美しい熾火となったのち
完全に燃え尽きた焚き火。

残り火を火消し壺に入れる

火消し壺を使えば安全・確実に火を消せると同時に、
後日また炭として使えるので経済的。

燃え残しの薪や炭が残る

水をかける

うに、燃焼に必要なものは「燃料」と「酸素」それに「熱」である。消火のためにはこの3つの要素を省いてやればよい。「燃料」の薪の供給はやめる。その上で今燃えている火を消すには「酸素」と「熱」を奪ってやるのだ。

こう聞いて一番に思い浮かべるのは「水をかける」ではないだろうか。水が酸素と熱を奪い火勢は弱まる。確かに消火の基本である。しかし焚き火でこれをやると、意外と危険で周囲にも迷惑がかかる。実際のところブワッと水煙《すいえん》が上がり、細かく熱い灰があたりに飛び散るのだ。この現象を「灰神楽《はいかぐら》」と言い、かの江戸川乱歩も小説のモチーフに使っているが、追っ手に囲まれた登場人物が火鉢などに水をかけ、モウモウとした水煙を巻き上げて煙幕《えんまく》とし逃げ延びるシーンを時代劇で見たことがある人もいるのではないだろうか。この現象は大量の水が一気に沸騰することで水蒸気が爆発的に発生するために起こる。消火だけでなく調理中に水をこぼすなどしても起こるので気をつけてほしい。

また、埋めてしまえばよいとの意見もよく聞くが、これも間違い。まず環境面から言うと「炭」は非常に安定した状態なので土中分解はされず、いつまでも残り続ける。しかしそれ以上に問題なのは「火と熱」もかなり長い時間残ることだ。地面の中でジワジワと燃え続けた炭が、何かの拍子に地表に現れると、酸素が一気に供給されて非常に大きな火が噴くこともある。こうなれば山火事まであと一歩。緊急避難的に土に埋めて鎮火させることもあるが、それはあくまで一時的なものであとで掘り出して処分する前提で行う必要がある。

ではどうやって消火するかだが、「火消し壺」を使うのが一番安全だ。昔からある道具だがやはり間違いない。1個1個取り出して壺に入れていくのは面倒だが、これも焚き火を楽しむためのコストと思いしっかり行おう。火消し壺の代わりに「水を張ったバケツ」も使える。水をかけるのではなく、焚き木の方を水に入れるのだ。

こうやって完全に消化したら、残った灰はしっかりと集め、その場所のルールに従って処分すること。「安全」と「周りの環境への配慮」を忘れずに、しっかりとした終わり方を身につけてほしい。

著者お勧めの「火消し壺」

ユニフレーム 火消し壺SUS

壺内に貯めた水で炭火を消火する。中には網が付属しており、水に浸けた炭を網ごと取り出して日干しし、炭を再利用できる。

ロゴス ポータブル 火消し壺

アルミ製の頑丈なボディにネジ込み式の蓋が組み合わさり、火のついたままの炭も安全確実に消火・保存が可能。スタイリッシュなボディで人気が高い。

万が一の事故に備えて

焚き火による火災事故は毎年、実際に多く起きている。風の強い日の焚き火で火の粉が飛び火災になってしまったものや、消火の確認をせずに立ち去った火床から広がったものなど出火の原因は様々。しかし火災になった原因を見てみると、そのどれもが「これくらいは大丈夫だろう」というような慢心から火災に至っている。せっかくの楽しい焚き火が、火災の原因となってしまわぬよう、火を焚く時はいつも、次のことを心がけよう。

焚き火をする時のルール

1 焚き火に使用する道具の安全を確認する。
2 必ず焚き火が許可された場所で行う。
3 風の強い日には、絶対に焚き火はしない。
4 焚き火の周囲に燃えやすい物は置かない。
5 バケツに緊急用の水を用意する。
6 緊急時以外は消火に水を使わず、火消し壺等を使う。
7 最後にしっかりと消火を確認し、責任を持って焚き火を終える。
8 火傷と衣服への着火に注意！　燃えやすい服で焚き火はしない。

焚き火に関する法律

かつては暮らしに密着し、家屋の中でも外でも行われていた焚き火であるが、現代の日本ではむやみに行うことは法律により規制されている。各自治体の窓口には、「屋外での焼却作業の煙やにおいで洗濯物が干せない」や「窓を開けると煙が入ってきて気分が悪くなる」などのいわゆる焚き火・野焼きに関する苦情が多く寄せられているそうだ。庭でゴミを焼却したり、住宅街の児童公園で焚き火宴会をするなどは、法律を持ち出すまでもなく論外な行為だろう。

焚き火を楽しむために、人に迷惑をかけないことは大前提とし、その上で法律で許された焚き火とはどういうことなのか。しっかり確認しておきたい。

焚き火に関する法律は、

- **消防法**
- **軽犯罪法**
- **廃棄物処理法**

の３つだ。また他に自然公園法や都市公園法、地域独自の規制などもあるので注意してほしい。

消防法

第三条　消防長、消防署長その他の消防吏員《りいん》は、屋外において火災の予防に危険であると認める行為者又《また》は火災の予防に危険であると認める物件若《も》しくは消火、避難その他の消防の活動に支障になると認める物件の所有者、管理者若しくは占有者で権原《けんげん》を有する者に対して、次に掲げる必要な措置をとるべきことを命ずることができる。

一　火遊び、喫煙、たき火、火を使用する設備若しくは器具（物件に限る）又はその使用に際し火災の発生のおそれのある設備若しくは器具（物件に限る）の使用その他これらに類する行為の禁止、停止若しくは制限又はこれらの行為を行う場合の消火準備（二以下略）

消防法では「屋外で火災の危険があるような行為をしている人を見つけた場合に消防署員は消火させることができる」としている。そしてこれに違反した場合は30万円以下の罰金または勾《こう》留《りゅう》に処されると規定されている。

軽犯罪法

第一条　左の各号の一に該当する者は、これを拘留又は科料《かりょう》に処する。

九　相当の注意をしないで、建物、森林その他燃えるような物の附近で火をたき、又はガソリンその他引火し易《やす》い物の附近で火気を用いた者軽犯罪法ではその第一条で「注意せず可燃物が付近にある場所で焚き火をしてはいけない」としている。そして軽犯罪法に違反した場合は1日以上30日未満の拘置または1000円以上1万円未満の科料に処されるとされている。

廃棄物の処理及び清掃に関する法律（廃棄物処理法）

第十六条の二　何人も、次に掲げる方法による場合を除き、廃棄物を焼却してはならない。
一　一般廃棄物処理基準、特別管理一般廃棄物処理基準、産業廃棄物処理基準又は特別管理産業廃棄物処理基準に従って行う廃棄物の焼却
二　他の法令又はこれに基づく処分により行う廃棄物の焼却
三　公益上若しくは社会の慣習上やむを得ない廃棄物の焼却又は周辺地域の生活環境に与える影響が軽微である廃棄物の焼却として政令で定めるもの

廃棄物処理法では第十六条の二で「ゴミの焼却」は法律に従った方法で行わねばならないとしている。「ゴミ」が何を指すのかで解釈が変わるが、「薪や炭」以外の小枝や落ち葉、着火のための新聞紙などを含めるとすると、これらを燃やす時に「周辺地域の生活環境」に迷惑がかからぬようにせねばならない。そしてこれに違反した場合5年以下の懲役もしくは1000万円以下の罰金に処し、またはこれを併科するとなっている。ではこの十六条の二の三に出てくる「政令」

で定められた「影響が軽微な廃棄物の焼却」とは何か？　それは廃棄物の処理及び清掃に関する法律施行令第十四条に書かれている。

廃棄物の処理及び清掃に関する法律施行令

第十四条（焼却禁止の例外となる廃棄物の焼却）　法第十六条の二第三号の政令で定める廃棄物の焼却は、次のとおりとする。

一　国又は地方公共団体がその施設の管理を行うために必要な廃棄物の焼却

二　震災、風水害、火災、凍霜害《とうそうがい》その他の災害の予防、応急対策又は復旧のために必要な廃棄物の焼却

三　風俗慣習上又は宗教上の行事を行うために必要な廃棄物の焼却

四　農業、林業又は漁業を営むためにやむを得ないものとして行われる廃棄物の焼却

五　たき火その他日常生活を営む上で通常行われる廃棄物の焼却であって軽微なもの

重要なのは三から五だろう。これを読むと焚き火してよいのは、どんど焼きなどの古くからの宗教行事や農作業で出た草や作物の残渣《ざんさ》の焼却、そして普段の暮らしから出る常識的な廃棄物を燃やすことのようだ。ただしこれらを燃やす時、前提として第十六条の「周辺地域の生活環境に与える影響が軽微」でなければならない。

また、焚き火を行うシチュエーションで強く影響がありそうなのが「自然公園法」。自然公園

法では第二十一条で「国立・国定公園」について景観を守るために特別保護区を設け、そのエリア内での許可なき禁止事項の一つに焚き火を挙げている。

ここまで関連ありそうな法律を見てくると、巷間《こうかん》言われているほど、焚き火に関する法の縛りは厳しくないように思われる。それはやはり焚き火という行為が、日々の暮らしと不可分の関係だった時代が、それほど昔ではなかったということなのだろう。

しかし実際のところ、地域の条例や自治会独自のルールなどでより厳しく規制されていることも多い。昔と違い今の焚き火の多くは、基本的には「なくてもよい、楽しむためのもの」だということを忘れず、周囲への配慮を考えながら行わねばならない。

これら法律の条文をあわせて考えると、焚き火をする時に守らねばならないのは以下の通りと考える。

●場所の所有者が焚き火をすることを許可していること。
●周囲の家などに迷惑がかからないようにすること。
●可燃物の近くなど延焼の危険がない場所ですること。
●すみやかに消火ができるよう準備してあること。
●有害な物質が出て周辺環境に影響の出るようなものは燃やさないこと。

どれも当たり前のことである。これ以上、焚き火への規制が強くなり個人で焚き火を楽しむことができない世の中にしないためにも、これらについて遵守《じゅんしゅ》することが大切である。

これからも焚き火を楽しむために、環境への影響を考える

前項にも書いたが、現代の焚き火のほとんどは「なくてもよい、楽しむためのもの」なのだ。キャンプ中に無理に火を焚かずとも、ガスコンロで調理はできる。それでも我々は焚き火を楽しみたいのだ。ではそのわがままな行為は、自然環境にどのような影響を与えるのだろうか。

まず思い浮かぶのが、火を使うことによる二酸化炭素の発生。人類の生産活動から出る大量のCO_2によって地球規模の気候変動が起こっていることは、連日のニュースでご存じだろう。

では個人が行う焚き火から出るCO_2で、それほどの悪影響が出るのだろうか。実を言うとこれは大きな誤解である。ガスストーブに使用される燃料、あるいは工業製品であるガスストーブそのものを製造するための材料やエネルギーが、どこから来たものかを考えれば、キャンプ場周辺で作られた薪を使って熱を生産する焚き火は、非常に環境によい手段と言える。

かつて日本の暮らしを支えた里山は、現在では手入れがされず荒れ果てている。管理されず育ちすぎた樹木は、成長期の若木に比べCO_2の吸収が大きく減る。さらに、朽ち果てた樹木や枯れ枝、落ち葉は腐朽《ふきゅう》し分解されCO_2を出す原因ともなる。かつてのような大需要とはならずとも、薪を使うことで樹木が更新されていくことが、実際にはCO_2の削減への一助となるのである。

次に気になるのが、直火による土壌への影響だ。ここまでの章で書いてきたように、多くのキャンプ場では直火は禁止されている。実際、美しく燃やし尽くし後処理できる人ばかりではない。

場内の地面の見た目も悪くなるし延焼の危険も多いのでキャンプ場の直火禁止と焚き火台使用の流れは、仕方のない面が多い。ただCO_2と同じように個人の焚き火が、そこまで土壌環境に影響を与えているのかというと、少々疑問である。

森林ジャーナリストの田中淳夫氏のリポート*によると、「焼き畑」をした際の実験で、地表より２㎝上で温度が４６０〜５５０度を記録したものの、地表から10㎝地中では27度以下だったそうである。その差わずか12㎝ながら、土中にはほとんど熱は伝わらなかったのである。

実際の焼き畑農業では、これを利用して地表付近の害虫や菌類、雑草の種を駆除すると同時に草木の灰を大量に産生して畑の環境をよくするようだ。もちろんこれは専門の知識と経験を持った現地の農家が行うからよいのであって、食料の大増産を目的に無計画なジャングルの焼却を行うのは論外である。そして農家のプロが行う焼き畑の効能を、素人が娯楽として楽しむための焚き火への言い訳にするつもりも当然ない。ただ古来、人類が綿々と続けてきた「火を焚く」という素朴な行為が、環境を破壊する象徴かのように言われることに、引っかかりを感じると田中氏はリポートの中で書かれており、僕も全くの同意見だ。

「楽しむ焚き火」を末長く楽しむために、我々愛好家が一番に考えねばならないことは「地球環境」への影響よりは「社会環境」への適応ではないかと僕は思う。結局、どこまで山の奥深くへ移り住んだとしても、この情報化社会の中で完全な個人として自由に行動することは不可能だ。前項に書いたように法律にのっとるのは当然で、さらに周囲の人への迷惑を考え、慎ましく火を焚く。そんな気持ちが重要なのではないだろうか。

＊田中淳大　森から見たニッポン　https://news.yahoo.co.jp/byline/tanakaatsuo

焚き火のための衣服考

火を扱う「焚き火」は危険をともなう。アウトドアウエアに多いナイロンやポリエステルなどの化学繊維は、火と熱に非常に弱い。火の粉が飛んで穴が開く程度なら笑い話だが、火が燃え移って大火傷では洒落にもならない。キャンプのハウツーサイトなどで燃えづらいウエア素材と紹介されるコットン（木綿）も、実際には着火の可能性は高く、綿生地の種類によっては、一度火がつくと瞬間的に衣服全面に炎が回る表面フラッシュの危険がある。そういった着衣着火の危険を避けられる衣服の選び方と最新の難燃性化学素材まで、火から身体を守る衣服を考えたいと思う。

着衣着火の恐怖

京都市消防局が公開している着衣着火に関する実験がある。マネキンに各種素材の服を着せ、袖口をガスコンロの火に近づけた実験の結果が下記の通りだ。

ポリエステルでは火まで10㎝離れたところでも5秒で着火してしまうという恐ろしい結果だ。木綿とアクリルも袖が3㎝まで近づけば10秒とかからずに着火し、その火は数分で袖口から肩まで燃え広がる。また、気になるのが木綿とポリエステルの混紡素材のデータだ。この生地はポリコットンと呼ばれ、多くのサイトで火に強いと紹介

	距離10cmでの袖口への着火時間	距離3cmでの袖口への着火時間	袖に着火してから肩に燃え移るまでの時間
木綿　100%	着火しない	8秒	3分12秒
ポリエステル100%	5秒	——	部分燃焼で自然に鎮火
アクリル　100%	着火しない	3秒	2分4秒
木綿35% ポリエステル65%混紡	着火しない	3秒	3分10秒

されるタープやテントに人気の素材なのだが、結果はご覧の通り火から３㎝のところでわずか３秒で着火してしまっている。

　ではなぜコットン（木綿）は火に強いという誤った情報が出ているのだろうか。それは各素材に熱が加わった時に起きる現象の違いからきていると思われる。繊維メーカー各社が出している繊維素材の資料によると下記のようなデータがある。

　軟化点とは繊維が柔らかくなる温度、溶融《ようゆう》点とは溶け始める温度であるが、メーカーの研究機関によってデータに差はあるものの、３種類の繊維でその温度に大きな違いはない。しかし注目すべきは、木綿は軟化点がなく溶融点も「分解」となっていることだ。これは自然素材である木綿は熱で「溶ける」のではなく「燃える」ことを表している。当たり前だが植物素材の木綿は薪と同様に燃焼する。その熱による分解温度は薪と大きく変わらず２３５度くらいということだ。

　ではなぜ「火に強い」という錯覚が起きているかというと、５００度をはるかに超える飛び跳ねた火の粉が衣服に付着した時、石油由来の化学繊維は一瞬で溶融点に達して溶けてしまう反面、小さな火の粉では瞬間的に木綿の発火温度に達したとしても、燃やしてしまう前に熱が下がり、結果として「火の粉で穴が開く」ことはないからだ。この「火の粉で木綿は簡単に穴が開かない」という利点は、確かに焚き火やＢＢＱを楽しむアウトドア愛好家にはありがたいことである。しかし、いつの間にかそのメリットが強調され「木綿は火に強い」という誤解を生んだのは少々危険なのではないかと思われる。

	軟化点	溶融点
木綿	なし	２３５度で分解 ２７５度で燃焼
ポリエステル	２３８～２４０度	２５５～２６０度
アクリル	１９０～２４０度	明瞭でない

難燃素材ウエアとその他の燃えづらい天然素材

それでは焚き火による着衣着火を防ぐため、どのようなウエアを選択するのがよいのだろうか。まず考えられるのは、各繊維・衣類メーカーが開発した難燃性素材を使用したウエア。モンベルのフエゴシリーズやスノーピークのTAKIBIシリーズなどが有名だ。一口に難燃素材と言っても製法は様々で、モンベルのフエゴに使われるフレアテクトは難燃性ビニロンとコットンの混紡で燃えにくくしているのに対し、スノーピークのTAKIBIに使われるアラミド繊維は消防服にも使用される素材で限りなく不燃に近い。ただし、メリットデメリットは素材ごとにあるので、値段や性能、着心地などから選ぶとよい。

アウトドア愛好家には天然素材を好む人も多い。その場合の選択肢としてウールが挙がる。素材の燃焼に必要な酸素の量をもとに繊維の難燃性を比較したLOI値で比較すると、ウールの数値は難燃アクリルに近い成績なのがわかる。実際、ウールの発火点は500度を超える。ウールに火をつけても簡単には燃え広がらず、多くの場合、自然鎮火する。これは動物由来の繊維であるウールが窒素や水分を多く含んでいるからだ。

天然素材でもう一つの選択肢がレザーだ。多くの焚き火愛好家も手袋は厚手の皮革製だと思われる。しかし、レザーウエアは火に強いとは言えない。一般に皮革素材は通常の繊維と比べて燃えにくく、熱が伝わりにくいので、直火で簡単に着火し火傷を負う危険は少ない。ただし、皮革素材自体の耐熱温度は決して高くないので、燃えないがウエアや身体にダメージが残る場合があ

主な繊維のLOI値

アラミド繊維	29～33
難燃アクリル	25～32
ウール	25
木綿	18
アクリル	18

※一般にLOI値25以上が、難燃性があるとされる。

る。火の粉程度なら大丈夫だが、過信せず気をつけた方がよいだろう。また合成皮革は、当然焚き火周辺での使用には向いていない。

焚き火に適したウエアとは

ここまで見てきて焚き火が怖くなった方もいるだろう。しかし、実際には火の粉で服に穴が開くか小さな火傷程度で、全身に及ぶような着火事故はそうそう起きていない。焚き火周辺では「化繊の衣類はやめておこう」「コットンなら火の粉で穴が開きにくい」程度の配慮で大丈夫だと思う。実際に僕も高価な焚き火専用ウエアは所持していないし、色々な国で直火を扱い暮らす人々を取材してきたが、難燃ウエアなど着てはいなかった。大概はコットンかウールの上着である。

だが、過信は禁物だ。「化繊は着火しやすい」「コットンも燃えることがある」「袖口が焚き火に触れれば、あっという間に肩まで火が昇る」などの知識があれば、燃えやすい化繊の長袖シャツに耐火素材のエプロンだけつけて焚き火料理をするような危険なこともないだろう。

最後に、万一着衣に火がついた時の対処法を載せておく。アメリカの消防士が考案し、日本各地の消防署で啓蒙している方法だ。ぜひ覚えておいてほしい。

着衣着火が発生したら「ストップ！　ドロップ！　ロール！」

ストップ（止まって）　走り回ると風で火勢が増すので、その場で止まる。

ドロップ（倒れて）　そのまま倒れて、燃えているところを地面に押し付ける。

ロール（転がって）　ゴロゴロ転がって、衣服に着いた火を消していく。

コラム　その8

お気に入りの焚き火ウエア

年間に、いったい何度の焚き火をするだろうか。撮影仕事で焚き火もすれば、家族の夕食に火を焚くこともある。冬ともなれば、毎朝薪ストーブに着火する。火を焚くことが完全に日々の生活に組み込まれているので、何か特別なウエアを用意することはない。

前項で着衣着火の危険について、偉そうなことを書いてしまったが、当の本人は無頓着で、軽くて快適な化繊の登山パンツも、冬に手放せないモンベルのフリースも、火の粉であちこちに穴が開いている。

しかし、さすがに長いこと焚き火を愛好しているので、本腰を入れて大きな火を焚こうかという時に、私なりに愛用している「焚き火ウエア」もなくはない。

アウターでよく羽織るのが、エディーバウアーのトラベルジャケット。購入したのは15年以上前だろうか。すでに廃盤のようで、ウェブサイトには掲載されていない。表地の素材は綿70％ポリエステル30％のいわゆるポリコットンで、エディーバウアーがそのように宣伝しているわけではないが、火の粉には強く、焚き火近くでも安心だ。そう高価だった覚えもなく、汚れや焼け焦げ擦り傷などを気にせず、焚き火脇の作業や日曜大工で今も秋から冬にかけて酷使している。

エディーバウアーのジャケット

化繊の登山パンツの穴

もう一つのお気に入りは、カブーのスローシャツ。こちらも質実剛健な厚手のコットンで、少々の火の粉ではびくともしない。このコラムを書くまで、スローシャツの「スロー」はSlow Lifeのスローだと思っていたが、改めてカブーのサイトをチェックしたら違ったようだ。正確な名称の綴りは「Throw Shirt」。イメージとしては「投げ捨てられるシャツ」みたいな意味だろうか。簡単に羽織ったり脱ぎ捨てたりできる作業現場のウエアを目指して名付けられたらしい。スローライフのなんだか高尚な感じより、ガサツだけどガシガシ働いてドカドカと火を焚く印象で、なおさらこの服が好きになった。

カブーのスローシャツ

第9章 もっと焚き火を楽しむためのアレコレ

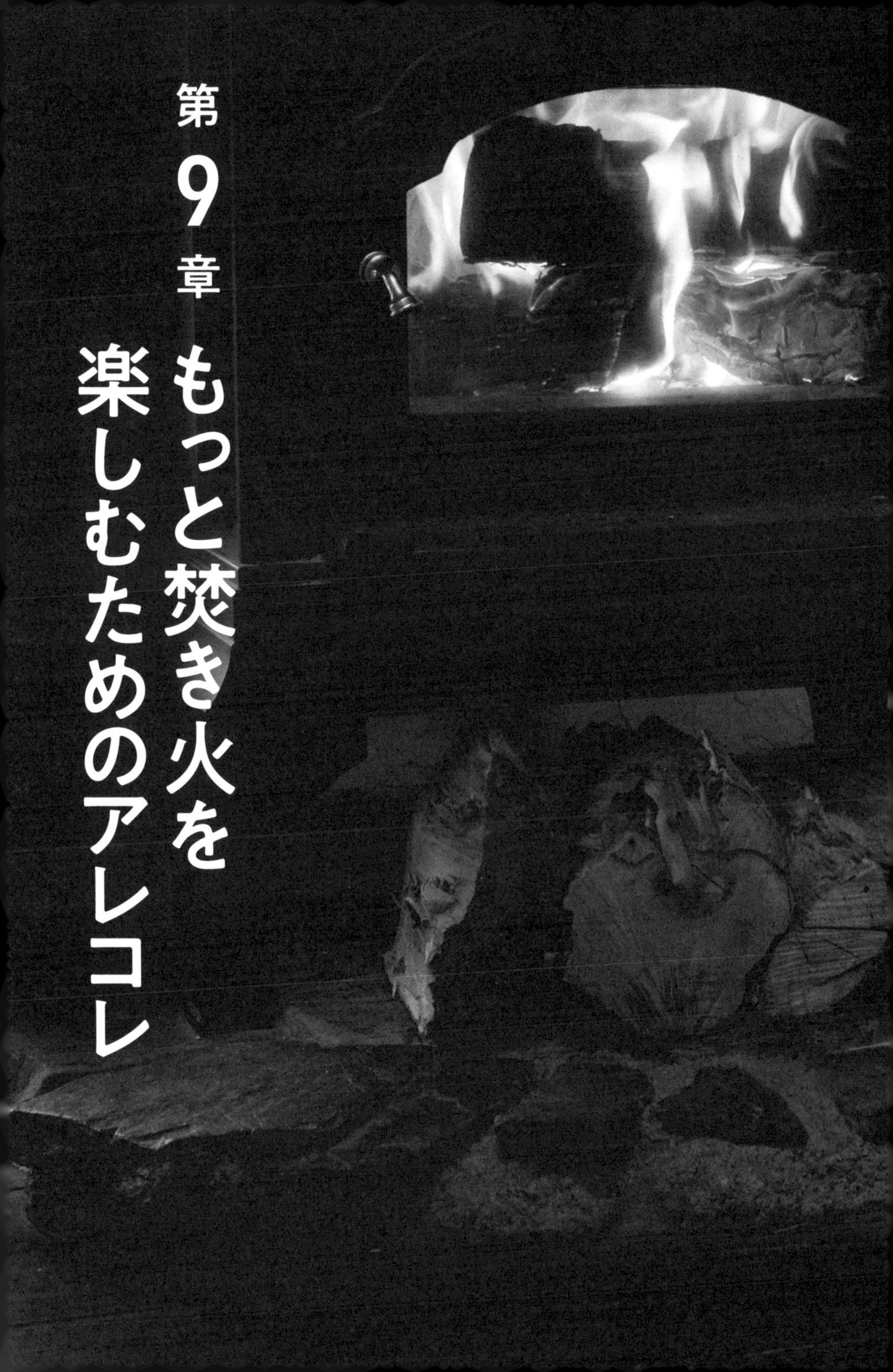

家で焚き火が楽しめる「薪ストーブ」という選択

薪ストーブは、素晴らしい火力の暖房器具であると同時に「家の中で焚き火が楽しめる」最高の遊び道具。高級品のイメージも強いが、実際には安価な製品も多く揃い、DIYでの導入も不可能ではない。焚き火愛好家なら、きっと楽しめるはずだ。

薪ストーブのここがスゴイ！

●暖房に化石燃料を使わない

薪ストーブの燃料はもちろん薪。エアコンや灯油ストーブと違い化石燃料を使わずエコロジー。エネルギーを使い地中から取り出した化石燃料ではなく、樹木が光合成で蓄えたエネルギーを使うのでCO_2の排出量はカーボンニュートラル。ただし、消費する薪の量は結構なボリューム。単に燃料の購入価格だけで損得を考えると後悔する。

●驚異の暖房パワー

薪ストーブは温風を吹き出し周囲を加熱するのではなく、本体の蓄熱と輻射熱《ふくしゃ》（放射熱）で家全体を温めてくれる。男二人がかりでも苦労する薪ストーブの重量は、この暖房パワーに直結するのだ。重く分厚い鉄の本体は、相当量の熱を溜め込み、長く時間をかけて優しくジンワリと家と体を温め続けてくれる。

●焚き火料理が家でもできる

調理器具としても役に立つのが薪ストーブ。ストーブトップで鍋の加熱は当たり前。じっくり長時間コトコトと煮込んでくれる。炉内にアルミホイルや鉄鍋に入れた食材を投入し直火料理も可能。さらに機種によっては、オーブンが付属しているものもあり、焼きたてのピザだって簡単に作れる。

●素晴らしいインテリア

存在感のあるデザインと、ゆらゆらオレンジに煌《きら》めく炎は他では代用できない唯一無二のインテリア。薪ストーブはそこにあるだけで、どんな雰囲気の家でも最高の室内空間にしてしまい、いつの間にか周りには多くの人が集まってくる。

●焚き火遊びがいつでもできる

毎日、家で焚き火遊びができる。これに勝る贅沢はないのではないだろうか。火をつける、火加減を調整する、ぼーっと炎を眺める。その一つ一つの瞬間がたまらなく楽しい。

薪ストーブの仕組みと使い方

現在の薪ストーブの原型が誕生したのは1740年代、かのベンジャミン・フランクリンが考案した箱型ストーブが起源と言われている。パッと見は大きな鉄の箱の中で炎が燃えているだけに見える薪ストーブ。実際、安価なタイプでは文字通りの鉄箱だけのものもある。しかしその長い歴史の中で数多くのアイデアが考案され、その性能は大きく飛躍してきた。

薪ストーブ以上に有名な薪を使った室内用暖房設備に暖炉がある。この暖炉と薪ストーブ、そして焚き火の違いはどこにあるのだろうか。3種類とも薪が燃える時の酸素は、その場所の周囲から供給される。対して燃焼後の煙もまたその場所に排気される焚き火と違い、薪ストーブと暖炉は煙突から排煙される。これは熱い空気が上昇する力を利用することで、排気を煙突口に集中させているのだ。

では、暖炉と薪ストーブの違いは何か？　これは燃焼室が密閉された空間かどうかである。開放型の暖炉では室内から空気が無尽蔵に供給されるが、密閉型の薪ストーブでは空気は吸気口からのみ供給され、人為的に空気の流れを調節することが可能になった。これにより薪の燃焼を人がコントロールできるのだ。空気量を変えることで火力の調節だけでなく、薪の過燃焼を防ぎ、より省燃費で長時間の暖房を行うことができる。

さらに近年の薪ストーブでは、完全に燃焼できず排気されるガスを再度燃焼させる二次燃焼のシステムが備えられ、排気中の煤《すす》を減らしよりクリーンで、より燃費効率よく薪エネルギーを活用している。最も一般的な二次燃焼機能を持つストーブは、左図のような仕組みだ。

薪ストーブ（クリーンバーン方式）の仕組み

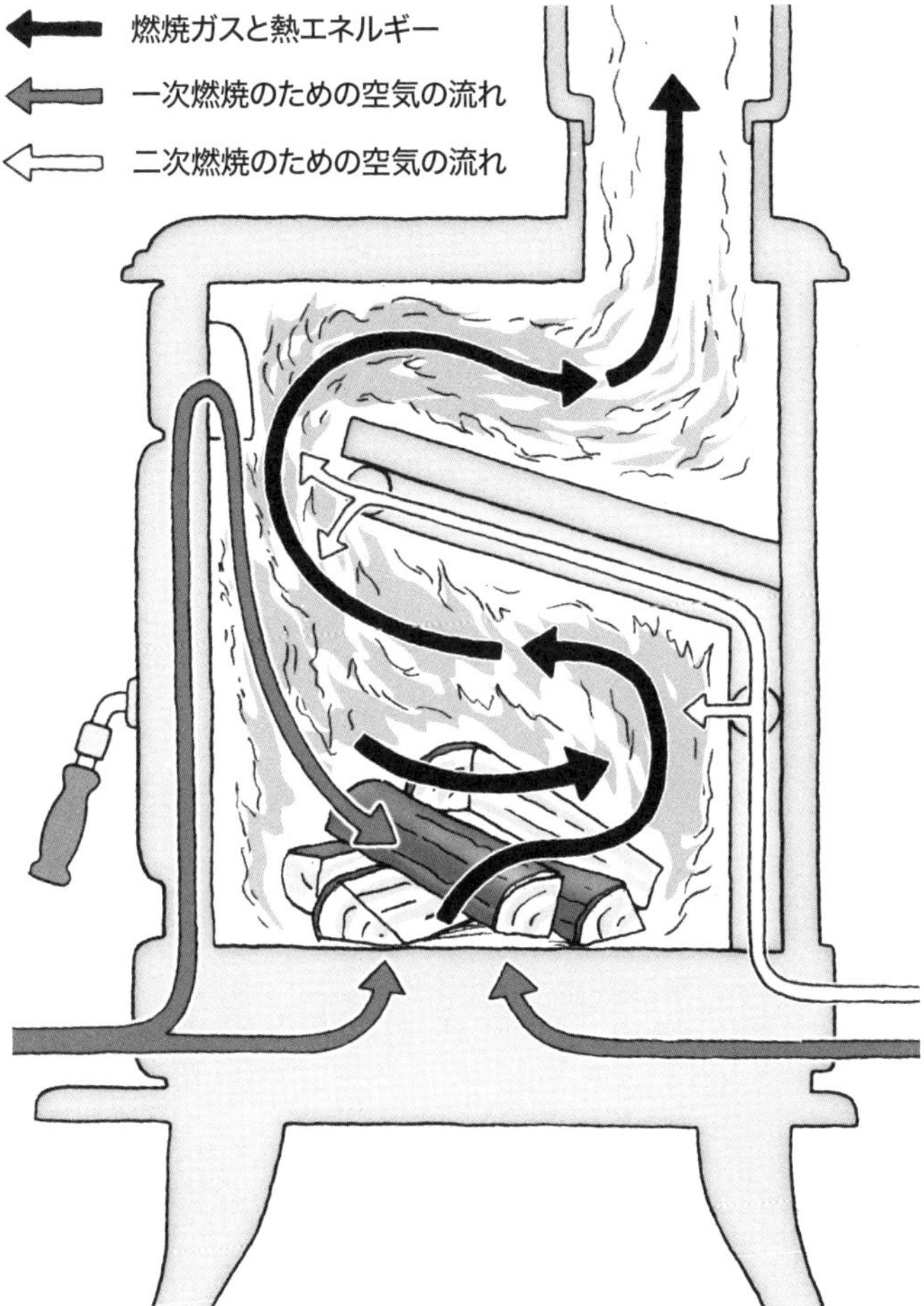

薪ストーブの火室内で薪が燃焼する時に発する煙には、多くの未燃焼ガスが含まれている。それを再度燃焼させて熱を効率よく利用するとともに、煙突から排気されるガスを少しでもクリーンにする技術が二次燃焼システム。この高度なシステムはメーカー各社で様々な方式が発明されているが、最もスタンダードなのがクリーンバーン方式だ。
これは一次燃焼の火室の上部で、未燃焼ガスに高温の新鮮な空気を混ぜ合わせて二次燃焼させる方式で、複雑な仕掛けが必要なく、メンテナンスが楽で壊れにくい。
二次燃焼システムにはこの他に、二次燃焼専用の火室を別に設けたタイプや、再燃焼を促す触媒《しょくばい》を使ったタイプなどがあるので、薪ストーブの導入を考える人はぜひご検討を。

焚き火と暖炉、薪ストーブの「燃焼」の違い

焚き火

何度も述べてきたように、薪が燃焼するためには酸素が必要となる。焚き火では、その酸素を周囲から取り込み燃焼後、煙（未燃焼のガスと煤）は熱をともなって焚き火上方へ大きく拡散していく。また、燃焼によって発生した熱エネルギーは近くにあるもの（人や鍋、食材など）を温めるが、その多くは八方へ拡散し生かされることはない。

暖炉

室内にレンガなどで設けられた炉で焚き火と同じように薪を燃やして使う。デザインは多種あるが大抵は前面のみ開放で周囲と上面は囲われている。後方上面に煙突口があり、燃焼によって生じた煙は熱をともなって上方へ排気される。焚き火に比べ排気が煙突に集中するため煙くならないだけでなく、熱による上昇気流の力で周囲から空気を集めるため吸気効率もよくなり、薪が非常に強く燃える。燃焼によって生じた熱エネルギーは周囲の炉壁を温め蓄熱するが、失われる熱はまだまだ多い。

薪ストーブ

●通常の箱型タイプ　金属（主に鉄）でできた箱型で、最もシンプルな構造の薪ストーブ。古くからある時計型ストーブやダルマ型ストーブ、ホームセンターなどで手に入る安価な薪ストーブなどがこれに当たる。密閉された燃焼室に1～2の吸気口があり、煙突までダイレクトにつながっている。吸気口の大きさは手動で調節可能で、任意で空気の流入量を調節できる。本体が薄手の時計型に比べ、ダルマ型等の厚手の鉄を使ったストーブの方が蓄熱性が高く暖かい。ただし、排煙とともに逃げる熱エネルギーは少なくなく、さほど燃費効率もよくはない。

●二次燃焼空気導入タイプ　薪ストーブの機能を飛躍的に進歩させたのが二次燃焼という考え方だ。通常の薪の燃焼では、非常に多くの未燃焼ガスと熱が煙とともに排気され大気中に拡散されてしまう。この貴重なエネルギーを、再利用しより多くの熱を得るため多くのアイデアが考案された。その最もスタンダードな形が、二次燃焼空気導入方式だ。この方式はクリーンバーンとも呼ばれ、多くのストーブメーカーが採用している。薪が燃焼（一次燃焼）後に発生した未燃焼ガスに新鮮で高温な空気を吹き付けることで二次燃焼を起こす仕組みだ。

この方式のストーブは一次燃焼用と二次燃焼用の二つの吸気口を持ち、燃焼室内で一度目の燃焼が行われたのちその上部で二次燃焼を行うシンプルな構造。このシステムにより薪の持つエネルギーの多くの部分を熱として活かすことが可能となった。

●触媒式タイプ　二次燃焼に触媒を使う薪ストーブ。燃焼室内での一次燃焼後、未燃焼ガスを高温の触媒に当てることで二次燃焼をうながす。熱効率が高いが触媒は消耗品のため、定期的な交換が必要だ。

●リーンバーンタイプ　二次燃焼をうながす方式はクリーンバーン方式と同じく未燃焼ガスへ新鮮で高温な空気を当てる方式だが、リーンバーンタイプはその行程を二次燃焼専用のスペースで行う。ただし機構が複雑なため定期的メンテナンスが必要。

薪ストーブの使い方

1　本体各部にある吸気口をすべて開ける。
2　燃焼室内に大小複数の薪と焚き付け等を入れる。
3　焚き付けに着火しドアを閉めるが、完全には閉じず少し開けておく。
4　太めの薪に火が移り、燃焼の安定を確認後、ドアを閉じる。
5　すべての薪が完全に燃え始めた頃合いで薪を追加。
6　燃焼が完全に安定運転に入ったところで吸気を調整し好みの燃焼状態へ。

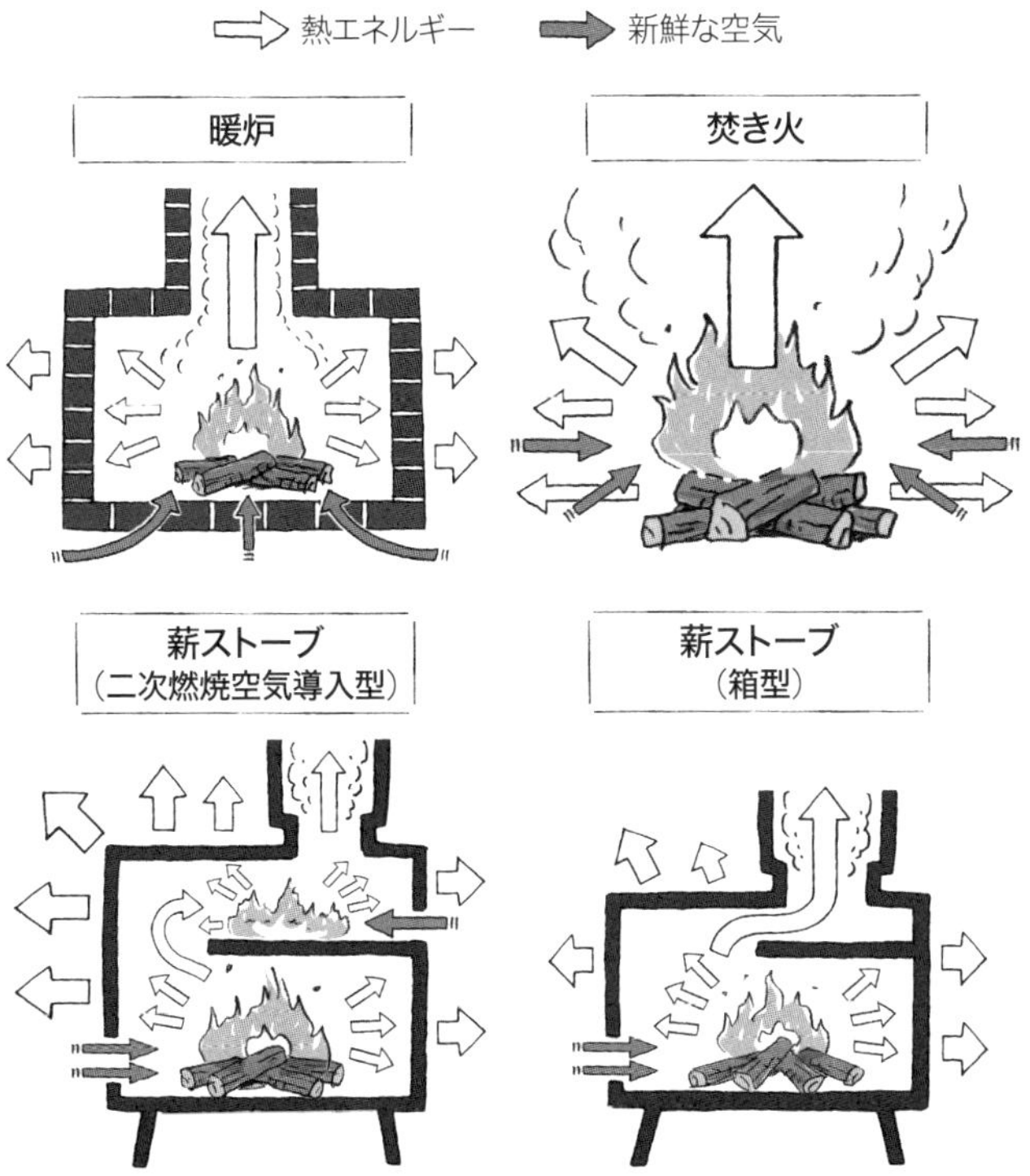

開放空間で行われる「焚き火」では、全方向から新鮮な空気を吸い込むと同時に、熱は上方へ大きく拡散され逃げていく。
対して「暖炉」では、ある程度の吸気と排気の制限があり、周囲のレンガ壁への蓄熱もあって、焚き火よりはるかにエネルギー効率はよくなる。
これが「箱型薪ストーブ」になると熱効率が飛躍的にアップ。吸気口のコントロールで酸素を絞るなど人為的に操作が可能になると同時に、箱型の鋳鉄が熱を室内に放射し大変暖かい。
しかし、まだまだ排気によって逃げるエネルギーは少なくない。その未燃焼ガスに新鮮な空気を吹き付けることで再燃焼させるのが、最新の薪ストーブが誇る二次燃焼システム「クリーンバーン」だ。

薪ストーブの導入方法

自宅に薪ストーブを導入する場合、建築と防火対策の両方の知識を持った信頼の置ける業者を探したい。特に既存の建物に設置する時は、屋根や壁を開口する必要があるので新築時より注意が必要だ。炉台や煙突工事をＤＩＹする愛好家も少なくない。ただし、非常に高温になり火災の危険がある薪ストーブなので、十分な準備のうえ導入を検討してほしい。

薪ストーブ設置ＤＩＹ

1　煙突は防火対策も考え、断熱二重煙突を使用してほしい。
2　屋根か壁のどちらかに穴を開け断熱と防水のための専用部品を使い煙突を設置する。
3　煙突の外回りの防水施工も重要。特に屋根出しは雨漏りのトラブルが多い。
4　設置場所に炉台を設ける。耐火性のある素材を使い火事にならないよう注意。
5　いよいよ薪ストーブの設置。ストーブの蓄熱性は重量に比例する。性能のよいストーブほど重いので気をつけて。
6　完成。

薪ストーブの設置例と防火の約束事

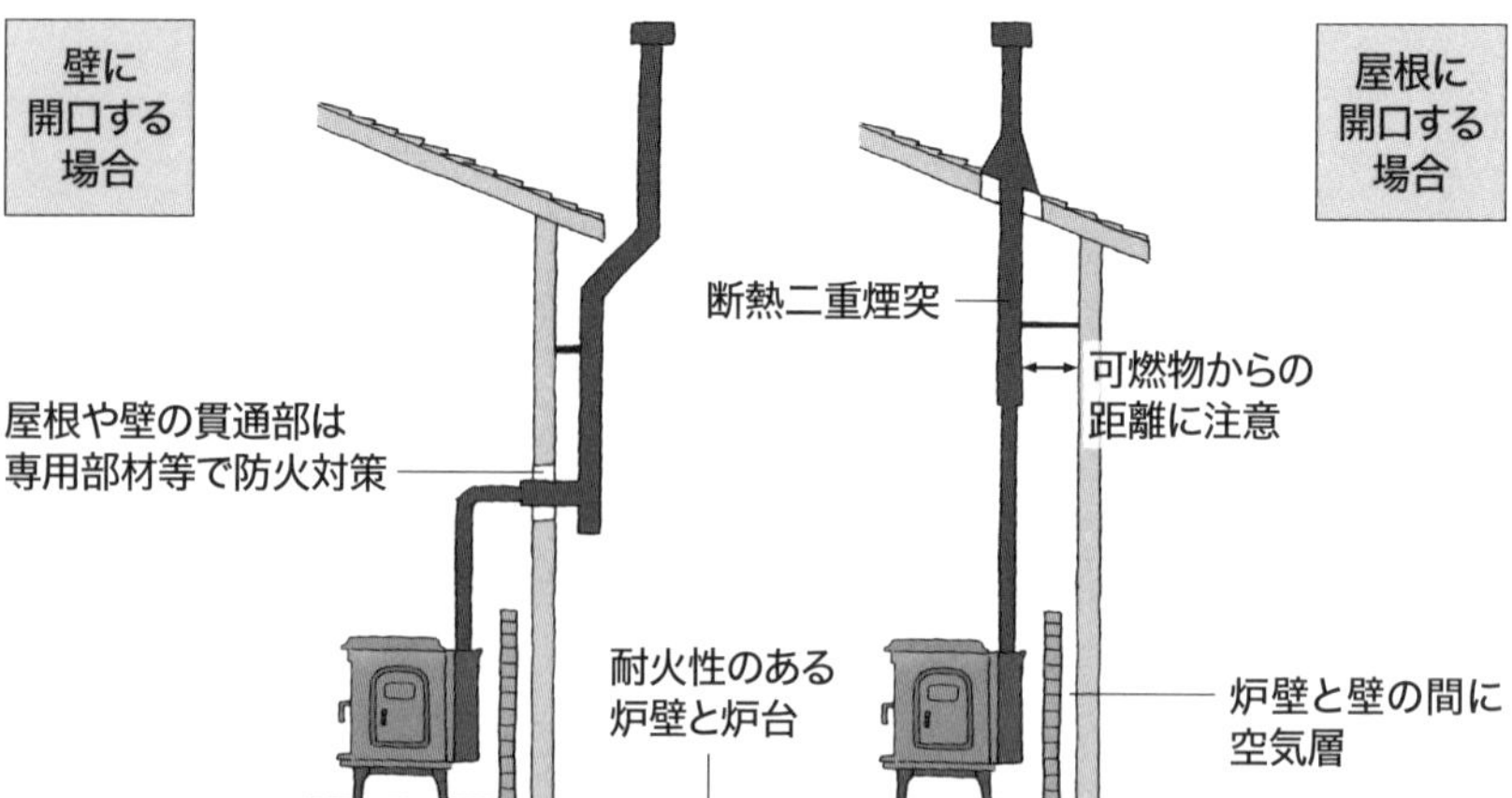

薪ストーブの導入で注意すべきなのが、煙突内部が燃え上がる「煙道火災」と、ストーブ周囲の建材が炭となり発火する「低温炭化」だ。煙道火災は複雑で長い煙突配管と、外部の気温で煙突内部が冷えることで中にタールが蓄積し、ある日これが燃えることで発生する。断熱二重煙突の使用と正しい配管、定期メンテナンスが重要だ。低温炭化は、材木などが長時間高温にさらされることで発生する。こちらもある日突然火を噴く。ストーブの周囲には不燃材を使うなど、防火のための法令にのっとった施工を行うことで防ぐことが可能だ。

注　防火のための基準・規則は上図のほかにも多数ある。地域によって規定が異なるため、販売店等で相談してほしい。

1

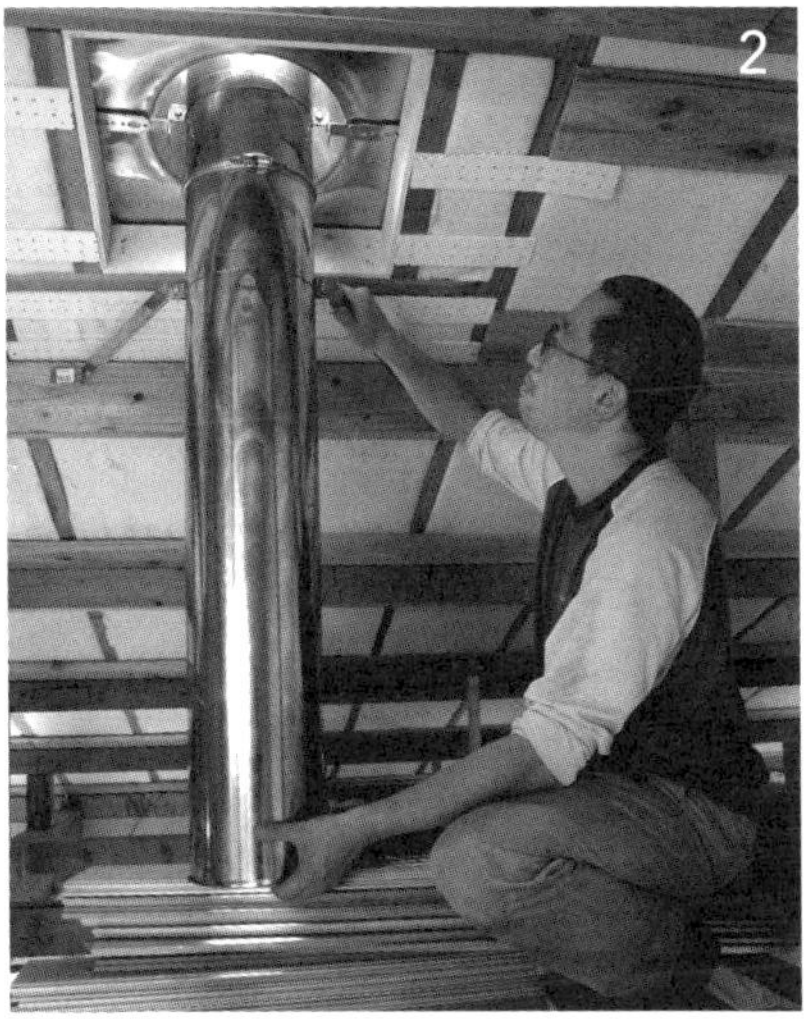
2

3

4

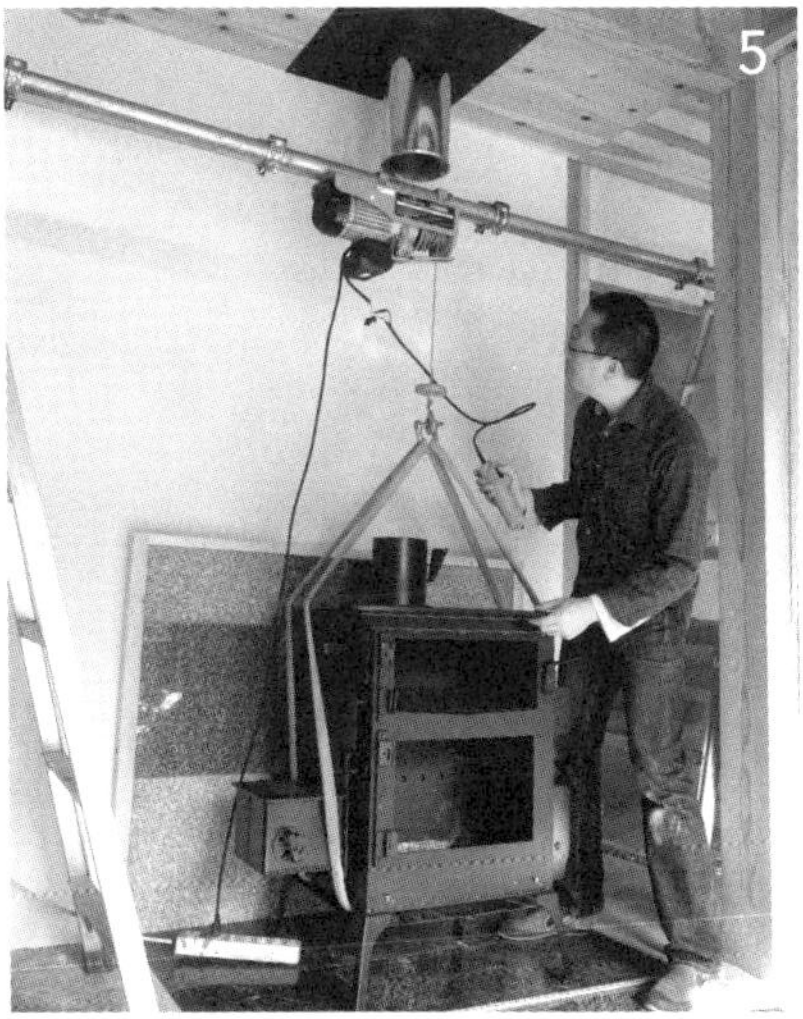
5

6

自分で薪を作る人のために1

薪の入手方法

入手方法

第2章で解説した通り、焚き火をするための薪には「買う」「拾う」そして「作る」の3種類の入手方法がある。ここでは、より焚き火を楽しむために「自分の力で薪を作る」人に向けた方法を紹介したいと思う。

さて自分で薪を作りたいとは言っても、自分専用の森を持っている人は少ないだろう。そのため、まずは薪の材料となる原木丸太を入手する必要がある。

薪にする原木丸太の入手先

●森林組合・林業関連会社

日本各地に原木、丸太の販売をしてくれる団体がある。製材してあるものは高価だが、丸太のままなら格安だ。地域により取り扱う樹種は様々なので電話で聞いてみるとよい。ただ基本的に個人相手の商売ではないので、ある程度の量を一度に発注する必要がある。また、置き場からの搬出に自分でトラックを用意するのは当然だ。

●製材会社

地元の製材会社と仲良くなると、商品とするのに向かない丸太などを格安、もしくは無料で入手できることがある。ただし基本、杉かヒノキしか選べない。全国各地に必ずある業者なので、自宅を新築、改築するタイミングや、DIYが好きだったりするなら、一度探してみるとよい。丸太以外にも焚き付けに便利な端材などももらえたりする。

●土木建築会社・造園業者

製材業者と同じく全国各地にある。自宅の工事などで知り合った時に「いらない木があればください」と言っておこう。土木建築、造園関連の工事では、宅地の整備、林地の造成、道路の拡幅など様々な場面で樹木の伐採がある。伐採した木は基本、回収業者に持ち込むことになるので、もらってくれると嬉しいと言われることが多い。ただし樹種は選べない。

●自治体・シルバーセンターなど

自治体でも定期的に県道や市町村道の街路樹整備、公園の整備、災害対策工事などの場面で樹木の伐採がある。自治体や公園管理部署によってはホームページなどで公開していたりする。それ以外でも基本的に伐採木は回収業者へ持ち込みなので、問い合わせてみるとよい。地域によってはダムや河川に溜まった流木が出ていることもある。また、地域のシルバーセンターで庭木等の伐採を請け負っていることも多い。こちらにも問い合わせてみるとよい。

購入するにせよ、無料で譲ってもらうにせよ、丸太に関する情報は一般個人には発信されていない。自分から声をかけて情報を積極的に入手する努力が必要だ。また「どうせ捨てるのに金がかかるんだろ」「もらってやる」といった傲慢《ごうまん》な態度では、相手にしてもらえない。確かに無料で引き取ってもらえて助かる場合もあるだろうが、プロからすれば小口でやり取りするのは手間もかかるし、丸太の扱いで素人に怪我でもされると困るのだ。ここは謙虚にお願いし、お互いにｗｉｎ‐ｗｉｎの関係に持っていければ、末長く丸太に困ることはないだろう。

無料でもらう場合の注意として、トラックの用意と積み込みなどは自分でやること。うまくすれば手伝ってもらえるが、最初から期待するのはよくない。また、もらえる時期や樹種、量は選べないと思った方がよい。一度断ると次の機会がないこともある。難しいかもしれないが、ある程度のスペースを確保し頑張ってほしい。

自分で薪を作る人のために2

チェンソーの選び方

丸太から薪を作る時の必携アイテムがチェンソー。これがあれば山林に分け入って自分で伐採から行うこともできる。ただし、非常に危険な道具なので注意が必要。まずは自分に合ったチェンソーの選び方と、その仕組みを解説したい。

チェンソーの選び方

自分に合ったチェンソーを探す時、その選択ポイントは駆動方式、ハンドル形状、大きさとパワーなどいくつかある。しかし、伐採や剪定《せんてい》、大工仕事などでの使用を想定せず「薪作り」に限定する場合、ポイントは駆動方式と重量に絞られる。

チェンソーの駆動方式は大きく2種類に分けられる。エンジンか電動モーターかだ。そして電動式は電源コードタイプかバッテリータイプに分かれる。

「エンジン式」のメリットとデメリット

メリット

- 燃料のガソリンとオイルがあれば、どこでも長時間利用可能。
- 電動式に対して、トルクとパワーに余裕がある。

デメリット

- 電動式に比べて重くなる。
- 混合燃料（ガソリンとオイルを混ぜる）の調合と管理が難しい。
- 長期使用しない時は燃料を抜くなどメンテナンスが大変。
- 身体への振動の影響は大きい。
- 騒音が大きく、住宅地などで使いにくい。

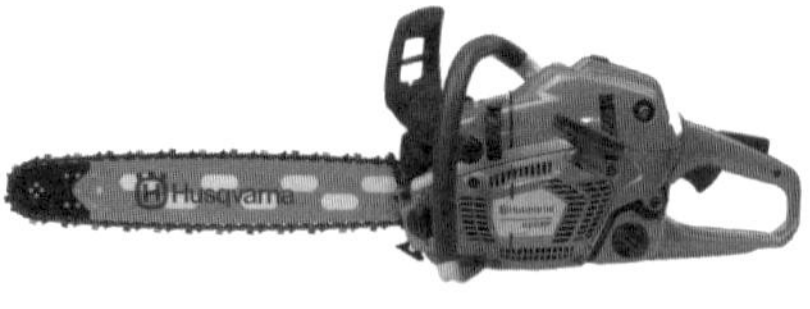

エンジン式チェンソー

林業のプロも多く使うハスクバーナ製550XP。同社のエンジン式チェンソーは小型から大型まで様々なタイプがあり、目的に応じて使い分けが可能。

「電源コード式」のメリットとデメリット

メリット

- 重量が軽く、振動がエンジン式より少ないため身体が楽。
- 騒音は小さく、周囲への影響が少ない。
- エンジン式に比べメンテナンスが非常に楽。

●バッテリー式より価格が安い。

デメリット

●100V電源があるところでしか利用できない。

●電源コードに動きを縛られ、取り回しが面倒。コード切断の事故も多い。

●エンジン式に比べ回転数でパワーを補うため、硬い木の時に苦しい。

「バッテリー式」のメリットとデメリット

メリット

●振動がエンジン式より少ないため身体が楽。

●騒音は小さく、周囲への影響が少ない。

●エンジン式に比べメンテナンスが非常に楽。

●電源コードが必要ないため、自由に取り回すことが可能。

電源コード式チェンソー

リョービ製CS-3605は2.3kgと軽量ながら非常にパワフル。大きめのリアハンドルが採用されているため安定して切断作業ができる。

バッテリー式チェンソー

HiKOKIのバッテリー式チェンソー CS3630DA。最新のマルチボルト蓄電池が採用されたことで、非常に小型軽量ながら大きな丸太も楽に切断が可能に。

デメリット

●バッテリーが切れると、それ以上の利用ができない。

●エンジン式に比べ回転数でパワーを補うため、硬い木の時に苦しい。

将来、自分で木の伐採までやろうと考えるならエンジン式もよいが、自宅ないし所有地の薪置き場での作業を考えるなら、軽く騒音が少ない電動式をお勧めする。特に住宅地などではエンジン式は騒音で使えないと思った方がよい。

電源式でコードタイプかバッテリータイプのどちらを選ぶかだが、正直なところコードタイプが勝っているのは価格面だけだ。思っている以上に電源コードが邪魔なだけでなく危険要素になったりもする。また、原木丸太の入手先で、車に乗るよう自分で長さを調整したり、枝を落としたりすることも多い。このような時に電源コードタイプは使用不可能となる。エンジン式を所持していて予備に電源コードタイプを選ぶのはありだと思うが、まず1台だけ購入するならバッテリータイプがよいだろう。

そのバッテリー式電動工具だが、選ぶ時は大手メーカー製品を推奨する。工具本体はもちろんだが、バッテリーの性能が違いすぎるのだ。特にチェンソーは負荷が高い作業を長時間行うので注意してほしい。

自分で薪を作る人のために3

チェンソーの使い方

チェーンオイル

すべてのチェンソーに必要なのがチェーンオイル。これを入れずに切断するとチェーンが激しく磨耗してしまう。

ガソリンとエンジンオイル

エンジンチェンソーの燃料はオイルとガソリンを混ぜた混合燃料。質の悪いオイルはエンジン焼き付きの原因となるので、専用のオイルを使い説明書通りの比率で混合する。

エンジンタイプチェンソーの基本的な使い方

1 各注油口からチェーンオイルと混合燃料を入れる。
2 チェンブレーキをかける。
3 スイッチをONにしチョーク（エンジンの始動性をよくする装置）を閉じる。
4 本体を固定しスターターグリップを強く引く。
5 始動後、チョークとブレーキを戻し切断作業に入る。

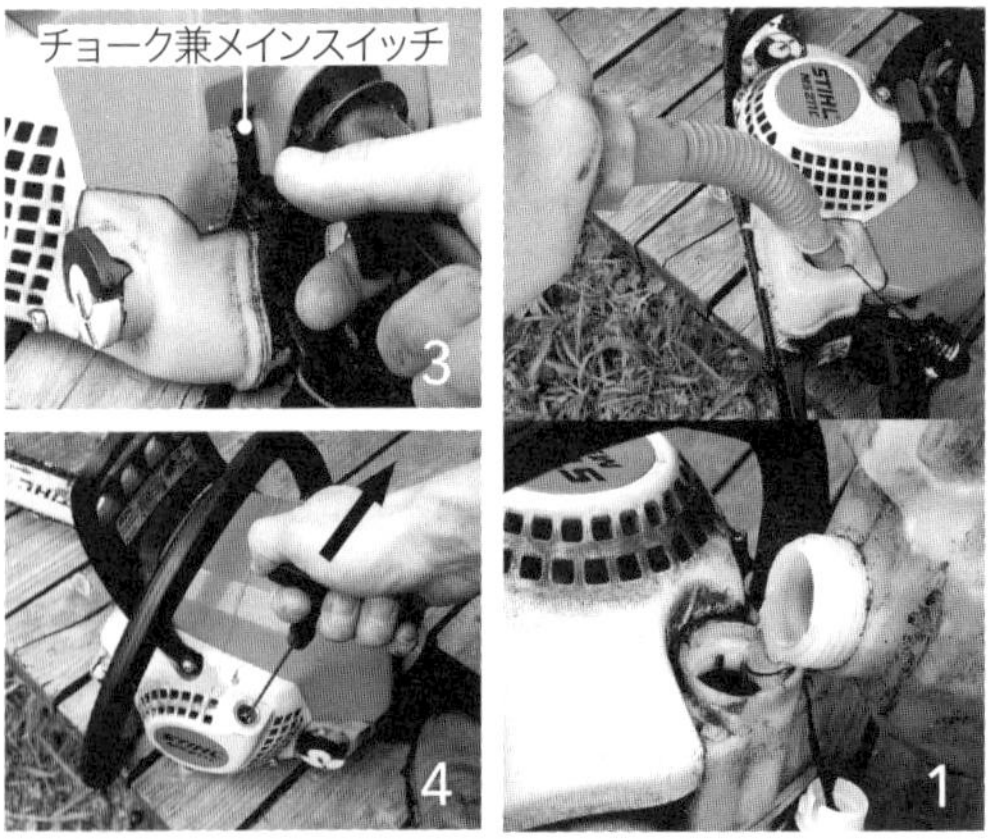

バッテリータイプチェンソーの基本的な使い方

1 充電が完了したバッテリーを本体に取り付ける。

2 チェンブレーキが作動することをしっかり確認。

3 メインスイッチをＯＮにし安全ボタンとスロットレバーを握れば作業できる。

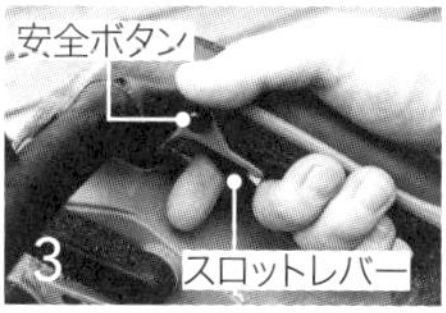

丸太を玉切りする時の正しい姿勢

作業台の上に置いた丸太にチェーンを当てる。切断中にチェンソーが跳ね返るキックバックの被害を最小限にするため、身体の正中線《せいちゅうせん》を切断ラインより左側に持ってくる。

丸太を玉切りする方法

1 作業台に固定した丸太の上にチェンソーを持ってきて水平に切り込む。

2 チェンソー本体のスパイク（チェンソー本体前面についた複数の爪状の金属部品）部分を支点に手前側へ押し下げて切る。

3 同じくスパイク部分を支点に前方へ切り下ろす。最後にチェーン上面を使って丸太の下から上に向けて切ると綺麗に切れる。

以上はチェンソーの大きさに合った小径木の場合。より太い大径木の場合は高度な技術が必要だが、個人の薪作りの場面では必要ないだろう。繰り返しになるが、非常に危険な道具なので、十分に注意して使用してほしい。

自分で薪を作る人のために4

薪割りの方法

斧の説明

薪割りに使われる斧には、大きく分けて和斧と西洋斧の2種がある。もちろん国・地方によっての違いも大きく一概には言えないが、和斧は刃が薄めで鋭利なため、杉などの丸太をスパッと切り裂くのに適し、西洋斧は厚くくさび状の盛り上がりを持った刃で、硬い丸太を割り裂くのに適していると言われている。

西洋斧

中程から大きく盛り上がったくさび状の斧刃を持ち、丸太を強く割り広げる力を発揮する。各メーカーから様々な工夫を凝らしたデザインの製品が販売されており、カーボンなど最新素材を使用した斧も多い。

和斧

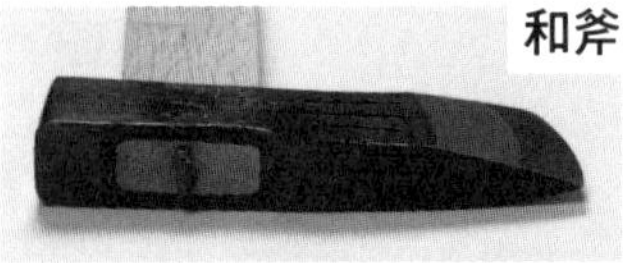

西洋斧より刃は薄いが十分に肉厚で膨らみを持つ蛤刃《はまぐりば》と呼ばれる形状。鋭い刃先で切れ込み蛤刃の膨らみが丸太を割り裂いてくれる。伝統的な和斧は斧頭側面に魔除けの筋（片側に3本、もう片側に4本）が刻まれている。

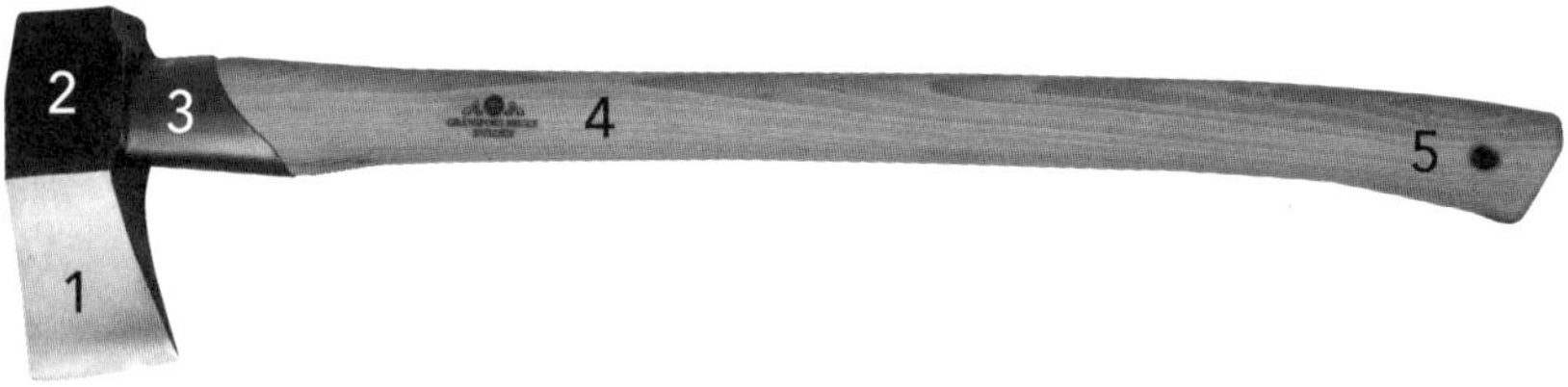

1
初心者は刃がくさび状の西洋斧が使いやすい。

2
斧の柄は消耗品。斧頭から柄を取り外し交換できることが重要。

3
柄で一番ダメージを受けやすいのがこの部分。カバーがあると安心だ。

4
柄には強靭で粘り強い材木が一番。ヒッコリー材が人気が高い。

5
西洋斧の場合、握りやすく力の入る絶妙なカーブを描いた柄が多い。

正しい薪割り

1　薪割り台に丸太を置き、足を大きく横に開いて立つ。剣道のように足を前後に開いて立つ方が力を入れやすい人もいるかもしれないが、この立ち方で丸太が割れた直後に斧を手前に引くと、自分の足を切る恐れがある。まずは横に大きく開いた姿勢から始めよう。

2　周囲の安全を確認し、大きく頭上に振りかぶる。

3　丸太めがけて斧頭が真下に落ちるイメージで勢いよく振り下ろす。ポイントとなるのは左手。右手は軽く添えるだけ。

4　インパクトの瞬間、両手の握りを締め、腰を下ろすイメージで断ち切る。

注　丸太が割れたのち、絶対に斧を手前に引かないこと。

自分で薪を作る人のために5

薪の保管方法

薪棚の仕組みと作り方

薪の乾燥と保管を兼ねた薪棚は、湿気や虫害を防ぐため地面から少し高くに棚面あり、雨や雪を防ぐ屋根を持つ構造が望ましい。また、風通しも重要だ。

理想は前後左右が解放されていて、どの面からも薪に新鮮な風が当たり吹き抜ける状態だ。

ただし実際には、そんな贅沢なスペースを取れないことも多いだろう。なるべく雨水や湿気がたまらないような配慮だけはしておこう。

また、保管中の薪に虫が入り込んだり、カビが生えたりするのを完全に避けることはできない。様々なトラブルを避けるため、薪棚は母屋と離すのはもちろん、隣家とも離れた場所に設置するよう考慮したい。

煮炊きや風呂を沸かすための生活用の薪を確保するとなると大変だが、趣味の焚き火のための薪なら、そこまでの量は必要ない。畳1枚分のスペースがあるだけで、キャンプ好きの友人が羨望《せんぼう》するような量の薪を保管することが可能だ。

作り方の例

1 地面をならし、基礎となる束石を同じ高さになるよう6個、設置する。

2 2×4材を「白の字型」に木ネジで組む。これを3個作る。

3 束石の上に2×4材で枠を組み、その上に「白の字型」フレームを3個立てる。

4 下段と中段に2×4材で棚面を作る。

5 板材で屋根を作って完成。屋根の完璧な防水は必要ない。この薪棚の薪で、6〜8週間分の薪ストーブの薪となる。キャンプ用の焚き火なら1年分は余裕だろう。

注 隣家との境界付近に薪棚を作る時は、雨や雪がどちらに落ちるか考えよう。屋根の勾配を自分の家側が下になるよう設計するのがマナーだ。

1

2

3

4

5

コラム　その9

焚き火の横の本棚
オススメ焚き火読本

『焚き火大全』吉長成恭・関根秀樹・中川重年 編　創森社

本書を書くモチベーションになった本。焚き火に関する種々が著された唯一無二のバイブル。この本を超えるべく書き始めた本書だが、残念ながら及ばず。古今東西の焚き火に関する知恵と体験が全ページにわたって凝縮されている。これからも我が家の炉端に絶えず置かれるだろう珠玉の一冊。

『火の起原の神話』J・G・フレイザー著　青江舜二郎訳
ちくま学芸文庫

人類はいかにして火を手に入れたのか……世界各地、様々な民族の「火の起原」を伝える神話を収集した名著。それぞれの民族が、火という神秘的で、それでいてとても便利な自然現象と遭遇し、それを欲し、やがて自らのものとする。その苦難の過程と獲得の喜びが、神話という形で現代に伝わるという奇跡に興奮する。

『図説 火と人間の歴史』スティーヴン・J・パイン著
鎌田浩毅監修　生島緑訳　原書房

火と人類の出会いとともに歩んだ歴史を、先史時代から現代に至るまで描いた労作。科学的側面からの考察と、著者独自の哲学的な視線が縦横に交錯し、火の持つ力とそれを利用する人類との関係性を解き明かす。火と人類の長い歴史をどうとらえるか、そしてこれからどこへ進むのか。チロチロ燃える炎の脇でゆっくり読みたい。

『薪を焚く』ラーシュ・ミッティング著　朝田千惠訳　晶文社

薪と火に向けた愛があふれる書。北欧を舞台に、エネルギーとして薪を使う人の暮らしと、その方法、道具が丹念に描かれる。限りなく実用的で実践的な内容にもかかわらず、行間からあふれる「薪との暮らし」を愛する著者の眼差しが温かい。冬にロッキングチェアに揺られながら読みたい、すべての薪ストーブ愛好家必読の名著。

『わしらは怪しい探検隊』椎名誠著　角川文庫

僕と同年代のアウトドア好きは皆読んでいたのではないか。冒険家的ストイックな旅の話が主流だったアウトドア系紀行本の中で、椎名さんと個性的な仲間たちが繰り広げる、ドタバタ野営旅の話は衝撃的だった。そしていつも登場する楽しげな焚き火宴会の数々。東ケト会（椎名さんを中心に結成された野外キャンプ会）の奴隷になりたいと思った若き日が懐かしい。

『ユーコン漂流』野田知佑著　モンベルブックス

名著『日本の川を旅する』（野田知佑著）とどちらを選ぶか悩んだが、焚き火と言えば『ユーコン漂流』に。大河ユーコンをカヌーで下る。このロマンあふれる話に多くの日本の若者の心は揺さぶられたのだ。僕も繰り返し読んだ。川べりで毎夜繰り返される焚き火。その炎を見つめながら飲む酒の味を夢想したものだった。

『斧・熊・ロッキー山脈』クリスティーン・バイル著
三木直子訳　築地書館

舞台はアメリカの国立公園。広大な森林へチェンソー片手に分け入り、トレッキングルートを整備する「トレイルドッグ」たち。圧倒的な自然の中で繰り広げられる、彼らの過酷な作業と日々の暮らしを、著者自身の体験をもとに描いた秀作。「大自然の中で生きていく」凄みが全ページに漲《みなぎ》っている。野外活動好きにぜひ勧めたい。

『遊び尽くし　焚き火クッキング指南』大森博著　創森社

登山家であり料理人でもある著者が紹介するアウトドア料理の数々。ダイナミックな「肉塊削り食い」や「沸騰石焼汁」があるかと思えば、繊細な調味が魅力の「木の芽のお好み焼き」など、野趣あふれるメニューが盛りだくさん。全編モノクロながら、味わい深いイラストがどれも美味しそう。各レシピに添えられた本文は、上質のエッセイとなっていて、いつまでも読み飽きない魅惑の料理書となっている。

おわりに

キャンプや野外遊びが好きで、焚き火が大好きな僕だが、なんだって焚き火についての本を書こうなんて大それたことを思いついたのか、そのきっかけは覚えていない。

焚き火を眺め酒を飲むのは嫌いじゃない。でも最近、冬なら薪ストーブで毎日、夏でも撮影や夕食のために週に数回は火を焚くような暮らしをしていると、焚き火が特別なことではなくなってしまった。これは焚き火好きな人間として少々寂しいことなのだ。

カメラマンとしてフル回転で働いていた東京生活時代は、アウトドア雑誌がメインの活動の場だったとはいえ、まだまだ焚き火に特別感・非日常感があった。それが埼玉秩父の山里へ移住したことで、暮らしの中の珍しくない行動の一つとなってしまったのだ。

焚き付けに燈った小さな火が消えないよう慎重に薪をくべる時のドキドキ感や、太めの薪に火が移り安定燃焼に入った時の安心感、チロチロと揺らめく炎をいつまでも眺めていた時の恍惚《こうこつ》感……そういった非日常の中にある満たされた気持ちは、寒い冬の朝に急いでストーブに火を入れる時には感じる余裕もない。

でも、今も焚き火が大好きだ。そんな大好きな焚き火のことをもっと知りたくて、この本を作り始めたというのが本心だったのだろう。

焚き火の話は、調べれば調べるほど面白かった。人類と火との出会いの話では、旧石器時代の火打ち石が見つかっていることに驚いた。焚き火に関わる道具の話、かまどで炊くご飯、焼き魚、BBQ、安全、法律……僕の興味はアチラコチラへと際限なく広がり、拾った話の種は抱えきれないほどとなっていく。

そんな僕の好奇心のままにかき集めた火にまつわる面白い話と、僕が国内外で体験してきた焚き火の実例をまとめ、綴ったのがこの本である。本来、焚き火のような実生活に関する技術は、書籍として受け継がれるべきでなく、人から人へ受け継がれていくのが理想だと思う。焚き火の脇で気軽に楽しんでいただけたら幸いだ。

最後に、この本を作るにあたって多くの方々にお世話になった。焚き火の写真撮影に際し協力を仰いだ、友人の中山と和田、妻の華奈子、娘の春音に感謝したい。また、美しいデザインを作っていただいたデザイナーのあざみ野図案室さん、素晴らしい絵を描いていただき本書に彩りを添えてくださったイラストレーターの瀬川さん、そして企画段階から多大な尽力をいただいた草思社の貞島さんに心から御礼を申し上げる。

最後にこの本を、縁あってご覧いただいた方々が、これからも焚き火を愛し続けていただければ、こんなに嬉しいことはない。

2021年10月

阪口　克

参考文献

書籍

焚き火大全　吉長成恭・関根秀樹・中川重年 編　創森社

トコトンやさしい燃焼学の本　久保田浪之介　日刊工業新聞社

図解 よくわかる火災と消火・防火のメカニズム　小林恭一　日刊工業新聞社

図解 よくわかる炭の力　杉浦銀治監修　日刊工業新聞社

火の起原の神話　J・G・フレイザー著　青江舜二郎訳　ちくま学芸文庫

図説 火と人間の歴史　スティーヴン・J・パイン著　鎌田浩毅監修　生島緑訳　原書房

焚き火の達人　伊澤直人監修　地球丸

ブッシュクラフト 大人の野遊びマニュアル　川口拓　誠文堂新光社

薪ストーブ大全　地球丸

DIYで火の暮らしを楽しむ　地球丸（ムック）

完全焚火マニュアル　笠倉出版社（ムック）

新・木のデザイン図鑑　エクスナレッジ（ムック）

月刊田舎暮らしの本　宝島社

論文

発掘された火起こしの歴史と文化　西都原考古博物館　藤木聡　宮崎県文化講座研究紀要2013年第40輯

米飯の食味に関する研究　貝沼やす子　日本調理科学会誌2003年36巻2号

炊飯要領と飯の食味　松元文子　調理科学1970年3巻2号

アラミド繊維の特徴と用途　野間隆　繊維学会誌2000年56巻8号

防災ニュースNo.188 日本防災協会

繊維の性能表　兵神装備株式会社

各種繊維の性能表　株式会社NBCメッシュテック

各種繊維の性能表　福井大学先端マテリアル創造ものづくり研究室

ウェブサイト

日刊工業新聞　https://pub.nikkan.co.jp

東邦大学メディアネットセンター　燃焼科学
https://www.mnc.toho-u.ac.jp/v-lab/combustion/index.html

歴史の世界を綴る　人類の進化:ホモ属の特徴について 5　火の使用
https://rekishinosekai.hatenablog.com/archive

日本ボーイスカウト茨城県連盟　https://www.scout-ib.net

キャンプファイヤーについて　http://www.asahi-net.or.jp/~xe6k-nkjm/LF/bs3p70.html#top

海の中道青少年海の家　http://www.fukuoka-shizennoie.jp/uminaka/

木のぬくもり・森のぬくもり　http://www.jugemusha.com/index.html

岡山理科大学生物地球学部旧植物生態研究室　http://had0.big.ous.ac.jp/index.html

雑木林の散歩道　http://www.satoyama01.com

庭木図鑑 植木ペディア　https://www.uekipedia.jp

株式会社スノーピーク　https://www.snowpeak.co.jp
岡崎市図書館交流プラザりぶら　https://www.city.okazaki.lg.jp/libra/index.html
今中鏡子　炊飯の科学　http://www1.odn.ne.jp/ki1938/
富ヶ谷食事研究白書　https://www.marumitsu.jp/kenkyuhakusho/
webBOSCO　ほんとうに美味しいごはんの研究　https://www.akatsuka.gr.jp/bosco
日本バーベキュー協会　https://jbbqa.org
株式会社新越ワークス　https://www.uniflame.co.jp/product_cat/p_dutchoven
ダッチオーブンの専門ページ　https://life.pintoru.com/dutch-oven/
クラブスモーク　https://www.peatshop.com/smoke/
ようこそ燻製の世界へ　https://sinsei-s.co.jp/index.html
燻製ガイド　https://kunsei-smoke.com
田中淳夫　森から見たニッポン　https://news.yahoo.co.jp/byline/tanakaatsuo
京都市消防局　着衣着火の恐怖
https://www.city.kyoto.lg.jp/shobo/page/0000075848.html
千葉市役所　着衣着火の対処法
https://www.city.chiba.jp/shobo/yobo/yobo/chakuichakka.html
今治市役所　着衣着火時の具体的な対処法
https://www.city.imabari.ehime.jp/shoubou/katei/chakui_taisho.html
株式会社帝人　https://www.kk-teiken.co.jp
「砥石」と「研削・研磨」の総合情報サイト　https://www.toishi.info

撮影・取材協力

株式会社スノーピーク　https://www.snowpeak.co.jp
コールマンジャパン株式会社　https://www.coleman.co.jp
株式会社尾上製作所　https://www.onoess.co.jp
株式会社新越ワークス　ユニフレーム　https://www.uniflame.co.jp
田中文金属株式会社　https://www.tanaka-bun.jp
ファイヤーサイド株式会社　https://www.firesidestove.com
キャプテンスタッグ株式会社　https://www.captainstag.net
株式会社ロゴスコーポレーション　https://www.logos.ne.jp
株式会社スター商事　ペトロマックス　https://www.star-corp.co.jp
株式会社エイアンドエフ　https://aandf.co.jp
ロッジ　https://www.lodge-cooking.com
カブー　https://www.kavu.jp
新富士バーナー株式会社　SOTO　http://www.shinfuji.co.jp
工機ホールディングス株式会社　HiKOKI　https://www.hikoki-powertools.jp
キャンプビーン　https://www.campbean.jp
三菱電機株式会社　https://www.mitsubishielectric.co.jp
三菱電機ホーム機器株式会社　https://www.mitsubishielectric.co.jp/home/suihanki/
※P108-109、P120-125、P190、P217の商品写真はそれぞれの製造会社より提供を受けました。

スペシャルサンクス

中山茂大　和田義弥　阪口華奈子　阪口春音

阪口 克（さかぐち・かつみ）

1972年、奈良県生まれ。帝京大学文学部卒、日本写真学園第二研究科卒。広告写真スタジオ勤務を経て、オーストラリアへ渡り大陸1万2000kmを自転車で一周。旅行誌やアウトドア誌の撮影を担当するかたわら、海外の農村・漁村に居候取材を長年続け、今なお日々の生活に残る「暮らしの焚き火」を数多く体験してきた。渡航国は40カ国を超える。DIYマニアで自宅は家族・友人とセルフビルド。旅と自然の中の暮らしがテーマ。日々庭先で焚き火をしながら様々なキャンプアイテムやBBQ料理の撮影をしている。著書に『家をセルフでビルドしたい』（文藝春秋）、共著に『世界中からいただきます！』（偕成社）、『笑って！古民家再生』（山と渓谷社）ほか多数。オーストラリア担当の写真家として参加した『世界のともだち』（偕成社）で第64回産経児童出版文化賞大賞を共同受賞。㈳日本広告写真家協会会員。

ビジュアル版

焚き火のすべて

2021年11月25日　第1刷発行

著者　阪口　克
デザイン　あざみ野図案室
イラスト　瀬川尚志
発行者　藤田　博

発行所　株式会社草思社
〒160-0022　東京都新宿区新宿1-10-1
電話　営業 03(4580)7676
　　　編集 03(4580)7680

撮影協力　中山茂大、和田義弥、阪口華奈子、阪口春音
印刷所　中央精版印刷株式会社
製本所　加藤製本株式会社

ISBN 978-4-7942-2549-8 Printed in Japan 検印省略